اتجاهات معاصرة

في إدارة المؤسسات التعليمية

إعـداد

الأستاذ الدكتور

محمد صبري حافظ محمود

أستاذ ورئيس قسم الإدارة والتخطيط
والدراسات المقارنة

كلية التربية - جامعة الأزهر بالقاهرة

الدكتور

السيد السيد محمود البحيري

مدرس الإدارة والتخطيط والدراسات
المقارنة

كلية التربية - جامعة الأزهر بالقاهرة

١٤٢٨هـ-٢٠٠٧م

محمود ، محمد صبري حافظ .
إتجاهات معاصرة في ادارة المؤسسات التعليمية / محمد صبري حافظ السيد محمود البحيري . ط 1. - القاهرة : عالم الكتب ، 2009 360ص ، ٢٤سم
تدمك : 0-645-232-977
١- المدارس - تنظيم ٢- الادارة التعليمية
أ- البحيري ، السيد محمود (مؤلف مشارك)
ب- العنوان 371.2

عالم الكتب

نشر - توزيع - طباعة

❖ الإدارة
16 شارع جواد حسنى - القاهرة
تليفون 23924626
فاكس : 0020223939027

❖ المكتبة :
38 شارع عبد الخالق ثروت - القاهرة
تليفون : 23926401 - 23959534
ص . ب 66 محمد فريد
الرمز البريدى : 11518

❖ الطبعة الأولى
1430 هـ - 2009 م

❖ رقم الإيداع 11779 / 2008

❖ الترقيم الدولى I.S.B.N

977– 232– 645-0

❖ الموقع على الإنترنت : WWW.alamalkotob.com

❖ البريد الإلكترونى : info@alamalkotob.com

مقدمة

تمثل الإدارة الناجحة إحدى الركائز المهمة لأي مجتمع من المجتمعات لبلوغ الأهداف التي تمكنه من استغلال موارده البشرية والمادية والعلمية في مختلف مجالات حياته، أو بعضها على الأقل، لذا فإن التربية في تقدمها تعبير عن حالة إدارية، فقصة تطور التربية وتحولاتها الكبيرة، هي في بُعد في أبعادها الأساسية قصة تحول من نمط إداري تقليدي إلى نمط إداري جديد أو حديث.

والتطوير الإداري هو لب كل تطور حضاري وتربوي، وأن هذا التطور لا يمكن أن يبدأ بالفعل أو يستقيم من غير تجديد إداري، لذلك أصبح تطوير الإدارة التربوية أمراً ملماً للخروج بالعملية التعليمية من مواقع الاختناق والحرج التي يعاني منها التعليم في الوقت الحاضر، وللتغلب على المشكلات والقضايا التي يمكن أن تزيد الاختناق الحرج في المستقبل.

ولمواجهة هذه التحديات لابد أن تتواجد الإدارة القادرة على التجديد بالفعل، فلسفة وتنظيماً، باعتبارها أداة صنع تعليم الغد، بما يمكنها أن تتجه بالتعليم على طريق التجديد، وتجعله قوة في التنفيذ، ومواجهة السنوات القادمة، عن طريق مواكبة التطورات التي تحدث

في العالم واتجاهاتها، ومتابعـة التطـور الحاصـل في علـوم الإدارة والتكنولوجيا الإدارية الجديدة حتى تستطيع مواجهـة المستقبل بقـدرة وكفاءة، وحتى تستطيع فتح الطريـق أو التمهيـد للتطـورات التعليميـة المنتظرة، ومن هنا فإن تقديمنا لهـذا الكتـاب إنمـا القصد الأساسي مـن ورائه هو عرض وجهـة نظـر لتطـوير الإدارة التربويـة ضـمن الاتجاهـات العالمية المعاصرة ... آملين أن يجد ناهلي العلم ما يسهل عملهم الحيوي والمهم في تحقيق الانطلاقة المنشودة.

و اللـه من وراء القصد ،،،،،،

المؤلفـان

أ.د/ محمد صبري حافظ محمود
د/ السيد السيد محمود البحيري

هذا الكتاب

- يعد من الكتب الهامة في مجال الإدارة التربوية والتعليمية لأنه يتضمن تحليلاً لأهم الاتجاهات الإدارية المعاصرة في مجال التربية.

- يعد ذا فائدة كبيرة لجميع طلاب الدراسات العليا وجميع المهتمين بمجال الإدارة في التعليم.

- يحتاجه كل الأفراد الذين لهم وظائف إدارية أو إشرافية، عند أي مستوى داخل أي مؤسسة تربوية، حيث يمدهم بالأسس العلمية الحديثة في مجال الإدارة وكيفية توظيفها في مجال التعليم.

- يقدم عرضاً وافياً لأحدث الاتجاهات الإدارية المعاصرة مثل إدارة الجودة والاعتماد الأكاديمي، والإدارة الإلكترونية، وإدارة الأزمات، وإعادة الهندسة الإدارية، والتغيير التنظيمي المخطط، وإدارة المؤتمرات والندوات كمدخل لعملية صنع القرار.

  وندعو الله أن يحقق هذا الكتاب أهدافه الأساسية.

  الناشر

محتويات الكتاب

بسم الله الرحمن الرحيم

الفصل الأول

مدخل مفاهيمي عام

- مقدمة.
- بعض المفاهيم التربوية والإدارية .
- هوامش الفصل.

مدخل مفاهيمي عام

مقدمة:

يعتبر ميدان الإدارة التعليمية من ميادين الدراسات الحديثة وليدة القرن العشرين وإن كانت الممارسة العقلية لها قديمة قدم الحضارة البشرية نفسها، ولم تظهر الإدارة التعليمية كعلم مستقل عن الإدارة العامة، كما يعتبر ميدان الإدارة التعليمية من الميادين التي تهتم بالعمليات أو الأنشطة المنظمة والمقصودة داخل المنظمات التعليمية والتي يتم من خلالها اتخاذ القرارات التعليمية ووضعها موضع التنفيذ بهدف تحقيق الأهداف التربوية. ومن هنا بدأ علم الإدارة التعليمية يفرض نفسه على العلوم التربوية الأخرى ويتخذ لنفسه صفة ومكانة بين هذه العلوم فبدأت كليات التربية في المجتمعات الغربية والشرقية تقدم ضمن مناهج الدراسة المعتادة مقررات في الإدارة التعليمية والإدارة المدرسية.

وفي هذا الفصل سوف يتم إلقاء الضوء على بعض المفاهيم والمصطلحات الإدارية كمدخل لتحقيق الهدف العام من الكتاب بفاعلية, على النحو التالي:

١- الإدارة:

لعل من المناسب قبل أن نتناول تعاريف الإدارة، أن نوضح أن الفكر الإداري منذ نشأته وحتى الآن أجتاز مراحل متعددة، لكل مرحلة

مفهـوم معـين ومدرسـة إداريـة وعلـماء سـاهموا في تأصيل العلـم الإداري بـاذلين الجهـد ببحوثهم الفكرية وتجاربهم العملية.

وسوف نتعرض هنا لبعض تعريفات متنوعة لعملية الإدارة بهـدف إلقـاء الضـوء عـلى تعريف الإدارة، ومن التعريفات الشائعة في علم الإدارة ما يلي :

يرى جتزلز Getzels أن الإدارة يمكـن أن ينظر إليهـا مـن خلال منظورين الأول تركيبـي والثاني وظيفـي. أمـا المنظور الأول التركيبـي Structural فهو يشـمل الهيكـل الهرمي بـين الرئيس والمرؤوسين داخل النظام الاجتماعي. أما المنظور الثاني وهـو الـوظيفي Functional فهو توزيع وتكامل الأدوار والموارد من أجل تحقيق أهداف نظام اجتماعي.

ويـذكر "كـونتز" و "أو دونـال Koontz and O Dinnell" في تعريفهما للإدارة بأنها " وظيفة تنفيذ الأشياء عن طريق الآخرين .

ويرى " هارلي تريكر Harleigh trecker أن الإدارة هي:
"العملية الخلاقة للعمل مع الناس من أجل وضع الأهداف، وإقامة علاقات تنظيمية، وتوزيع المسئوليات وتوجيه البرامج وتقييم النتائج".

٢- الإدارة التعليمية:

فيما يلي مجموعة من التعريفات المتعددة التي توضح مفهوم الإدارة التعليميـة، والتـي نشير إلى بعض منها فيما يلي:

الإدارة التعليمية هي مجموعة من العمليات المتشابكة التي تتكامل فيها بينها سواء داخل التنظيمات التعليمية أو بينها وبين نفسها لتحقيق الأغراض المنشودة من التربية. والإدارة التعليمية بهذا المعنى شأنها شأن الإدارة في الميادين الأخرى وسيلة و ليست غاية في ذاتها.

ويعرف صلاح الدين جوهر الإدارة التعليمية بأنها هي العملية التي يتم بها تعبئة الجهود البشرية والمادية وذلك من أجل تحقيق أهداف المؤسسة التعليمية وبذلك تعني بالنواحي الإدارية والفنية معاً.

وتعرف الإدارة التعليمية على أنها مجموعة من العمليات المتشابكة التي تتكامل فيما بينها لتحقيق الأغراض المنشودة من التربية وهي وسيلة و ليست غاية في حد ذاتها، وتعمل على تحقيق الأغراض التربوية وتتجه نحو الاهتمام بالممارسة والطريقة التي تنفذ، وتوصل إلى تحقيق الأهداف ولا تغفل الإدارة التعليمية أهمية العناصر البشرية والمادية التي بدونها أو بدون أحدهما يصبح عملها ناقصاً. ويقصد بالعناصر البشرية المعلمون والطلاب والعاملون أما العناصر المادية فيقصد بها الأبنية والتجهيزات والأدوات والأموال حتى يتسنى النجاح للإدارة التعليمية .

ويقصد بالإدارة التعليمية أيضاً العملية أو مجموع العمليات التي يتم بمقتضاها تعبئة القوى الإنسانية والمادية وتوجيهها توجيهاً كافياً لتحقيق أهداف الجهاز الذي توجد فيه.

كما تعني الإدارة التعليمية عملية اتخاذ قرارات من شأنها توجيه القوى البشرية والمادية المتاحة في منظمة من الناس لتحقيق أهداف مرغوبة على أحسن وجه ممكن وبأقل تكلفة في إطار الظروف البيئية المحيطة. ونلاحظ أن هذا التعريف يشمل أمرين أثنين أحدهما: العمل المطلوب إنجازه، والثاني: الناس الذين يتعامل معهم المسئول بحيث يتعذر الاستغناء عن واحد منهما.

٣- الإدارة المدرسية:

تعرف الإدارة المدرسية بأنها " تلك العملية المصاحبة للعملية التعليمية والتي يترتب عليها حسن أداء العاملين بالمؤسسة التعليمية فهي بهذا المعنى مسئولية كل العاملين من المربين في المدرسة ولكن طبيعة التخصص قد ركزت مسئولية هذا النوع من العمل في يد مجموعة خاصة من المربين في كل مدرسة وإن لم تحرم بقية العاملين في هذا الميدان من الاشتراك في العمل وتحمل المسئولية.

إذن فالإدارة المدرسية تعرف بأنها وسيلة لتسهيل وتنظيم جهود العاملين بالمدرسة لتحقيق أهدافها وإن كانت الأهداف التعليمية تتصل اتصالاً مباشراً بالفلسفة الاجتماعية وبالظروف والإمكانيات المتاحة فقد يكون من الطبيعي أن يتغير مفهوم الإدارة المدرسية ونظمها وفقاً للتغييرات الحادثة في المجتمع.

هي مجموعة عمليات وظيفية تمارس بغرض تنفيذ مهام مدرسية بواسطة آخرين عن طريق تخطيط وتنظيم وتنسيق ورقابة مجهوداتهم وتقويمها ، وتؤدى هذه الوظيفة من خلال التأثير في سلوك الأفراد وتحقيق أهداف المدرسة.

٤- إدارة الجودة الشاملة Total Quality Management:

يرجع أصل كلمة " جودة " في اللغة إلى " جود"، والجيد من كل شيء خلاف الردئ، وفعلها جاد، ومنه جاد جودة وأجاد، أي صيره جيداً فهو جيد، وأجاد القول أو العمل وفيه، أي أتي بالجيد منه وعليه فالجودة تنصب على الكيفية أو الصفة في الشيء.

ويذهب "صلاح الدين جوهر" إلى أن الاهتمام بمسألة الجودة ليس غريباً ولا جديداً على الفكر التربوي، ففي الأربعينيات من القرن العشرين كرست إحدى كليات التربية بجامعة " كولومبيا "، بالولايات المتحدة الأمريكية قدراً كبيراً من جهود البحث والدراسة لبحث العوامل والمؤثرات التي ترتبط بجودة التعليم، وحقيقة الأمر أن اهتمام الإدارة بقضية الجودة قديم قدم الإدارة ذاتها، كما أن اهتمامها برضا العنصر البشري ليس وليد اليوم، حيث يرجعه البعض إلى بزوغ فجر الثورة الصناعية في أوروبا، وتزايد قوة الحركات العمالية وتأثيرها في قرارات الإدارة، رغبة في تحسين ظروف العمل، والمشاركة العادلة في عوائد الإنتاج. وعلى ذلك أصبحت المشكلة الرئيسية التي تواجه الإدارة

تنصب في كيفية ضمان ولاء وتأييد العاملين لأهدافها، ومن ثم كانت محاولات فهم السلوك البشري وتحديد الأسباب التي تحكمه، وهو ما أدى بدوره إلى تزايد الاهتمام بدراسة الرضا عن العمل، كأحد المداخل الحيوية التي تساعد الإدارة في وضع الخطط ورسم السياسات وتحديد الإجراءات الكفيلة بضمان رضا العنصر البشري، وتوجيه سلوكه نحو تحقيق أهداف المنظمة.

ولقد تتعدد التعريفات للجودة منها أنها تعنى درجة استيفاء متطلبات المستفيدين من المجال المعنى ، بمعنى مطابقة العمليات التنفيذية للتوقعات المرئية.

ويقصد بمصطلح الجودة في التعليم لدى مجلس اعتماد التعليم العالي بالولايات المتحدة الأمريكية (CHEA) Council of Higher Education Accreditation "الوفاء بالغرض"، ويلاحظ على هذا التعريف أنه يركز على أن جودة المؤسسة التعليمية تكمن في درجة قدرتها على تحقيق أهدافها المعلنة.

وتعرفها الشبكة الأوربية لضمان الجودة في التعليم العالي (EAQAHE) European Network for Quality Assurance in Higher Education بأن الجودة تعنى "تحقيق الدقة والإتقان من خلال التحسين المستمر". ويتطلب هذا التعريف الوقوف على فلسفة العملية التعليمية، والجهات المجتمعية المعنية بها في المجتمع، وكل من

له علاقة بهـا، بمـا يعنـى مراعـاة القاسـم المشـترك بـين كافـة الجهـات المجتمعيـة والعمليـة التعليمية ، وبينهما وبـين الجهـات الدوليـة المعنيـة ، بمـا يجعـل مخرجاتهـا تكتسـب الثقـة العالمية.

وتعرفها جامعة هارفارد Harvard بأن الجودة "نوع من الأداء الفريـد، يتحقـق فقـط في ظـروف محـددة ، وفى نوعيـة معينـة مـن الطـلاب". وينطبـق هـذا التعريـف عـلى أداء المؤسسات التعليمية ذات الشهرة الواسعة، والقدرات المادية والبشرية الفائقة.

وتعرفها الجمعية المصرية للجودة بأنها تعنى "تطابق المخرجات مع المواصفات التـي وضعت لها. ويهتم هذا التعريـف بتجويـد مخرجـات المؤسسـة التعليميـة طبقـاً للحاجـات المتطلبة والتي يتوقع الوفاء بها ، وبـذلك لا يمكـن (طبقـاً لهـذا التعريـف) تقيـيم العمليـة التعليمية وضبط جودتها إلا بعد معرفة موقف الجهات المعنية منها ، ونوعية أداءهـا بهـذه الجهات.

وتعرفها الهيئة القومية لضمان الجودة والاعتماد في التعليم العـالي بمصر- بـأن الجـودة تعنى: "استيفاء المتطلبات التي يتوقعها العميل طبقاً لمعايير محددة، ومـن جهـة نظـر علـم الإدارة الجودة هي "ملائمة المنتج أو الخدمـة للغـرض المعـد لـه"، ومـن وجهـة نظـر الجهـة المصممة تعرف الجودة بأنها "مـدى إمكانيـة تـلاؤم المنـتج أو السـلعة للاسـتخدام كـما تـم تحديدها في مواصفات التصميم"، ومع التطور التكنولوجي والمعرفي

أصبح مفهوم الجودة الحديث يهتم أكثر بإرضاء العملاء في الدرجة الأولى، فأصبحت الجودة هي "القيام بالأمور الصحيحة من خلال الأسلوب الصحيح للوصول إلى الهدف المنشود". كما أن الجودة في الخدمة التعليمية تشير إلى أن ملامح وخصائص هذه الخدمة تحمل في صفاتها القدرة على إشباع حاجات الطالب. وبالتالي تصبح الجودة عبارة عن عملية تحويل المعرفة والمهارات الخاصة بمادة دراسية معينة من المعلم إلى الطالب عن طريق استخدام طرق التعلم الفعالة .

ويفرق "بريدي وآخران" Preedy & Others (1997) بين ضبط أو تأكيد الجودة، وبين إدارة الجودة، على اعتبار أن ضبط الجودة محصلة للإدارة الجيدة للجودة، التي تنصب على مختلف مكونات العملية التعليمية، بل قد تمتد إلى متابعة مخرجات هذه العملية في سوق العمل، بما يوفر تغذية عكسية تساهم في ضبط الجودة مرة أخرى، لذا يعد من الأمور الخاطئة المعتادة في المنظمات التعليمية عندما تركز فقط على ضبط الجودة، وفي أسوأ صورها المتمثلة في تحصيل الطلاب، في حين تغفل إدارة الجودة .

وهو ما يؤكده "لازلو" Laszlo (1999) عندما يشير على أن ضبط الجودة يعد جزءاً من إدارة الجودة، وينصب على مدى جودة المنتج أو الخدمة وفقاً للمعايير الموضوعة، بينما إدارة الجودة تنصب على جودة الإدارة، كما أنها تشمل كل الأفراد وكل الأنشطة ، وهنا تأتي الشمولية

على مستوى المدخلات أو العمليات أو المخرجات، وعلى مستوى الأداء والممارسات.

أما إدارة الجودة الشاملة، فتعرف على أنها "تطبيق مبادئ الجودة المتعلقة بتكامل جميع الوظائف والعمليات بالمنظمة، وهدفها النهائي تحقيق رضا المتعاملين مع المنظمة أو المستفيدين منها، من خلال التحسين المستمر في الجودة والعمليات الإدارية.

وتعرف كذلك بأنها "جميع الأنشطة التي يبذلها مجموعة الأفراد المسئولين عن تسيير شئون المؤسسة، والتي تشمل التخطيط والتنفيذ والمتابعة والتقويم، وبعبارة أخرى هي عملية التنسيق داخل المؤسسة، بغرض التغلب على ما فيها من مشكلات والمساهمة بشكل مباشر في تحقيق النتائج المرجوة، وبالتالي فهي عملية مستمرة لتحسين الجودة والمحافظة عليها".

ويعرف (Sehucter) إدارة الجودة الشاملة بأنها " ايجاد ثقافة متميزة في الأداء حيث يعمل كافة أفراد التنظيم بشكل مستمر لتحقيق توقعات المستهلك وأداء العمل مع تحقيق الجودة بشكل أفضل وبفاعلية عالية، وفي أقصر وقت ممكن

وتعرف أيضا بأنها تطبيق مبادئ الجودة المتعلقة بتكامل جميع الوظائف والعمليات بالمنظمة وهدفها النهائي تحقيق رضا المتعلمين مع

المنظمة أو المستفيدين منها من خلال التحسين المستمر في الجودة والعمليات الإدارية .

٦- إدارة الجودة الشاملة في التعليم:

تعرف بأنها " أسلوب تطوير شامل ومستمر في الأداء يشمل كلفة مجالات العمل التعليمي، فهي عملية إدارية تحقق أهداف كل من سوق العمل والطلاب، أي أنها على تشتمل جميع وظائف ونشاطات المؤسسة التعليمية ليس فقط في إنتاج الخدمة، ولكن في توصيلها، الأمر الذي ينطوي حتماً على تحقيق رضا الطلاب، وزيادة ثقتهم، وتحسين مركز المؤسسة التعليمية محلياً وعالمياً، وزيادة نصيبها في سوق

ويعرف (Egbert Deweert) إدارة الجودة الشاملة في التعليم بأنها " النمط أو طريقة تحقيق الأهداف، وليس مجرد الإنجاز، فتحقيق الأهداف يتوقف على نوعية المدخلات البشرية والمادية المستخدمة، وكذا طرق استخدام هذه المدخلات واستثمارها ". ومن هنا يكتمل النظام التعليمي: مدخلات، عمليات، مخرجات، تغذية مرتدة Feedback.

وتعرف الجودة في التعليم الجامعي على أنها المؤسسة الجامعية التي تحقق رضا عملائها أو المستفيدين منها، وتحقق أهدافها كاملة في ضوء مجموعة من المؤشرات والمعايير التي توضع لها.

ويوجد عدداً من التعريفات لإدارة الجودة الشاملة في التعليم الجامعي، منها أنها :

– فلسفة إدارية للقيادات الجامعية تركز على إشباع حاجات الطلاب والمستفيدين من الجامعة أو الكلية، بما يحقق النمو والاستمرارية، ويضمن الكفاءة والفعالية في تحقيق الأهداف، ويؤدي في النهاية إلى التفوق والتميز.

– أسلوب منظومي ثبت نجاحه لتخطيط وإدارة الأنشطة التعليمية.

– تمييز وقياس ومحاولة إشباع حاجات الطلاب الحاليين والمرتقبين، عن طريق تقصى حاجاتهم، وتحديد الأدوار والمهام الواجبة التنفيذ المثالي لتحقيق تلك الحاجات.

– فعالية تحقيق أفضل خدمات تعليمية – الفعالية – بأكفأ الأساليب – أقل تكاليف وأعلى جودة.

وباستقراء التعريفات الخاصة بإدارة الجودة الشاملة، نجد أنها تكاد تشترك في النظر إليها على أنها عملية تحسين مستمرة، وشاملة لمختلف مكونات الخدمة التعليمية وممارساتها، وأنها تقع في مقدمة مسئوليات القيادات الجامعية، وتستهدف التغلب على ما قد يوجد من مشكلات في هذه الخدمة، إضافة إلى الاستغلال الأمثل للطاقات والموارد المتاحة، وأن هدفها النهائي يتمثل في الحصول على رضا الطلاب أو المستفيدين من المؤسسة الجامعية، من خلال تلبية توقعاتهم وإشباع حاجاتهم.

٧- الكفاية:

تعرف لغوياً فى لسان العرب مادة كفى يكفي كفاية، أي إذا قام بالأمر يقال كفال هذا الأمر.**المعجم الوجيز:** " كفاه الشيء كفاية "، أي استغنى به عن غيره واكتفي بالشيء، وبالتالي تصبح الكفاية لغوياً الإشباع والاكتفاء والاستغناء عن المزيد.

واصطلاحاً: أي القدرة على أداء أنشطة داخل طبقاً بمعايير يتوقعها صاحب العمل (مفهوم الكفاية المهنية).

وهناك مجموعة من الباحثين تربط معنى الكفاية بالقدرة، ومجموعة أخرى تعرف الكفاية دون التعرض للقدرة، ولكن الكفايات التربوية هي مجموعة القدرات التي يمتلكها المعلم بغرض توظيفها لتحقيق أهدافه.

وهناك مجموعة أخرى لا تربط الكفاية بالقدرة أو الامتلاك واعتبرها وصف لسلوك أو نشاط ما مبني على مهارة ومعرفة واتجاه.

وغالباً ما يحدث لبس في تحديد معنى الكفاية مع لفظ الكفاءة الأمر الذي يجعلنا نركز الضوء عليه هنا.

٨- الكفاءة Efficiency:

وتعني لغوياً المماثلة والمساواة والمكافأة، وتعرف في معاجم اللغة العربية.

كفاءة: أي كون الشيء مساوياً لشيء آخر الكفاءة هي المماثلة في القوة.

والكفاءة في العمل هي القدرة عليه وحسن تعريفه أي أنه مرتبط بالأداء والقدرة على ألإنجاز في العمل المراد إنجازه أي أن الكفاءة القادر على اتجاه العمل المطلوب إنجازه، وكفاءة التعليم أي مدى قدرة النظام التعليمي على تحقيق الأهداف المنشودة منه، وكفاءة الإدارة هي قدرتها على تحقيق الأهداف المطلوبة، ولا يقال كفاية الإدارة بمعنى قدرتها على الإنجاز. أي أن الكفاءة هي القدرة على إنجاز الأشياء بطريقة صحيحة.

ونستنتج مما سبق أن الكفء يعني المماثلة والقدرة على تعريف العلم، والكفاءة تمثل أعلى درجات الأداء في عمل ما.

٩- الإنتاجية Productivity:

تعنى العلاقة بين كمية الإنتاج والحد المطلوب لهذا الإنتاج، أي النسبة بين العائد (المردود) والطاقة التي بذلت لإنتاجه. وبالتالي ترتفع الإنتاجية كلما ارتفعت نسبة الناتج إلى المستخدم من العناصر، أي الحصول على أقصى إنتاج ممكن باستخدام كميات محدودة من تلك العناصر.

"والكفاءة الإنتاجية" هي زيادة الإنتاج بأقل التكاليف واستخدام نفس الإمكانات، ولهذا فإن الكفاءة الإنتاجية تعبر عن العلاقة بين كمية الموارد المستخدمة في العملية الإنتاجية وبين الناتج من تلك العملية.

ومما سبق نجد أن: الإنتاجية والكفاءة بينهما علاقة وثيقة، حتى أنه يمكن الحكم على كفاءة النظام التعليمي مثلاً في ضوء إنتاجية.

١٠- العلاقات الإنسانية:

هي مجموعة من الاتجاهات التي تهدف إلى تطوير العمل الجماعي داخل المؤسسة عن طريق تجميع الجهود والمواهب البشرية ومحاولة خلق نوع جديد من التكامل بينها في بيئة مخضرة على العمل التعاوني المقيم مما يؤدي إلى شعور جميع العاملين بالراحة والرضا اقتصادياً وفلسفياً واجتماعياً.

وهي كل علاقة في كل طرف من أطرافها إنساني أو أكثر يتفاعلون ويتعاملون سوياً في سبيل تحقيق هدف مشترك وأساس هذه العلاقات وضوح الهدف منها والاتصال الجيد والقيادة الموجهة لهذه العلاقات عن طريق تعريف كل واحد من العاملين لدوره لتحقيق مصلحتهم في إطار إنساني ومصلحة المؤسسة والمجتمع ككل.

١١- التنمية البشرية Human Development:

– تقوم على محورين أساسين.

– بناء القدرات البشرية الممكنة.

– التوظيف الكفء للقدرات البشرية في جميع مجالات النشاط الإنساني.

وتعرف بأنها " تنمية الناس من أجل الناس بواسطة الناس بمعني:

- تنمية الناس أي الاستثمار في قدرات البشر.

- من أجل الناس أي كفالة وتوزيع ثمار النمو الاقتصادي توزيعاً عادلاً.

- بواسطة الناس أي إعطاء كل فرد فرصة المشاركة.

وتعرف أيضاً بأنها " عملية اجتماعية تهدف إلى الارتقاء بالبشر في مجالات عديدة، منها التعليم والثقافة وأساليب الحياة لدى الناس، وبذلك لم يعد النمو الاقتصادي هو الهدف الأساسي.

وتعرف التنمية البشرية بأنها "مجموعة العمليات التي يقوم بها المجتمع لبناء الإنسان وتطوير قدراته إلى أقصى درجة ممكنة من خلال وسائل التعليم والتدريب لمسايرة التقدم العلمي والتكنولوجي وتحقيق رفاهية الفرد والمجتمع.

١٢- الإستراتيجية Strategy:

تعرف بأنها: "مجموعة من الأفكار والمبادئ التي تتناول مجالاً من مجالات المعرفة الإنسانية بصورة شاملة ومتكاملة، تنطلق نحو تحقيق أهداف، ثم تضع أساليب التقويم المناسبة لتعرف مدة نجاحه وتحقيقها للأهداف التي حددتها من قبل.

وتعرف أيضاً بأنها " تصور يحتوى على مجموعة من المرتكزات والأساليب والآليات الإدارية الملائمة.

١٣- النموذج The Model:

النموذج "تمثيل افتراضي يحل محل واقع الأشياء أو الظواهر أو الإجراءات واصف إياها، الأمر الذي يجعلها قابلة للفهم".

كما يعرف بأنه "شكل تخطيطي للأحداث أو الوقائع والعلاقات ، بصورة محكمة بغرض المساعدة في تفسير تلك الأحداث أو الوقائع غير المفهومة.

١٤- إدارة الأزمة Crisis Management:

تعرف **إدارة الأزمة** بأنها " كيفية التغلب على الأزمة بالأدوات العلمية والإدارية المختلفة وتجنب سلبياتها و الاستفادة من إيجابياتها، والعمل على إدارة التوازنات ورصد حركة واتجاهات القوة والتكيف مع المتغيرات المختلفة وبحث آثارها في كافة الاتجاهات.

ويمكن تعريفها أيضاً بأنها: "نشاط هادف يقوم على البحث عن المعلومات اللازمة التي تمكن الإدارة من التنبؤ بأماكن الأزمة المتوقعة، وتهيئة المناخ المناسب للتعامل معها عن طريقة اتخاذ كافة التدابير اللازمة للتحكم في الأزمة المتوقعة والسيطرة عليها، أو تغيير مسارها لصالح المنظمة.

وتعرف بأنها: "نشاط قيادي إداري يهدف على مواجهة المشكلات في المؤسسة من خلال التنبؤ بتلك الأزمات وتوفير كافة الآليات والأساليب في التعامل وعها والسيطرة عليها.

١٥- الحقيبة التدريبية Trading Package:

نظام تعليمي يساعد المتدرب على تحقيق الأهداف التربوية طبقاً لحاجاته وقدراته وهي مجموعة من الخبرات التربوية التدريبية التي يتم تصميمها من قبل أجزاء متخصصة بطريقة منهجية وتشمل توجيهات وإرشادات واقتراحات لنشاطات تدريبية ومصادر تعليمية وأساليب تقويمية تتصل بموضوع التدريب أو جانب من جوانبه.

١٦- التقويم Evaluation:

عملية إصدار أحكام والوصول إلى قرارات بالنسبة إلى قيمة خبرة من الخبرات من خلال التعرف على نواحي القوة والضعف وعلى ضوء الأهداف التعليمية المقبولة بقصد تحسين عملية التعليم والتعلم.

كما يعرف التقويم بأنه إعطاء وصف لأداء الفرد مع التدخل والتعليق أو التفسير لهذا الأداء.

١٧- التدريب:

عملية منظمة ومستمرة محورها الفرد في مجمله تهدف إلى أحداث تغيرات محددة - سلوكية وفنية وذهنية لمقابلة احتياجات محددة حالية أو مستقبلية يتطلبها الفرد أو العمل الذي يؤديه والمنظمة التي يعمل فيها والمجتمع الكبير.

كما أن التدريب نشاط مخطط يهدف إلى إحداث تغيرات في المتدربين من ناحية معلوماتهم ومعارفهم ومهاراتهم وطرق أدائهم وسلوكياتهم واتجاهاتهم مما يجعلهم لائقين لأداء أعمالهم بكفاءة وإنتاجية عالية.

ويشار إلى أن التدريب عملية منظمة مستمرة تهدف إلى إعداد الفرد للعمل المنتج والحفاظ على مستوى عال من أدائه من خلال إكسابه ومهارات واتجاهات وأفكار مرتبطة بنوع العمل المسند إليه والهدف الذي يسعى لبلوغه.

١٨- مدير المدرسة:

وهو قائد فريق العمل المدرسي الذي يضم الوكلاء والمدرسيين الأوائل والمدرسين والجهاز الإداري المعاون والعمال ويتولى مهاماً ومسئوليات متعددة باعتباره المسئول التنفيذي عن كافة أنشطة المدرسة في كافة المجالات التربوية والتعليمية والأنشطة المدرسية والشئون الفنية والإدارية والمالية.

كفاية مدير المدرسة: مهمة فرعية مشتقة من مهمة رئيسية مطلوب من المدير القيام بها وترتبط هذه المهمة الفرعية بمجموعة محددة من المعارف والمهارات والاتجاهات يؤدي اكتسابها بمستوى معين إلى تحقيق النتائج المطلوبة.

وهي أيضاً قدرة مدير المدرسة على العناية بالنواحي الفنية والاجتماعية وبكـل مـا يتصـل بالطلاب والعاملين في المدرسة والمناهج الدراسية وأساليب الإشراف التربوي وأنواع التقـويم والبيئة المدرسية بكاملها غايته في ذلك تحسين العملية التعليمية والتربوية في المدرسة.

١٩-الرضا:

يشير الرضا في اللغة إلى الاختيار والقبول، ومنه "رضيُ" عنه وبه وعليـه رضـاً ورضـاءً، أي اختاره وقبله , أما تعريف الرضا اصطلاحاً فإنه لا يوجد تعريف متفـق عليـه بـين العلـماء والباحثين لمعنى الرضا، وهو ما قـد يرجـع في بعـض جوانبـه إلى تنـوع وتعـدد المجـالات التـي يستخدم فيها هذا المفهوم، وتعدد وتداخل الجوانب التي يتكون منها الرضا ذاتـه. ومـن ثـم توجد تعريفات متعددة لمعنى الرضا، مقروناً بالمجال الـذي يسـتخدم فيـه غالبـاً، حيـث نجـد الرضا عن الوظيفة، أو الاتصال، أو التعليم، أو الدراسة، أو التخصص، وغيرها من المجالات.

ويعرف الرضا الوظيفي على أنه "تلك المشاعر التـي تصـاحب بلـوغ الفـرد غايتـه وإشباع حاجاته ورغباته التي يتطلبها، عـن طريـق التفاعـل بـين العوامـل الشخصية للفـرد نفسـه والعوامل الخاصة بطبيعة الوظيفة ذاتها والعوامل المرتبطة بمحيط العمل وبيئته.

كما يعرف بأنه "تلك الحالة التي يتكامل فيها الفرد مع وظيفته، ويبلغ هذا الرضا أقصاه عندما يتطابق إدراك الفرد لما هو كائن مع ما ينبغي أن

يكون في مجال وظيفته ودرجة ما تشبعه هذه الوظيفة من حاجات للفرد بالفعل، وهذه الدرجة ما هي إلا محصلة للتفاعل بين العوامل الشخصية للفرد ذاته والعوامل المرتبطة بطبيعة الوظيفة ومحيط العمل وبيئته. في حين يعرفه البعض أنه "اتجاه إيجابي أو سلبي نحو المهنة في مدى إشباعها لحاجات الفرد".

ويعرف الرضا عن الاتصال، بأنه "حالة نفسية يشعر بها الفرد وتحقق له إحساس بالسعادة والارتياح نتيجة للاتصال الناجح بالآخرين أو اتصالهم به.

ويعرف الرضا التعليمي، أنه "اتجاه إيجابي يحقق الميول التعليمية للطالب، حيث يدرك أن الكلية أكثر ملاءمة لقدراته وميوله وسماته الشخصية وقيمه، كما تشبع لديه حاجاته المرغوبة، الحالية والمستقبلية، اجتماعياً ونفسياً ومهنياً واقتصادياً.

ويعرف الرضا عن الدراسة، بأنه عبارة عن مشاعر الفرد تجاه تخصصه أو دراسته، من حيث حبه وتقديره لهذا التخصص، والناتج من أنه يحقق له النجاح في تحقيق أهدافه والوصول إلى غاياته.

أما الرضا عن التخصص لدى المعلم أو الطالب، فيعرف بأنه "استجابة داخلية للمعلم أو الطالب تبعث على الشعور بحالة من الارتياح تجاه تخصصه، وهذه الاستجابة لها مكوناتها المعرفية والوجدانية والسلوكية، المستمدة من الظروف والخبرات السابقة، وظروف الموقف

التعليمي القائم، كما أن هذه الاستجابة تجعل المعلم أو الطالب في حالة تهيؤ مستمر لمواصلة العمل في التخصص والالتزام بجميع متطلباته".

وباستعراض التعريفات السابقة لمعنى "الرضا" سواء في مجال العمل بوجه عام، أو في مجال التعليم بوجه خاص، يتضح أن هناك بعضاً من القواسم المشتركة فيما بينها، منها:

- أن الرضا عبارة عن مشاعر داخلية تعبر عن مدى سعادة الفرد وتقبله وارتياحه لعمله أو دراسته، أو ما يقدم له من خدمات تعليمية، وأن هذه المشاعر تنعكس في أنماط سلوك الفرد واستجاباته الظاهرة تجاه الأشياء أو الأشخاص، وهو ما يشير على إمكانية قياسه.

- أن الرضا نتاج لمجموعة من العوامل المتداخلة، منها ما يتعلق بالفرد ذاته، ومنها يتعلق بطبيعة العمل الذي يقوم به، أو طبيعة البيئة الداخلية والخارجية للمنظمة التي يتواجد فيها.

- أن الرضا يؤدي دوراً كبيراً كحافز ودافع للطالب على النجاح، خاصة عندما تتقارب توقعاته عن كليته مع ما يحصل عليه فعلاً منها، أو عندما يشعر أن الخدمة التعليمية المقدمة أكثر ملاءمة لقدراته واستعداداته، وتلبي حاجاته وطموحاته.

٢٠- الخدمة التعليمية :

يشير مصطلح (الخدمة) في اللغة " إلى التلبية والقيام بالشيء، ومنه "خَدَمَ" فلاناً، أي قام بحاجته ولبّاها .

وتعرف "الخدمة التعليمية" بأنها عبارة عن مجموعة الموارد والإمكانات، والأنشطة التربوية التي تلبيها المؤسسة التعليمية (المدرسة - الكلية) أو توفرها للطالب، كما أنها مجموعة العلاقات والأنشطة والممارسات الإدارية والتربوية والتعليمية ذات الصلة المباشرة بعملية تعليمه وتعلمه، اما الخدمات الجامعية: فهي، سلع غير ملموسة، توفر درجة من الإشباع للمستخدم - المستفيد – ولا تتضمن خاصية الملكية، كما لا يمكن تخزينها أو نقلها. أو هي "مجموع ما تقدمه الجامعة للمنتفعين المباشرين وغير المباشرين في البيئة المحيطة بالجامعة أولاً والوطن كمستهدف نهائي ثانياً، رغبة في رفعته وتطوره".

٢١- ضغوط العمل :

تتعدد تعريفات ضغوط العمل فيعرفها البعض بأنها عبارة عن "استجابات سلبية غير مرغوبة نتيجة خبرات مهنية، في حين يعرفها البعض الأخر بأنها "مصادر ضغط تمثل غياب خصائص وظيفية إيجابية بالإضافة إلى وجود خصائص وظيفية أخرى سلبية، ويقصد بها أيضا بأنها "حالة توتر متعاقبة تحدث عندما تفوق متطلبات الفرد مستوى قدراته، وهى وظيفة لعدد من الحاجات الملحة والمتتالية تظهر كتعويض لهذه المتطلبات .

٢٢- الرؤية :

يقصد بها في اللغة "النظر والتأمل, ويعرفها مجمع اللغة العربية بأنها "فعل الحـس البصري، وتطلق أيضاً على إدراك بصري لما هو روحاني، ومنه الوحي والإلهام، وتلتقي بهـذا مع الحلم والرؤيا. في حين يرى "ديكارت" إلى أن الرؤية عمل ذهني يقوم علـى قـوة الحكـم بجانب أنه عمل بصري.

٢٣- المدرسة الإلكترونية:

يمكن تعريف المدرسة الإلكترونية بأنها المدرسـة التـي يحـل فيهـا الحاسـب الآلي محـل الكتاب والمعلم، حيث يقوم جهاز الحاسـب الالي والشبكات بعـرض المـادة العلميـة علـى الشاشة بناء على رغبـة الطالب بحيـث يطلب الحاسوب المزيد مـن المعلومـات، والمـادة العلمية، وتكون الاختبـارات علـى هيئة برمجية تعليمية أو محـاضرات تـتم عـن طريـق اللقاءات المرئية عبر الإنترنت في مواعيد محددة كما في المحاضرة التلقائية.

ويقصد بها أيضا المدرسة التي تستخدم الحاسبات الإلكترونية والوسائط الرقمية المتنوعة وشبكات الاتصالات المختلفة في توصيل المعلومات الرقمية إلكترونياً بهيئاتها المتعددة إلى الطلاب، سواء أكانوا متواجدين داخل أسوار المدرسة، أو خارجها داخل منازلهم، وتسهيل

الاتصالات بالمستويات الإدارية العليا لضمان أداء المهام الإدارية بالمدرسة بدرجة عالية من الكفاءة والفعالية .

٢٤- القسم الأكاديمي- العلمي: Academic-Scintific Department

يعرف القسم الاكاديمي بأنه "ذلك التنظيم الذي يشكل وحدة علمية وإدارية أساسية في الكلية أو الجامعة، ويتضمن مجموعة من الدارسين، والباحثين، وأعضاء هيئة التـدريس، والتي تعد مستقلة نسبياً، ومسئولة عـن التعليم والبحـث العلمـي في ميدان أو تخصـص معرفي معين .

ويعرف البعض الأخر القسم الأكاديمي بأنه عبارة عن تجمع من أعضاء هيئة التـدريس ذوي التخصص الواحد، أو التخصصات المتقاربة، كما يشكل في الوقت ذاته الوحدة الأساسية في المنظومة الجامعية.

٢٥- إدارة الفصل:

تعرف إدارة الفصل بأنها "توجيـه نشـاط الأفـراد المتعلمـين نحو الأهداف التعليميـة المشتركة من خلال تنظيم جهودهم وتنسيقها وتوظيفها بالشكل المناسب، للحصول عـلى أفضل نتائج للتعلم .

في حين يعرفها البعض الأخر بأنها "تلك العمليـة التـي تهدف إلى تـوفير تنظيم فعـال داخل الصف الدراسي، من خلال الأعمال التي يقوم بها المعلـم لتوفير الظروف المناسبة لعملية التعلم، مما يودى إلى حدوث

تغييرات مرغوب فيها في سلوك الطلاب تتفق مع ثقافة المجتمع الذي توجد فيه المدرسة.

٢٦- الرؤية المستقبلية:

يقصد بالرؤية المستقبلية تصور مستقبلي لما تكون عليه المؤسسة التعليمية في المستقبل من حيث دورها ووظيفتها وقيمها وفلسفتها. ومع التركيز على مواطن القوة في المؤسسة التعليمية وما تتميز به عن المؤسسات الأخرى، مع الأخذ في الاعتبار مرونة الرؤية بحيث تتكيف مع الظروف والتغيرات التكنولوجيا التي تحدث في المجتمع .

٢٧- الدمج:

يقصد بالدمج دمج الأطفال غير العاديين المؤهلين مع أقرانهم العاديين دمجاً زمنياً تعليمياً، واجتماعيا، حسب خطة وبرنامج وطريقة تعليمية مستمرة تقرر حسب حالة كل طفل على حده، ويشترط فيها وضوح المسؤولية لدى الجهاز الإداري والتعليمي والفني في كل من التعليم العام والتعليم الخاص .

كما يقصد به محاولة مساعدة الأطفال ذوى الاحتياجات الخاصة من أجل أن يتطوروا اجتماعيا وعقليا وشخصياً من خلال التفاعل مع أقرانهم العاديين فى المدرسة مع توفير الموارد المالية والبشرية وتنظيم المناهج وطرق التعليم المستخدمة في الصفوف العادية ونظام التقويم.

٢٨- التطوير Development:

يعرف التطوير بأنه عبارة عن "تغييرات مقصودة في شيء ما، بهدف الوصول بهذا الشيء إلى أحسن صورة، ليحقق الأهداف المطلوبة بكفاءة تامة، وبطريقة اقتصادية في الوقت والجهد .

كما يقصد به محاولة فكرية أو عملية لإدخال تحسينات علي الوضع الراهن للنظام التعليمي سواء كان ذلك متعلقاً بالبنية الدراسية أو المناهج الدراسية وغيرها من مدخلات النظام التعليمي.

ويقصد به التغير المعتمد على بيانات ومعلومات ودراسات ذات أهداف دقيقة، بغية إحداث تغييرات من أجل الوصول بالشيء المطور إلى أحسن صورة ممكنة، بحيث يؤدى الغرض المطلوب منه بكفاءة وفعالية، وبذلك يصبح من الممكن أن تتحقق كل الأهداف المنشودة على أكمل وجه، وبطريقة اقتصادية في الوقت والجهد والمال مع مراعاة كافة الظروف والإمكانات الخاصة بالشيء المطور وكل الأطراف التي لها علاقة به .

كما يعرفه البعض بأنه التحديث الذي يمكن أن يتم في نظام التعليم، والذي يتيح فرصة الاستخدام الأمثل للموارد والإمكانات المتاحة، من أجل الوصول إلى أقصى ما يمكن أن يحققه من أهداف، وذلك من خلال الإضافة أو التعديل أو التغيير المخطط ، بغرض تحسين كفاءة وفعالية النظام بصفة عامة، لتحقيق أهدافه المنشودة .

ويعرف التطوير أيضا بأنه عملية مقصودة لـذاتها بهـدف الوصـول بالنظـام المطـوَّر إلى أحسن صورة لـه حتـى يـؤدى الغـرض المطلـوب منـه بكفـاءة تامـة ويحقـق كـل الأهـداف المنشودة منه على أتم وجه وبطريقة اقتصادية في الوقت والجهد والتكاليف.

ويُعرف التطوير في مجال التعليم بأنه مجموعة التغييرات الايجابية والعلمية التـي تحدث في نظام تعليمي معين بقصد زيادة فعاليتـه وتحقيـق كفايتـه الإنتاجيـة، أو تحويـل وضعيته ليكون أكثر استجابة لحاجـات التغيـير بـالمجتمع الـذي ينشـأ فيـه، وتغيـير وجهتـه ليكون أكثر مواكبة لمعطيات التقدم الحضاري الموجود في ظروف العصر الذي ينتمي إليه .

ويعرف انه هو مجموعة التغيرات التي تحـدث في نظام تعليمـي معـين بقصـد زيـادة فاعليته أو جعله أكثر استجابة لحاجات المجتمع ومطالبه, وقد يكون التطوير جزئيـا يشـمل جانبا من النظام مما يجعله تجديدا لإدخال مستحدثات جديـدة في إدارة التعلـيم أو يكـون التطوير جذريا شاملا يشمل نظام التعليم (أهدافـه - خططـه - مناهجـه)، بمـا يرقـى بهـذا التطوير إلي مستوي الإصلاح الشامل.

ويعرف أيضا بأنه إحداث تغيرات بهدف الوصـول إلي الشيـء المطـور إلي أحسـن صـوره ليؤدي الفرص المطلوب بكفاءة تامة ويحقق

كل الأهداف المنشودة منه علي أتم وجه أو بطريقة اقتصادية في الوقت والجهد وهو يستدعى تغيير في شكل ومضمون الشيء المراد تطويره٠

ويعرف التطوير كذلك علي أنه مجموعة التغيرات الكمية والكيفية المقصودة التي تحدث في نظام تعليمي بغرض زيادة فعاليته وتحقيق أهدافه استجابة لحاجات المجتمع بتغيراته الاقتصادية والسياسية والاجتماعية الآتية والمستقبلية وقد تكون هذه التغيرات ضرورية شاملة لأهداف النظام التعليمي و بنيته وخططه ومناهجه .

ويعرف قاموس الإدارة التطوير بأنه نسق نظامي مخطط ومدبر يهدف إلى إحداث تغيير في المؤسسة لرفع كفاءتها في تحقيق أهدافها وحل مشكلاتها فالتطور عملية منظمة تسير وفق خطوات محددة لتعديل الواقع الحالي وتحسين أداء النظام .

ويعرف كذلك بأنه عملية تغيير إيجابي مقصود ومخطط هادف إلي الارتقاء بالمنظمات المجتمعية علي مختلف ألوانها ,يتم علي أساس مواجهة إيجابية وفعالة لقوي التغيير المحيطة بالمنظمات بحيث يأتي متسقا مع أهداف وقيم مدروسة تمت صياغتها وبلورتها بأسلوب واع ومخطط موجه٠

٢٩- الدور The Role :

يعرف الدور بأنه مجموعة الوظائف والمهام التي يتوقع المجتمع أن تقوم بها مؤسساته لخدمة المجتمع والبيئة المحيطة . كما يعرف بأنه

جملة الأفعال والواجبات التي يتوقعها المجتمع من هيئاته وأفراده ممن يشغلون أوضاعاً اجتماعية معينة في موقف معين .

ويعرف كذلك بأنه مجموعة من الأنشطة المرتبطة أو الأطر السلوكية التي تحقق ما هو متوقع في مواقع معينة .

يشير قاموس Webster's إلى أن الدور هو وظيفة تؤدى من خلال شخص ما، أو تنظيم ما في موقف معين، عملية أو عمل ما.

يعرف كـذلك بأنـه الوظيفـة ومـا تتضـمنه مـن جوانـب مختلفـة تعكـس الطبيعـة والواجبات والحقوق والالتزامات التي تحدد السلوك الفردي بنـاء عـلى القواعـد السـلوكية المقررة

ويعرف أيضا بأنه مجموعة التصرفات والأعمال والمتغيرات والتأثيرات التـي يقـوم بهـا الفرد أو يتسبب فيها، وهي تكوّن في مجموعها دور الفرد في التنظيم.

يعرف الدور بأنه مجموعة من الأنماط السلوكية التي تكون وحدة ذات معنـى وتبدو ملائمة لشخص يشغل مكانه في المجتمع أو مركزاً معيناً كما ينظر إلى الدور على أنه السـلوك المتوقع من الفرد في جماعة أو موقف إجتماعى معين .

٣٠- صنع القرار:

يعرف صنع القرار بأنه سلسلة مـن الاسـتنتاجات الفرديـة أو الجماعيـة التـي تسـعى لاختيار البديل الأنسب في مواجهة موقف معين.

كما يُعرف على أنه حكمٌ صادرٌ، وهو اختيار بين الصواب والخطأ، وعلى أسوء حال، هو الاختيار بين الصواب تقريباً والخطأ المحتمل، إلا أنه غالباً ما يكون هو الاختيار بين عمليتين، لم يثبت أن إحداهما أقرب للصواب من الأخرى.

٣١ - القرارات التعليمية:

تُعرف بأنها الاختيار الواعي المدرك بين البدائل المتاحة في موقف معين كما تُعرف بأنها توازن بين قرارات سابقة، وبدائل حاضرة، واحتمالات مستقبلية، وذلك بتحليل القرارات التربوية السابقة، مع دراسة لبدائل متاحة، وحاضرة بتنبؤ لمتغيرات مستقبلية.

٣٢- صنع السياسة التعليمية Educational Policy Making

يمكن تعريف صنع السياسة التعليمية بأنه عملية معقدة تتسم بتنوع مكوناتها، التي يكون لكل منها إسهامه المختلف في تقرير الخطوط الأساسية التعليم ، وتتسم بتوجهاتها نحو المستقبل وسعيها إلى تحقيق الصالح العام وذلك بأفضل الوسائل الممكنة .

٣٣- نظام الفصلين الدراسيين :

يعرف بأنه تقسيم العام الدراسي إلى فصلين دراسيين تتحدد في كل فصل دراسي مجموعة من المواد الدراسية، وينتهي الطالب منها ثم تظهر نتيجة الفصل الدراسي الأول ثم يدرس في الفصل الدراسي الثاني

مجموعة مختلفة من المقررات وتتحدد نتيجة الطالب النهائية بعـدد الـمواد التـي اجتازهـا وتقديره فيها.

ويعرف أيضا بأنه "تقسيم السنة إلى فصلين دراسيين يحدد للطالب عددا من المقررات يدرسها في كل فصل دراسي وذلك بطريقة إلزامية ويؤدى في نهاية كل فصل امتحانا في تلـك المقررات التي درسها، فإذا نجح انتقل إلى الصف الدراسي التالي .

ويعرف بأنه تقسيم المقررات الدراسية التي تـدرس في عـام جامعي واحـد إلى فصلين دراسيين متساويين في المدة، وفصـل صـيفي اختيـاري، ويختبـر الطالـب في نهايـة كـل فصل اختبارا نهائيا لما تقرر دراسته في الفصل الدراسي الواحد

ويعرف نظام الفصلين الدراسيين بأنه تقسيم العام الدراسي إلى فصلين مـدة كـل فصـل دراسي أربعة شهور أو أربعة شهور ونصف، أو بعبارة أخرى يقصد به البرمجة الزمنية للعـام الدراسي بحيث يتم تقسيمه إلى فصلين دراسيين مستقلين

٣٤- التسويق: Marketing :

يعرف التسويق من وجهة النظر الشمولية بأنه النشاط الذي يحكم التدفق الاقتصادي للسلع والخدمات للمستهلكين بما يحقق الأهداف الاقتصادية للجميع .

ويعرف التسويق، بأنه "تلك الوظيفة للمنظمة، التي تمكنها من الاحتفاظ باتصال مستمر مع عملائها، والتعرف على احتياجاتهم، وتطوير منتجاتها لتلبية تلك الاحتياجات ، وبناء برنامج اتصالات لتعبر المنظمة عن أهدافها.

ويقصد به أيضا عملية تخطيط وتنفيذ المتصور، والتسعير، والترويج، والتوزيع، للأفكار والسلع والخدمات، بهدف إتمام عمليات التبادل التي تشبع أهداف كل من الأفراد والمنظمات.

ويقصد به كذلك بأنه عملية تقديم سلع أو خدمات أو أفكار من مواضع إنتاجها إلى المستفيدين، بهدف إشباع حاجات أو رغبات معينة لديهم مادية أو معنوية وتحقيق أهداف المنظمة.

٣٥- التحديات:

ويقصد بها تلك التغيرات والتطورات التي تعيشها البشرية الآن ومن المتوقع استمرارها وتزايد حدتها.كما يعرفها البعض بأنها: كل تغير أو تحول- كمي أو كيفي- يفرض متطلبا أو متطلبات محددة تفوق إمكانات المجتمع الحالية, بحيث يجب عليه مواجهتها واتخاذ الإجراءات الكفيلة بتحقيقها .

كما تعرف بأنها: "مجموعة التغيرات العلمية والتكنولوجية والاقتصادية والسياسية والثقافية- الكمية والكيفية- الحالية والمستقبلية

التي تحدث على المستوي العالمي والمحلى, وتؤثر على مجالات المجتمع المختلفة وتتطلب التخطيط والمواجهة.

٣٦- السياسة العامة Public policy :

السياسة في اللغة هي القيام على الشئ بما يصلحه، وعند العلماء هي علم وفن الإدارة العامة للحياة المجتمعية.

ويقصد بها مجموعة المبادئ المرشدة عند اتخاذ القرارات في شتى مجالات النشاط القومي، العامة مع مناطق متنوعة مثل: الدفاع، الاقتصاد، والتعليم، والشرطة، والضرائب والصحة .

كما تعرف على أنها "سلسلة منظمة من الأعمال المستهدفة من شخص أو جماعة أو حكومة من خلال بيئة معينة تقدم العوائق والفرص التي تستهدف السياسة استغلالها والتغلب على أي عائق للوصول إلى الهدف أو إدراك الغرض المقصود.

٣٧- سياسة التكيف الهيكلي Structural Adjustment Policy:

يقصد بها مجموعة التوجهات والإجراءات التي يوصى بها البنك الدولي والتي تشمل العديد من التغيرات الاقتصادية والاجتماعية بهدف دمج الدول النامية في الاقتصاد العالمي، وتهدف هذه السياسات إلى تعديل مسار الاقتصاد القومي بحيث يعتمد بدرجة أكبر على قوى السوق

في تخصيص المـوارد الماليـة وتوجيـه الاسـتثمار، واتخـاذ القـرارات الاقتصادية والاجتماعيـة بالدولة .

٣٨ - السياسة التعليمية Educational Policy :

يقصد بها مجموعة الموجهات العامة التي تحكم حركة المجتمع في قطاع التعليم وهى جزء من كل وفرع من أصل هو "السياسة العامة للدولة .

ويقصد بها مجموعة من الأهداف والمبادئ الشاملة والمتكاملة التي ينبغي أن تكون محـوراً لحركة الفعل في مجال التعليم ,على مدى زمني يتيح إمكانية تحقيق تلك الأهداف في حـدود مـا تضمنته من مبادئ، وفي ضوء ما حددته من معايير للتقويم والحكم مـع اتسامها بالمرونة لتتيح إمكانية التعديل ، مع مراعاة العوامل المؤثرة التي تـؤثر بشكل مباشر وغـير مباشر في السياسـة التعليمية صياغة وتنفيذا وتقويماً

ويقصد بالسياسة التعليمية مجموعة المبادئ والاتجاهات العامة التي تضعها السـلطات التعليمية لتوجيه العمل بـالأجهزة التعليميـة في المسـتويات المختلفـة عند اتخـاذ قراراتهـا، والتي تستمد غالبا من تقييم الوضع القائم في المؤسسات التعليمية لاستخدامه كخطة عامة توجه القرارات التعليمية .

وتعرف كذلك بأنها جملة المبادئ العامة التي توجـه الأنشـطة والمشروعات في مجـال التعليم والتي يراها واضعوا السياسة التعليمية

كفيلة بتحقيق الأهداف التي يتطلع المجتمع والأفراد إلى تحقيقها في ضوء الظروف والإمكانات المتاحة للدولة .

٣٩- سياسات التثبيت الاقتصادي Economic Stabilization Policies:

يقصد بها مجموعة البرامج التي يتولى صندوق النقد الدولي تصميمها وتعتمد على تحليل العلاقة بين تراكم الديون والمشكلات المترتبة عليها والتعديلات الضرورية في هيكل الاقتصاد بهدف تعديل ميزان المدفوعات والميزانية العامة للدولة.

٤٠- المعونات الأجنبية:

تعرف المعونة بأنها المنح الرسمية والقروض الحكومية التي تستهدف نقل الموارد من الدول المتقدمة إلى الدول الأقل تقدما سواء كان ذلك بهدف المشاركة في التنمية أو إعادة توزيع الدخل بتلك الدول، ويقصد بها أيضا مجموع التدفقات المالية والخدمية المقدمة من الجهة المانحة (دول أو منظمات دولية) إلى دول أخرى لا يقابلها تدفقات مالية مماثلة من الدول المتلقية لها، أو يقابلها تدفقات في المستقبل ميسرة من دون أعباء زائدة.

٤١ - الاتجاه :

يعرف الاتجاه بأنه ما لدى الفرد من استعداد عقلي مكتسب، يجعله يقيم موضوع، تقييماً معيناً يجعله يستجيب بطريقة معينة، يؤيد

خلالها أو يرفض تصوراً يتعلق بهذا الموضوع ومن ثم تكون محصلة استجاباته مميزة بطابع معين يسمح بالتنبؤ باستجاباته في مواقف ذات صلة بتلك الموضوع .

كما يقصد بالاتجاه بأنه : تنظيم نسبي ثابت لآراء ومعتقدات ومشاعر الفرد حول موقف معين، مما يجعله يستجيب نحو هذا الموقف بالقبول أو المعارضة سواء كانت هذه الاستجابة قولاً أو فعلاً.

٤٢ - بيئة العمل :

مجموعة الظروف الخارجية والمتغيرات البيئية المحيطة بالفرد في عمله والتي تؤثر في سلوكه وإكسابه خصائص معينة، وهى تحوى نوعين من المثيرات، أحدهما سيكولوجي، وهى التي تحتل بؤرة اهتمام الدارسين في مجال علم النفس، ومن المسميات التي ترادف هذا الجانب مفهوم البيئة السيكولوجية، أو مفهوم المجال، وبيئة فيزيقية وهى التي تحتل اهتمام الدارسين في مجال التربية .

٤٣- المشرف التربوي

يعرف المشرف التربوي بأنه الفرد الذي تكلفه وزارة التربية والتعليم بالقيام بمهمة الإشراف على المعلمين، وتقديم المساعدة اللازمة لهم، بهدف تحسين العملية التربوية التعليمية بجميع جوانبها المختلفة .

ويعرف المشرف التربوي بأنه "خبير فني، وظيفته الرئيسة مساعدة المعلمين على النمو المهني، وحل المشكلات التعليمية التي تواجههم، بالإضافة إلى تقديم الخدمات الفنية، لتحسين أساليب التدريس، وتوجيه العملية التربوية الوجهة الصحية.

٤٤- الإشراف التربوي:

الإشراف في اللغة من أشرف أي وارتفع وعليه اطلع من فوق وتولاه وتعهده، يعرف الإشراف التربوي على أنه سلسلة من التفاعلات والأحداث تجرى بين المعلم والمشرف التربوي، بهدف تحسين العملية التعليمية.

ويعرف الإشراف التربوي على انه مجموعة من الأنشطة التي تعمل على تطوير عملية التعليم, وزيادة النمو المهني للمعلمين مما يؤدي إلى زيادة الانتماء للمدرسة والجماعة، وتحسين العملية التعليمية بها والالتزام بتحقيق الأهداف، وتحقيق الرضا الوظيفي.

٤٥- البنية:

تعرف بأنها البرامج والمستويات التعليمية بمراحل النظام التعليمي المختلفة" أساسي – ثانوي – جامعي"، والطريقة التي ترتبط بها هذه المستويات، ومن ثم فالبنية التعليمية تصف شكل النظام والاتصال بين أجزاؤه.

وتعرف بأنها "كيان متكامل قوامه مجموعة من العناصر التي تتخذ فيما بينها بشكل أو بأخر من أشكال التفاعل المنظم أو الاعتماد المتبادل وفقاً لقوانين تحكم هذا التفاعل في أطر زمنية ومكانية محددة وبطريقة تمكنها من تحقيق أهداف محددة.

وتعرف بأنها البرامج والمستويات التعليمية بمراحل النظام التعليمي المختلفة" أساسي – ثانوي – جامعي"، والطريقة التي ترتبط بها هذه المستويات، ومن ثم فالبنية التعليمية تصف شكل النظام والاتصال بين أجزاؤه.

وتعرف أيضاً بأنها نظام كامل يتم تقسيمه إلى أنظمة فرعية أصغر، حتى يتم الوصول إلى مستوى الفرد الإنسان في النظام، ويتم تجميع هذه النظم الفرعية في مستويات مدرسية يمثل كل منها مجموعة من الأدوار المتكاملة، وبالتالي فالبنية تمثل النمط النظمي موصوفاً في ضوء الأنظمة الفرعية والأدوار التي يشتمل عليها.

وتعرف بأنها "نوع من الترتيب بين مجموعة نظم يعتمد بعضها على بعض، وتعتبر وحدات البناء الاجتماعي في ذاتها بناءات فرعية، والتكامل أو بقاء الكل يتوقف على العلاقات بين الأجزاء وأدائها لوظائفها.

٤٦ - النظام: System:

يعرف مجمع اللغة العربية النظام بأنه "الترتيب والاتساق ، يقال نظام الأمر قوامه وعماده، كما يعرف النظام على أنه مجموعة من العلاقات المتداخلة بين الأجزاء المكونة لنشئ ما، وبعبارة أخرى النظام هو الكيان المتكامل الذي يتكون من أجزاء وعناصر متداخلة، تقوم بينها علاقات تبادلية من أجل أداء وظائف أو أنشطة محصلتها النهائية بمثابة الناتج الذي يحقق النظام كله، وهو مجموعة من المدخلات التي تتفاعل فيما بينها بلوغاً لهدف أو أهداف محددة، فيكون الناتج مخرجات مفروض فيها أن تطابق هذا الهدف أو الأهداف.

ويعرف النظام على أنه مجموعة من الموارد والعناصر المادية والبشرية الملموسة، والتي تتفاعل مع بعضها البعض داخل إطار معين وذلك طبقاً لمجموعة من القواعد والإجراءات، وتعمل كوحدة واحدة من أجل تحقيق هدف معين أو مجموعة من الأهداف العامة في ظل الظروف والعوامل البيئية.

٤٧- تعريب العلوم :

يعرف تعريب العلوم بأنه نقل الكلمة الأجنبية ومعناها إلى اللغة العربية، كما هي دون تغيير فيها أو مع إجراء تغيير وتعديل عليها، لينسجم نطقها مع النظامين الصوتي والصرفي للغة العربية؛ ولتتفق مع الذوق العام للسامعين؛ ولتيسير الاشتقاق منها.

ويعرف بأنه مجموعة الأنشطة التي تتعلق باستخدام اللغة العربية في تعليم طلبة الجامعة، وكتابة البحوث والتقارير، وما تتطلبه من كتابة الألفاظ الأجنبية بحروف عربية يمكن إخضاعها لقواعد اللغة العربية، كما يشمل التعريب العمل على توطين العلوم والمعارف الجديدة في الثقافة العربية.

٤٨- الكفاية التعليمية:

وتعرف الكفاية التعليمية بأنها مجموعة المعارف والمفاهيم والمهارات والاتجاهات التي يكتسبها الطالب نتيجة إعداده في برنامج تعليمي معين توجه سلوكه وترتقي في أدائه إلى مستوى من التمكن يمكنه من ممارسة مهنية بسهولة ويسر، كما تعرف الكفاية التعليمية "بالمقدرة على شيء بكفاءة وفعالية، وبمستوى معين من الأداء".

٤٩- الكفاءة الداخلية : internal Efficiency :

قدرة النظام التعليمي على الاحتفاظ بمدخلاته من الطلاب، وانتقالهم من الصف الدراسي الأدنى إلى الصف الدراسي الأعلى بأقل هدر مادي وبشري وتسمى (الكفاءة الداخلية الكمية)، وقدرة نظام

الإعداد على تقديم تعليما يتسم بالجودة الملائمة وتسمى (الكفاءة الداخلية الكيفية).

كما تعرف بأنها العلاقة بين مخرجات أو نواتج النظام التعليمي ومدخلاته وهي تعبر عن فاعلية النظام كما تبينها مخرجاته أو فوائده وعوائده.

ويقصد بها الحصول علي أكبر قدر من المخرجات لمجموعة معينة من المدخلات ، أو الحصول علي مقدار محدد من المخرجات التعليمية باستخدام أدني مقدار من المدخلات التعليمية، كما يقصد بها مدى قدرة النظام التعليمي علي القيام بالأدوار المتوقعة منه .

٥٠- التمويل: Financing :

يعرف التمويل بأنه مجموع الموارد المالية المرصودة للمؤسسات التعليمية؛ لتحقيق أهدافها المحددة وإدارتها واستخدامها بكفاءة عالية.

ويعرف أيضا بأنه تكوين رأس مال لتنفيذ عمل معين؛ لتحقيق نتيجة مرغوباً فيها قد تكون اقتصادية أو اجتماعية أو ثقافية أو قد تكون جامعة لهذه الأغراض.

يقصد بتمويل التعليم بأنه الوظيفة الإدارية التي تختص بعمليات التخطيط للأموال، والحصول عليها من مصادر التمويل المناسبة لتوفير الاحتياجات المالية اللازمة لأداء الأنشطة المختلفة، بما يساعد على

تحقيق أهداف هذه الأنشطة، وتحقيق التوازن بين الرغبات المتعارضة للفئات المؤثرة في نجاح واستمرار المنظومة .

ويقصد بتمويل التعليم الجامعي في هذه الدراسة، مجموع الموارد المالية المخصصة للتعليم الجامعي من الموازنة العامة للدولة، أو بعض المصادر الأخرى مثل الهبات أو التبرعات أو الرسوم الطلابية أو المعونات المحلية والخارجية وإدارتها بفعالية بهدف تحقيق أهداف التعليم الجامعي خلال فترة زمنية محددة.

٥١- العولمة : Globalization :

يقصد بالعولمة عملية تكثيف العلاقات الاجتماعية عبر العالم وترابط الأحداث المحلية المتباعدة بطريقة وثيقة الصلة، كما لو كانت تقع في مجتمع واحد.

كما يقصد بها عملية ضغط العالم وتصغيره، وتركيز الوعي به في مختلف الجوانب الاقتصادية والسياسية والثقافية الاجتماعية .

ويقصد بها أيضا ظاهرة تاريخية تعبر عن حقيقة التحول الرأسمالي العميق للإنسانية جمعاء في ظل هيمنة دول المركز وسيادة نظام عالمي جديد غير متكافئ.

ويقصد بالتقدم العلمي والتكنولوجي التغير السريع في مختلف جوانب الحياة والتطور العلمي وما يرتبط به من تطبيق تكنولوجي في

هذه الجوانب الحياتية، والإبداع العقلي والمعرفة العلمية المتقدمة والاستخدام الأمثل للقدرات البشرية والمادية وزيادة فاعلية المنظومات الحياتية والتحكم فيها.

٥٢- التعليم العالي: Higher Education :

ويقصد به مرحلة التعليم التي تلي المرحلة الثانوية في السلم التعليمي في مختلف إنحاء العالم، وتضم الجامعات والمعاهد الدراسية العليا.

٥٣- دراسة المستقبل: Study Of The Future :

ينظر إلى المستقبل بأنه علم يستثمر الماضي والحاضر في استقراء المستقبل، ووضع احتمالات له من خلال الطرق الخاصة به، بهدف التعامل مع هذا المستقبل في إطار الاستعداد الكامل له.

٥٤- السيناريو:

يوجد عدد كبير من التعريفات للسيناريو منها، أنه وصف أو قصة لوضع مستقبلي ممكن الحدوث عند توافر شروط معينة في مجال معين، أو هو مجموعة من الافتراضات المتماسكة لأوضاع مستقبلية محتملة الوقوع في ظل معطيات معينة، أو هو حدث مستقبلي ممكن الوقوع مرغوب فيه، أو غير مرغوب فيه، أو مرغوب عنه مع توضيح

ملامح المسار أو المسارات التي يمكن أن تؤدى إلى هذا الوضع المستقبلي.

ويعرف أيضاً بأنه وصف لوضع مستقبلي ممكن أو محتمل أو مرغوب فيه، مع توضيح ملامح المسار أو المسارات التي يمكن أن تؤدى إلى هـذا الوضـع المستقبلي، وذلك انطلاقاً من الوضع الراهن أو من وضع ابتدائي مفترض.

٥٥ - الحاسب الآلي :

آلة مساعدة للعقـل البشرى في العمليـات الحسـابية والمنطقية وفي جميـع مجـالات العلوم، حسب مـا فيها من برامج تمكن مـن ذلك، ولـديها القـدرة عـلى استقبال البيانات ومعالجتها بواسطة برنامج مـن التعليمات، يتم تخزينها واسترجاعها وقت الحاجة إليها بسرعة فائقة، ويمكن استخدامها كأداة تعليمية في شرح الـدروس، وكوسيلة تعليمية قـادرة على التقويم والامتحانات وقياس الإنجاز الأكاديمي للطلاب، والمشاركة في الإدارة التربويـة والإرشاد الأكاديمي داخل الصف الدراسي وفي المؤسسة التعليمية.

٥٦- التربية العملية Student Teaching :

هي فترة من التدريب الموجه، يقضيها الطالب المعلم بالمدارس الابتدائية والإعدادية والثانوية، ويقوم أثناءها بالتدريب على تدريس مادة تخصصه خلال أيام متفرقة طوال العام الدراسي، وأيام متصلة في نهاية

العام الدراسي، بهدف إتقانه المهارات التدريسية اللازمة لمهنة التدريس بطريقة علمية.

٥٧-إعداد المعلم Teacher Preparation:

يعرف القاموس لفظ الإعداد بأنه تلك العملية التي بموجبها يكون الفرد معداً لممارسة عمل ما، أو هي حالة من الاستعداد لتحقيق هدف ما، ويعرف قاموس التربية عملية إعداد المعلم بأنها "جميع الأنشطة والخبرات الأساسية وغير الأساسية التي تساعد الفرد على اكتساب الصفات اللازمة والمؤهلة لتحمل المسئولية كعضو هيئة تدريس، ولأداء مسئولياته المهنية بصورة أكثر فاعلية، وهى عبارة عن برنامج أعد وطور بواسطة أي مؤسسة مسئولة عن إعداد نمو الأفراد الراغبين في العمل بمهنة التعليم".

وعلى ذلك فإن إعداد المعلم هو صناعة أولية للمعلم كي يزاول مهنة التدريس، وتتولاه مؤسسات تربوية متخصصة مثل معاهد إعداد المعلمين وكليات التربية، وبهذا المعنى يعد الطالب المعلم ثقافياً وعلمياً وتربوياً في مؤسسته التعليمية قبل الخدمة

٥٨ ـ رياض الأطفال:

يعرف قاموس التربية رياض الأطفال بأنها فصول أو مجموعات منظمة تهدف إلى تقديم الخبرات التربوية للأطفال في المرحلة التي تسبق الصف الأول الابتدائي ويمكن أن تكون تابعة للمدرسة الابتدائية

أو منفصلة عنها ويطلق عليها مرحلة ما قبل الابتدائي Preprimary أو المرحلة الابتدائية الدنيا Junior Primary.

رياض الأطفال بأنها مؤسسة تعليمية أو جزء من نظام مدرسي متخصص لتعليم الأطفال الصغار، من سن (٤-٦) سنوات من العمر، تتميز بأنشطة اللعب والتدريب على كيفية العمل والحياة بما يتناسب مع بيئتهم ، بأدوات ومناهج وبرامج مختارة بعناية تزيد نمو وتطور الطفل، وتعرف رياض الأطفال بأنها فصول منظمة بشكل رسمي للأطفال فيما قبل الصف الأول الابتدائي في سن الخامسة لتقديم خدمات متنوعة من خلال الألعاب

٥٩- الاعتماد: Accreditation :

يحمل مصطلح الاعتماد تعريفاً لغُوياً وآخر اصطلاحياً. أما عن التعريف اللغوي فيقصد به الثقة والقصدية في فعل الشيء المعنى، ويقصد به أيضاً التوكيل والتفويض والتأييد في القيام بأداء المهام المختلفة نظراً لأهلية المُفَوَّض أو المُوَكَّل أو المُؤَيَّد.

ويقصد به لغُويا في اللغة الإنجليزية Accreditation بمعنى الإجازة والإقرار والتفويض والشهادة بأن معهداً تعليمياً أو نحوه يفي بمطالب أو شروط معينة ، كما يشمل معناه التصديق والإيمان والتنسيب والعزو، وتعرفه اتفاقية واشنطن Washington Accord بأن الاعتماد هو "الآلية التي يتم من خلالها الاعتراف بضمان جودة المؤسسات

والبرامج والشهادات التعليمية. ويلاحظ على هذا التعريف تركيزه على أهمية حصول المؤسسة التعليمية على الاعتماد المؤسسي والأكاديمى والمهني حتى تحظى باعتراف أعضاء الاتفاقية.

ويقصد بهذا المصطلح لدى مجلس اعتماد التعليم العالي (CHEA) بأنه "العملية التي يتم من خلالها تحقيق وتحسين الجودة والمحاسبية لدى المؤسسات والبرامج التعليمية لتحديد ما إذا كان هناك مواكبة مع المعايير المعلنة لهيئة الاعتماد المعنية ورسالتها وأغراضها أم لا". ويلاحظ على هذا التعريف اهتمامه بتحقيق معايير الاعتماد، واعتبار ذلك معياراً من معايير المفاضلة في الحصول على الاعتمادات المالية.

هوامش الفصل

١- إبراهيم العيسوي: السيناريوهات - بحث في مفهوم السيناريوهات وطرق بنائها في مشروع مصر ٢٠٠٢م ، أوراق مصر ٢٠٢٠م، منتدى العالم الثالث ، القاهرة ، مكتب الشرق الأوسط ، ١٩٩٨م ، ص ٧.

٢- إبراهيم وكيل الفار، سعاد شاهين: المدرسة الإلكترونية رؤى جديدة لجيل جديد، المؤتمر العلمي الثامن للجمعية المصرية لتكنولوجيا التعليم المدرسة الإلكترونية، المنعقد في الفترة من ٢٩ – ٣١ أكتوبر ٢٠٠١م ، كلية البنات جامعة عين شمس ، القاهرة، ٢٠٠١م ، ص ٣٩ .

٣- أبي الفضل جمال الدين محمد بن مكرم ابن منظور: لسان العرب, الطبعة الثالثة, المجلد الأول, بيروت, دار الفكر للطباعة والنشر والتوزيع , ١٩٩٤, ص٣٠٩ .

٤- أحمد إسماعيل حجي، اقتصاديات التربية والتخطيط التربوي، القاهرة: دار الفكر العربي، ٢٠٠٢م ،ص ٢١٠ .

٥- أحمد حسين اللقاني، على أحمد الجمل: معجم المصطلحات التربوية المعرفة في المناهج وطرق التدريس، ط٢، القاهرة، عالم الكتب، ١٩٩٩ ، ص ٧٣ .

٦- برنامج الأمم المتحدة الإنمائي، الصندوق العربي الإنمائي والاقتصادي والاجتماعي، تقرير التنمية الإنسانية

للعام٢٠٠٣م، المكتب الإقليمي للدول العربية، الأردن، ص ص ١٧-١٨ ٠

٧- بطرس بطرس غالي، محمود خيري عيسى:المدخل في علم السياسة, الطبعة العاشرة، القاهرة، مكتبة الأنجلو، ١٩٩٨، ص ٣٠٣

٨- جابر محمود طلبة : التجديد التربوي من أجل جامعة المستقبل، الطبعة الأولى، مكتبة إيمان للنشر والطبع والتوزيع، المنصورة، ١٩٩٩م، ص ص ٦٧-٦٩.

٩- جمهورية مصر العربية: معجم اللغة العربية الوجيز، هيئة المطابع الأميرية، ٢٠٠٥، ص ٢٥٠ .

١٠- حافظ فرج أحمد, محمد صبري حافظ: إدارة المؤسسات التربوية، القاهرة، عالم الكتب،٢٠٠٣م , ص٢٠٩ ٠

١١- حلمي إبراهيم سلامه وآخرون: أساسيات نظم المعلومات المحاسبية، القاهرة، دار الثقافة العربية، ٢٠٠٠م، ص١٩.

١٢- حلمي أحمد الوكيل: تطوير المناهج أسبابه، أسسه، أساليبه، خطواته، معوقاته ,القاهرة، مكتبة الآنجلو المصرية، ١٩٩١م، ص ٩.

١٣- سعيد يسن عامر، على محمد عبد الوهاب: الفكر المعاصر في التنظيم والإدارة, الطبعة الثانية، القاهرة، مركز وايد سيرفس للاستشارات والتطوير الإداري ، ١٩٩٨ ، ص ٧٠٥ .

١٤- سهام محمد صالح كعكي: تطوير التنظيم الاداري لرياض الأطفال في المملكة العربية السعودية في ضوء الفكر التنظيمي المعاصر، رسالة دكتوراه، غير منشورة، كلية التربية، جامعة عين شمس، ٢٠٠٠، ٤٨ .

١٥- السيد محمد ناس: "التكيف الهيكلي والتعليم العالي"- دراسة للواقع المصري في ضوء الخبرة الدولية- مجلة كلية التربية جامعة الزقازيق - العدد ٣٥ - مايو ٢٠٠٠ ـ ص ١٦٧.

١٦- شاكر محمد فتحي: إدارة المنظمات التعليمية، القاهرة، دار المعارف، ١٩٩٦، ص ٢٩.

١٧- طلعت أسعد عبد الحميد . التسويق الفعال : الأساسيات والتطبيق. ط ٩. القاهرة : مكتبة عين شمس, ١٩٩٩. ص ١٨.

١٨- عبد الجواد السيد بكر: السياسات التعليمية وضع القرار، الإسكندرية، دار الوفاء للطباعة والنشر، ٢٠٠٢ ، ص ٤.

١٩- عبد الغفور يونس: نظريات التنظيم والإدارة, الإسكندرية، المكتب العربي الحديث، ١٩٩٧، ص ٢٤٠.

٢٠- عصام عبد المنعم أحمد: الدور المرتقب للمحاسبة في ظل العولمة ومتطلبات النظام العالمي الجديد. المجلة المصرية للدراسات التجارية, كلية التجارة جامعة المنصورة, المجلد ٢٥: العدد ١, ٢٠٠١ , ص ٧٨.

٢١- فتحي درويش عشيبة. الإدارة الجامعية في مصر بين التفاعل مع التحديات المعاصرة ومشكلات الواقع , المؤتمر العلمي الرابع التربية ومستقبل التنمية البشرية في الوطن العربي على ضوء تحديات القرن الحادي والعشرين, كلية التربية جامعة القاهرة . فرع الفيوم: في الفترة من٢١- ٢٢، أكتوبر , ٢٠٠٢.ص ٧٤.

٢٢- فرج عبد القادر طه : موسوعة علم النفس والتحليل النفسي، دار سعاد الصباح للنشر والتوزيع، ط١، القاهرة، ١٩٩٣, ص ١٤٧.

٢٣- محمد سعد الألفي، محمد حامد إمبابي: المتطلبات التربوية لتعليم الطلاب المكفوفين بالمعاهد الثانوية الأزهرية من وجهة نظرهم، مجلة كلية التربية، جامعة الأزهر، العدد٨٢ ، ١٩٩٩، ص١٥٠.

٢٤- محمد سيف الدين فهمي: التخطيط التعليمي- أسسه وأساليبه ومشكلاته، ط٧، القاهرة، مكتبة الأنجلو المصرية: ٢٠٠٠م، ص ٢٠٨ .

٢٥- محمد عاطف غيث: قاموس علم الاجتماع، الإسكندرية، دار المعرفة الجامعية، ١٩٩٥م، ص٤٤٣.

٢٦- محمد منير مرسى: الإصلاح والتجديد التربوي في العصر الحديث, القاهرة، عالم الكتب، ١٩٩٢م ، ص ٦ .

٢٧- محمد وجيه الصاوي: من زاوية تربوية، التربية، العدد ٦٥، سبتمبر ١٩٩٧م, جامعة الأزهر- كلية التربية، ١٩٩٧م, ص ٤٦٢.

٢٨- منير البعلبكي: المورد قاموس إنجليزي عربي، دار العلم للملايين، بيروت ، ١٩٩٣ ، ص ٨١٧.

٢٩- نادر فهمي الزيود وآخرون: التعلم والتعليم الصفي، ط٤، عمان، دار الفكر للطباعة والنشر والتوزيع،١٩٩٩م، ص١٧٥ .

٣٠- همام بدراوي زيدان: السياسة وسياسة التعليم دراسات تربوية, مجلة تصدرها رابطة التربية الحديثة، المجلد الثامن، الجزء ٥٤، ١٩٩٣، ص ١١٣.

٣١- يعقوب أحمد الشراح: التربية وأزمة التنمية البشرية، الرياض، مكتب التربية العربي لدول الخليج ، ٢٠٠٢م ، ص ٥٥٧ .

الفصل الثاني
إدارة الجودة والاعتماد
في المؤسسات التعليمية

- مقدمة.

أولا : إدارة الجودة الشاملة :

المفهوم ـ أهـم الـرواد ـ المـبررات ـ المبادئ ـ نمـاذج تطبيـق إدارة الجودة الشاملة في التعليم.

ثانياً: الاعتماد الأكاديمي:

- المفهوم ـ أنواعه ـ أهدافه ـ أهميته ـ مراحله ـ خبرات بعـض الـدول في مجال الاعتماد الاكاديمى .

- هوامش الفصل.

إدارة الجودة والاعتماد الأكاديمي
في المؤسسات التعليمية

مقدمة:

أن تحقيق الجودة في التعليم أو الاقتراب منها. يقتضي اتخاذ سياسات وإجراءات معينة، لا تتحقق إلا في مجتمعات بمواصفات خاصة، مجتمعات تتبع حكوماتها اللامركزية في إدارة التعليم في مختلف مستوياته، وتنعم بالحريات واحترام حقوق الإنسان، ويتصف التعليم قبل الجامعي بمواصفات جيدة ويهدف إلى إعداد أجيال قادرة على الإبداع والتعامل مع متطلبات العصر الحديث الذي نعيش فيه وغيرها من الخصائص والمواصفات التي يجب أن يتصف به من مواصفات وإلا سوف يصبح مطلب تحقيق الجودة في التعليم ضرباً من الخيال والأوهام. ويتناول الفصل الحالي كلا من إدارة الجودة والاعتماد في المؤسسات التعليمية على النحو التالي :

أولا: الجودة الشاملة .

١ : مفهوم الجودة الشاملة :

تعددت مفاهيم الجودة طبقاً لاختلاف اهتمام الباحثين والمهتمين بالجودة الشاملة. تعرف الجودة في لسان العرب بأن أصلها جود وجاء الشيء جودة أي صار جيداً وجاد وأجاد أي أتي بالجيد.

- أنها مجموعة الصفات والملامح والخواص المتعلقة بالمنتج أو الخدمة التي تحمل نفسها عبء إرضاء الاحتياجات الضرورية.

- الحصول على نتج جيد من خلال تحسين مدخلات العملية التعليمية بوجه عام بما تتضمنه من طالب، وعضو هيئة التدريس، إدارة المؤسسة، والمباني والمرافق، والمناخ الاجتماعي المناسب، وتحسين عمليات الأداء بهدف الوصول لتحسين خريج التعليم.

- يعتبرها رجال الصناعة كلمة قاصرة على جودة المنتج بمعنى مدى تطابق هذا المنتج في المواصفات الفنية المختلفة التي يتم التعامل بها.

- التحسين المستمر للأداء في جميع مستويات العملية الإدارية وفي كل المجالات الوظيفية بالمؤسسة باستخدام كافة الموارد البشرية والمالية المتاحة للمؤسسة.

- الفاعلية في إنجاز أهداف المؤسسة.

- إدارة الموارد بطريقة فعالة.

- مطابقة المنتج للمواصفات أو للاحتياجات.

- ضمان استمرارية تواجد خصائص محددة معينة به وضمان قيامه بأداء وظائفه الموصوفة طوال الفترة الزمنية المحددة لذلك.

- الرضا العالي للمستهلكين والعاملين بالمؤسسة.

- الجودة مفهوم يتسم بالشمول ويختلف عن مفهوم الامتياز، فالامتياز يعني حالة من التفوق بجدارة والحصول على درجات نادرة، ويقتصر على جانب واحد. أما الجودة من الناحية الكمية فهي أعم حيث تشتمل جميع جوانب المؤسسة. أما من الناحية الكيفية فهي تعني حالة الشيء وصفته. الجودة تشمل الكم والكيف معاً.

- عملية تطبيق مجموعة من المعايير والمواصفات التعليمية والتربوية اللازمة لرفع مستوى جودة المنتج التعليمي بواسطة كل الأفراد العاملين بالمؤسسة التعليمية وفي جميع جوانب العمل التعليمي بالمؤسسة.

- مقياس الرضا المستهلك.

- إجمالي السمات والخصائص التي تميز المنتج أو الخدمة ويمكن عن طريقها الوفاء باحتياجات معينة.

- درجة صلاحية المنتج للفرض الاستخدامي ويتوقف ذلك على درجة الدقة المطلوبة التي تضاعف من قيمة المنتج للعمل بأقصى كفاءة خلال العمر الافتراضي للمنتج.

- ترجمة احتياجات وتوقعات العملاء بشأن المنتج إما خصائص محددة تكون أساسً لتقييم المنتج.

- تحقيق مجموعة من الاتصالات بالزائرين (الطلبة) بهدف إكسابهم المعارف والمهارات والاتجاهات التي تمكنهم من تلبية توقعات الأطرف المستفيدة " المنظمات ".

- عملية بنائية تهدف إلى تحسين المنتج النهائي.

- الفلسفة التي تتضمن العمليات والأدوات للتطبيق العملي الذي يهدف على تحقيق ثقافة التحسين المستمر التي يساهم فيها كل العاملين داخل المنظمة بهدف إشباع حاجات العملاء.

- الجودة يمكن الحديث عنها في ضوء مصطلحات مثل الكمال أو التمام، والشموخ، أو العظمة، والمناسبة، أو الملائمة لتحقيق الغرض أو القصد ولتحقيق القيمة المالية المراد تحقيقها.

- الإشراف على العمليات لتحقيق إنتاج السلعة بأقل تكلفة وفي أقصر وقت ممكن وبالجودة والكمية المطلوبة.

- تركز الاهتمام على مشاركة العاملين في مسئولية جودة ما تقدمها المنشأة من خدمات أو منتجات وذلك من العامل في اتخاذ القرارات التي تشعره بأهميته.

- وتزيد التزامه نحو أداء نهاية وتقوى مشاعر الانتماء لديه.

- الجودة هي تحقيق متطلبات العميل.

- الجودة ليست مجرد التأثير الكلي لمظاهر منتج أو خدمة أو عملية منتهية في أدائها إلى رأي التحليل في ذلك الأداء.

٢- مفهوم إدارة الجودة الشاملة :

تعددت المحاولات لتحديد مفهوم إدارة الجودة الشاملة وفيما يلي عرضاً لأهم هذه المفاهيم :

- لكل منظمة أهدافها الخاصة بها، والتي تستطيع بها المنافسة مع غيرها من المؤسسات، ولا يتم ذلك إلا من خلال عدة عوامل ومتطلبات رئيسية تحقق الجودة بالنسبة للمنظمة ككل وتشمل من خلالها وعملياتها ومخرجاتها ويتطلب ذلك إدارة فاعلة للجودة الشاملة.

- عملية تقوم فيها الإدارة العليا بالخطوات الضرورية لتمكين كل إنسان في المنظمة من أن يقوم بكل واجباته بهدف تحقيق مستويات من الإنتاج تلي أو تزيد عن حاجات العملاء أو توقعاتهم سواء في الداخل أو الخارج.

- القيام بالعمل بشكل صحيح، ومن أول مرة، مع الاعتماد على تقييم العميل في معرفة مدى تحسن الأداء.

- تتضمن إدارة الجودة الشاملة ثلاثة مقومات أساسية لنجاحها في أي منظومة هي : إدارة تشاركية – التحسين المستمر في العمليات – استخدام فريق العمل.

- إيجاد ثقافة متميزة في الأداء حيث يعمل المديرون الموظفون بشكل مستمر ولأوب لتحقيق توقعات المستهلك وأداء العمل الصحيح

بشكل صحيح منذ البداية مع تحقيق الجودة بشكل أفضل وبفعاليـة عاليـة وفي أقصر وقت ممكن.

- الفلسفة الإداريـة والممارسـات العمليـة التـي تسعى إلى الاسـتخدام الفعـال للمـوارد البشرية والمادية للمنظمة لتحقيق الأهداف المنشودة.

- عملية إدارية يفترض بناء عليها الاهتمام بالجودة والخدمة المقدمة، تبنى علـى أسـاس أن كل عمل يتم بشكل صحيح ومن أول مرة، وذلك من فرص متاحة لاجتناب الأخطاء.

- فلسفة إدارية ومجموعة مبادئ إرشادية تعتبر بمثابة دعائم التحسـين المسـتمر، وهـي تطبيق للأساليب الكمية والموارد البشـرية لتحسـين الخـدمات للمنظومـة، وتهـدف إلى تحقيق التميز في جودة أداء المنظومة ككل من خلال الوفاء باحتياجات العاملين.

- استراتيجية تنظيمية يصاحبها مجموعة من الوسائل تقود المؤسسة للأمام لأنها تقـدم للمستفيدين منتجات وخدمات ذات جودة عالية.

- فلسفة إدارية وهيكل عام مصمم لتحسين ربحية المؤسسـات خـلال عمليـات تحسـين مستمر لجميع أوجه مجالات الوظائف العضوية المختلفة بالمؤسسة.

٣ ـ مفهوم ضمان الجودة :

تعددت وجهات النظر نحو تحديد مصطلح محـدد لمفهوم ضمان الجودة مـن هـذه التعريفات ما يلي :

- إدارة نظامية وإجراءات تقيميه تقوم بها إحدى المؤسسات التعليمية، أو نظام لتوجيه وتقييم الأداء لضمان تحقيق جودة المخرجات وتحسين مستوى الإنجاز، ويهدف ضمان الجودة إلى بناء الثقة لدى المشاركين في جودة الإدارة.

- ضمان الجودة تؤكد أن الأهداف قد تحققت بالفعل وتشير في الوقت ذاته إلى العمليات المخططة لدعم وتشجيع كل المشتركين في العمل من مراجعة أعمالهم باستمرار لتأكيد جودة النواتج، أو المحافظة على الجودة من أجل استمرارها وتحسينها.

- يقصد بها مجموعة الإجراءات التي من شأنها التأكيد أن عملية الرقابة على الجودة تتم طبقاً لخطة مسبقة على خدمة قد استوفت الشروط والمواصفات الفنية، ويعبر نظام ضمان الجودة عن التقييم المستمر بالطرق والأساليب العلمية للعمليات والخدمات التي تقدمها المؤسسة مع تحليل جميع الأعمال والنتائج وتسجيلها ومقارنتها بالوثائق المرجعية لمطالب الجودة.

- مجموعة الإجراءات المخططة والمنهجية اللازمة لإعطاء ثقة كافية بأن المنتج التعليمي أو العملية التعليمية المؤداه تستوفى متطلبات الجودة المعطاة.

- مجموعة الأساليب الفنية والأنشطة المستخدمة في الإدارة والتي يمكن بواسطتها أداء خدمة ذات جودة عالية.

٤ ـ مبررات ودواعي الأخذ بإدارة الجودة الشاملة في التعليم :

تتعدد المبررات والدواعي التي تنعم بتطبيق إدارة الجودة الشاملة في التعليم منها :

- المتغيرات المستمرة في جميع مجالات الحياة وتؤثر بشكل أساسي على التعليم.

- عدم كفاءة أو فعالية الأساليب الجزئية في الإدارة.

- الآثار المتباينة للعولمة والتي أدت إلى التقارب والاتصال والانفتاح التي اكتسبها العلاقات الاجتماعية على مستوى العالم والاعتماد المتبادل بين الشعوب. فهي تغير عن تدفق المعرفة التكنولوجية والاقتصادية والأفراد والقيم والأفكار.

- تؤثر العولمة على الأبنية الاجتماعية سواء من حيث الشكل أو الوظائف أو صنع القرار، وتتطلب توافر مجتمع ذو بيئة ملائمة تساعد على إدماج المجتمع في سياقها.

- وجود أوجه قصور في التعليم يصل بالتعليم إلى كونه مجرد فعل تلقيني، الاعتماد المتزايد على حفظ المعلومات لصبها في أوراق الإجابة، وأداء المعلم وأسلوب الإدارة التعليمية ـ الأبنية المدرسية والجامعية، والمناخ السائد داخل المؤسسات التعليمية وخارجها.

- يتطلب مجتمع المعرفة المعاصر مهارات أكثر مرونة وأكثر عمومية منها مهارات حل المشكلات ـ مهارات البحث عن

المعرفة - مهارات اكتساب المعلومات البحثية، مهارات التعليم الذاتي - الأمر الذي يدعو إلى إعادة النظر في منظومة التعليم وتحويله من صورته التقليدية إلى الصورة المعاصرة، للتعامل مع متطلبات العصر.

- تكنولوجيا المعلومات والاتصالات تلعب دوراً حيوياً بارزاً في التعليم، حيث تسام في تبسيط المهام الإدارية وتنظيمها، وتجعل إدارة التعليم أكثر فاعلية وكفاءة وأصبح لزاماً على نظم التعليم عدم الاقتصار على استخدام التكنولوجيا بل يجب توافر عدة معايير محددة تلزم المؤسسات التعليمية البحث عن التمييز من استخدام التكنولوجيا في العمليات الإدارية أو في إدارة التعليم.

- تأكيد الاتجاهات العالمية لمدى أهمية الجودة النوعية لمخرجات مؤسسات التعليم باعتباره ملحاً يفرض نفسه على واقع سوق العمل، مما يؤدي إلى ضرورة إعادة النظر في مخرجات المؤسسات التعليمية والعمل على تجويدها للحد من بطالة الخريجين ومسيرة النظم التعليمية للاتجاهات العالمية.

- اعتماد تمويل التعليم في مصر على الموارد العامة للدولة، حيث تكفل مجانية التعليم وإتاحة للجميع في كل المراحل، ولذلك تتحمل الدولة عبء عملية التمويل بداية من الحلقة الأولى وحتى التعليم الجامعي.

- القصور في المباني المدرسية وتجهيزاتها وما يترتب عليه مـن عـدم كفايـة الفصول الدراسية وقاعات التـدريس، وأمـاكن مزاولة الأنشطة التربويـة والمعامـل والمكتبـات والأفنية. وارتفاع كثافة الفصول الدراسية.

- عجز النظام التعليمي عن تحقيق تكافؤ الفرص التعليميـة بـين الأفـراد وبـين المنـاطق (ريفية – حضرية) المدارس الحكومية والخاصة والذكور – والإناث، الأغنياء والفقراء.

- قلة الموارد والإمكانات المادية أدت إلى إهمال الأنشطة التربويـة والتطبيقـات العمليـة والتركيز على المعلومات والمعارف وتدريسها عـن طريـق الطـرق التقليديـة للتـدريس كالحفظ والتلقين وإغفال الممارسات العملية والإبداعية للطلاب.

- ضعف الفعاليـة الإداريـة والتـي تتمثـل في نظم الإدارة المسـتخدمة، والميـل إلى البيروقراطية والمركزية الإدارية، الافتقار إلى فلسفة واضحة، وغياب المرجعيات، وقيـود الأنظمة الإدارية والملكية التنظيمية.

- الفجوة بين مخرجـات التعليم وحاجـات سـوق العمـل. حيـث يوجـد فـائض كبيـر في الخريجين في بعض التخصصات، وندرة الخريجين الأكفاء في تخصصات أخرى.

- ضرورة العمل على ابتكار أساليب وتقنيات إدارية حديثة في إدارة التعليم ومواجهة آثار المتغيرات المستمرة والشارية في شتى المجالات.

- الجودة من القضايا الرئيسية في التعليم على المستوى العالمي ففي بعض الدول اهتم المسئولون في المؤسسات التعليمية بالجودة وأساليبها وإداراتها في تحسين مستوى أداء هذه المؤسسات، وتحسين البرامج التعليمية للحاق بركب الدول الأخرى في التعليم.

- المنافسة العالمية : في ظل عولمة النظام الاقتصادي لم تعد الدولة قادرة على أن تعيش بمعزل عن المنافسة العالمية، وأن التغير التدريجي ليس كافياً لمواجهة هذه التحديات وأن ما تحتاجه هو ضمان الجودة في المؤسسات التعليمية.

- تحقيق درجة عالية من المحاسبية العامة، وخصوصاً لإشباع حاجات كل من الطالب العاملين في المؤسسات التعليمية.

- المحافظة على السمعة الدولية للمؤسسات التعليمية في ضوء المعايير الموضوعة لجودة العملية التعليمية.

- تقليدية البرامج التعليمية وأن المقررات الدراسية في معظم مراحل التعليم غير مترابطة مع بعضها البعض ولا تسمح للطلاب بالتفكير العلمي أو الابتكاري بالإضافة إلى أن غالبية المعلومات قديمة ولا تساير الثورة المعلوماتية ولا تؤهل الطلاب إلى كيفية التعامل مع التحديات والمعتقدات التي تسود ثقافة العالم.

- ارتفاع معدلات البطالة.

- ارتفاع تكلفة التعليم وخاصة الجامعي.

- انخفاض جودة الناتج التعليمي.

- هروب العاملين من ذوي الخبرات من المنشأة.

- اتساع الفجوة بين الإنتاج والتعليم.

٥ - مبادئ إدارة الجودة الشاملة :

توجد مجموعة من السمات والخصائص يطلق عليها مبادئ إدارة الجودة، وفيما يـلي عرضاً موجزاً لهذه المبادئ لتطبيق الجودة هي :

- التحسين والتطوير المستمر لكل العمليات والوظائف التي تـتم داخل المؤسسـات التعليمية.

- تبني أسلوباً قيادياً فعالاً وتنفيذه على جميع المستويات الإدارية.

- التطبيق الفعلي للمشاركة والتعارف في عملية اتخاذ القرار من جميع أفراد المؤسسة التعليمية (المدرسة - الجامعة).

- إدخال التحسين الدائم على كل عملية إدارية والتركيز عليها مثلما التركيز على النتائج.

- إزالة الحواجز بين الوظائف وتشجيع التميز وتبادل الخبرات والمعلومات بين المـوظفين بالقدر الذي لا يؤدي إلى ضياع المسئولية.

- اشتراك كل فرد في المؤسسة في كل جزئية من إجراء العمل اللازم للتحول إلى أسلوب جدارة الجودة الشاملة داخل المؤسسات التعليمية.
- الوقاية من الأخطاء قبل وقوعها داخل المؤسسة.
- شمولية الجودة بحيث تشمل جميع مجالات الخدمة المقدمة للعملاء وجميع العاملين في المؤسسة.
- التركيز على رضا العميل من خلال تلبية توقعاته الحالية والمستقبلية.
- التركيز على روح الفريق واستخدام الهياكل التنظيمية والبعد عن الهياكل شديدة الهرمية التي تستخدم حالياً.
- تحقيق متطلبات العدالة التنظيمية وتفعيل نظام الحوافز للعاملين لتحقيق تلك العدالة.

٦ - أهم رواد إدارة الجودة الشاملة :

يوجد عدد كبير من العلماء لهم دوراً بارزاً في مجال إدارة الجودة الشاملة منهم على سبيل المثال لا الحصر، ادوارد ديمنج Edwards Deming، جوزيف جوران Joseph Juran، فليب كروسبي Philipb Crosby، كاروا يشيكاروا وغيرهم الكثير، ويمكن تناول كل واحد من هؤلاء العلماء بشيء من التفصيل على النحو التالي :

أ- ادوارد ديمنج Edwards Deming :

أدرك ديمنح أن الموظفين هم الذين يتحكمون في عملية الإنتاج، فقاد ثورة الرقابة الإحصائية للجودة الشاملة عام ١٩٧٤م، واستخدام الأساليب الإحصائية في ضبط الجودة أثناء الحرب العالمية الثانية، ولكن هذه الأفكار لم تجد قبولاً عند الأمريكان، وتم استدعائه من قبل اليابان لاستخدام أفكاره في تحسين الإنتاج، وتقديراً لجهوده أنشئت اليابان جائزة تحمل اسم "ديمنج" تمنح سنوياً للشركة التي تتميز في برامج الجودة، ووضح ديمنج Deming تعديل على دائرة شيورات Shewart لتتكون من التخطيط والتجريب والتحسين والتنفيذ. وسميت دورة ديمنج للتحسين المستمر والشكل التالي يوضح دورة ديمنج للتحسين المستمر.

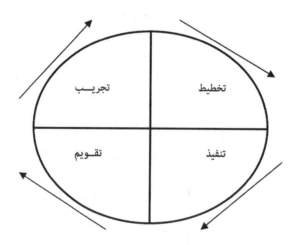

ب- جوزيف جوران Josephb Jouran :

تتضح أفكار جوران عن الجودة الشاملة من ثلاثة مبادئ وضعها للجودة هي :

أ-   تخطيط الجودة : ويتم بها " تحديد العملاء – تحديد المنتج – تطوير العمليات –
وضع الخطط موضع التنفيذ ".

ب- الرقابة على الجودة : ويتم خلالها ما يلي :

-   قياس الأداء.

-   مقارنة الإنجاز.

-   تحديد الانحرافات.

-   الرقابة المستمرة.

-   استخدام الأساليب الإحصائية.

ج- تحسين الجودة : وتقييم عملية التحسين على ما يلي :

-   بنية تحتية.

-   تحديد المجالات التي تحتاج إلى تحسين.

-   تحديد فريق لكل مشروع.

-   تزويد الفريق بالوسائل اللازمة وتحديد احتياجاته التدريسية.

ويمكن توضح ثلاثية جوران للجودة الشاملة في الشكل التالي :

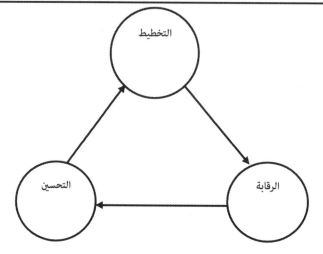

ج- فيليب كروسبي Philip Coroby :

حدد كروسبي عدة نقاط لتحسين الجودة هي :

- الالتزام الإداري.

- العناية بفريق تحسين الجودة.

- تحديد معايير الجودة.

- حساب تكلفة الجودة.

- فهم الجودة.

- تحديد الخطوات المراد تصحيحها.

- تخطيط الجودة.

- تدريب الموظفين على المهام الموكلة إليهم.

- تحديد أهداف التحسين.

- تحديد المعرفة والمهارة المطلوبة.

- مرحلة اختفاء العيوب.

- إزالة أسباب الأخطاء.

- تحديد مجلس الجودة.

- التأكيد على استمرارية التحسين.

د - والترشيوارت Wakter Shewhart

يتكون نموذج والترشيوارت لتحسين العملية الإنتاجية من أربعة عمليات هي:

١-	التخطيط Plan.	٢-	الفعل Do.
٣-	الفحص Check.	٤-	والتصرف Act.

والشكل التالي يوضح دائرة شيوارت لتحسين الجودة:

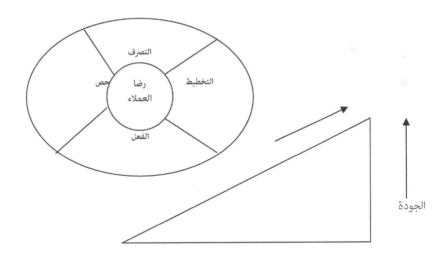

دائرة شيوارت لتحسين الجودة

ويعد شيوارت من الرواد الأوائل في الرقابة المعاصرة للجودة. حيث نشر كتابه " الرقابة الاقتصادية على جودة السلعة المصنعة ".

Economic control of quality of manufactured product

ولقد أشار في هذا الكتاب إلى الرقابة المعاصرة للجودة، كما ميز شيوارت بين مدخلين أساسيين للجودة هما:

١- الجودة الموضوعية Objective quality

وهذا الجانب يتعامل مع جودة الأشياء كحقيقة موضوعية مستهدفة ومستقلة عن الوجود البشري والإنساني.

٢ - الجودة الشخصية (الذاتية أو غير الموضوعية) Subjective quality

وهذا الجانب للجودة يتعامل مع جودة الأشياء المنسوبة لفكرة ومشاعر وأحاسيس الفرد كنتيجة للحقيقة الموضوعية، ولقد استنتج أنه من غير الممكن لشئ من الأشياء أن يكون له جودة مستقلة عن الرغبات الإنسانية، ثم أطلق على ذلك فيما بعد رغبة الزبون.

٥- آرماند فيجنباوم: Armand feigenbaum

يعد " فيجنباوم " صاحب فكرة " تكلفة الجودة " وهو أسلوب يحدد الفوائد العائدة من تبني فلسفة إدارة الجودة الشاملة. بالإضافة إلى التركيز على أهمية العلاقة التي تربط بين الجودة والتكلفة. فكلما زادت الجودة قلت التكلفة والعكس صحيح. كما ابتكر "فيجنبادم " أن مسئولية الجودة مسئولية جماعية. أي أنه لا يمكن تحقيق الجودة في مجال

التصنيع إذا كان تصميم المنتجات رديئاً أو نظام توزيعها غـير فعـال أو نظـام تشويقها غـير سليم أو نظم الدعم والمساندة في موقع العمل غير مناسبة. وبالتالي فإن نشـاطات الجـودة عبارة عن مجموعة من الإجراءات والعمليات التنظيمية التي يجب على المنشأة أن تمارسها لضمان تقديم مستوى جودة عالي. ويؤكد " فيجنباوم " في كتابة الرقابة الشاملة للجودة على ما يلي:

١- إدارة جودة الأعمال: فهو يحاول معرفـة العلاقـة بـين جـودة السـلع والخـدمات والرقابة الشاملة للجودة، والعلاقة بين الزبون والمنتج وحجم الطلبات الجديدة في السوق على المنتج مستقبلاً.

٢- نظام الجودة الشاملة: يؤكد في هذا الجزء على مدخل النظم وأهميته في الجـودة الشاملة وآلية إنشاء نظام للجودة.

٣- الاستراتيجيات الإدارية للجودة: ويؤكد هنا على تنظيم الجـودة والالتـزام الكامـل والشامل بها.

٤- التكنولوجيا الهندسية للجودة: وأكد هنا عـلى هندسـة الجـودة وتكنولوجيـات هندسة رقابة العمليات، وهندسة تجهيزات معلومات الجودة.

٥- التكنولوجيا الإحصائية للجودة: أكد على أهمية الدراسات الإحصائية للجودة مـن خلال التوزيعات التكرارية، وخرائط الرقابة.

٦- تطبيق الرقابة الشاملة للجودة على المنظمة من خلال رقابة التصميم الجديد أو رقابة المواد الداخلة، ورقابة السلعة، والدراسات الخاصة للعملية. ويؤكد فيجنبادم على أن الرقابة الشاملة للجودة هي مفهوم أفقي يمتد عبر الأقسام الوظائفية للمنظمة كما يظهر في الشكل التالي الذي يوضح مجال التطبيق الأفقي للرقابة الشاملة للجودة.

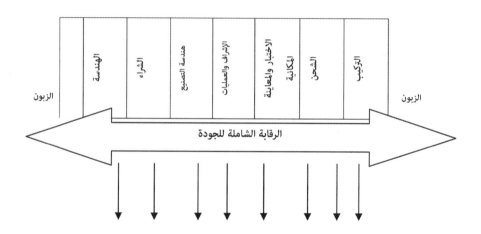

المسئولية التنظيمية الرأسية

شكل يوضح مجال التطبيق للرقابة الشاملة للجودة

والجودة الشاملة عند " فيجنباوم " هي عملية مستمرة تبدأ باحتياجات العملاء ورغباتهم وبتحديد جودة التصميم وتنتهي بإتباع هذه الرغبات ومطلق عليها " الدورة الصناعية " التي تحقق التكامل بين كافة

عناصر المنظمة، وهذا يتطلب نظام تدقيق لتوثيق البيانات والعمليات كأساس لممارسة الجودة.

و- كارو ايشيكاوا Karou IshiKawa :

يعود أصله إلى عائلة متعلمة وغنية في المجتمع الياباني، حيث كان والده يعمل رئيساً لاتحاد المنشآت الاقتصادية اليابانية، والاتحاد الياباني للعلوم والهندسة. وكان له علاقة مع كثير من علماء الجودة وأساليبها العلمية المختلفة، ويعد " إيشيكاو " من رواد الجودة اليابانيين وهو خريج جامعة طوكيو تخصص كيمياء تطبيقية، وفي عام ١٩٥٢ حصل على جائزة ديمنج تكريماً لإسهامه العلمي والعملي في تطوير مفهوم الجودة، والطرق الإحصائية، ويعد الأب لحلقات الجودة " حيث يعتبرها من أهم الأساليب التعليمية لنشر مفهوم الجودة بين العاملين، ويقول الجودة تبدأ بشكل فعلي بعملية التدريب والتعليم وتنتهي أيضاً بالتدريب والتعليم للعاملين.

كان "لإيشيكاو " أثر كبير في تطوير مفهوم الخصائص الحقيقية للجودة والخصائص البديلة للجودة، فالخصائص الحقيقية للجودة هي دراسة الزبون لإدارة السلعة، أما الخصائص البديلة للجودة فهي دراسة المنتج لإدارة السلعة أو هي الدراسة الفنية للمنتج، ويحدد ثلاثة خطوات أساسية لنشر وظيفة الجودة وتخطيطها وهي:

(أ) فهم الخصائص الحقيقية للجودة.

(ب) تحديد طرائق قياس واختبار الخصائص الحقيقة للجودة.

(ج) اكتشاف الخصائص البديلة للجودة والقيام بتصحيح وفهم العلاقة بين النوعين. كما أنه دعم بشكل كبير الأدوات الأساسية لتحسين الجودة، مخطط السبب والأثر – المطابقة – قوائم الفحص – المدرج التكراري – مخطط التبعثر – خارطة باريتو – الرسم البياني وخرائط الرقابة الإحصائية.

ويلخص " إيشياكاو " المبادئ الأساسية لمراقبة الجودة الشاملة فيما يلي:

١- إن الجودة مبنية على وجهة نظر العميل (الزبون).

٢- إن الجودة هي جوهر العملية الإدارية، يركز عليها بدل الأرباح في مدة قصيرة الأجل.

٣- الجودة تعتمد اعتماداً كلياً على المشاركة الفاعلة بين العاملين والإدارة، وإزالة الحواجز بين الأقسام.

٤- يجب استخدام البيانات والمعلومات والحقائق بالإضافة إلى الأساليب الإحصائية في عملية اتخاذ قرارات التحسين والتطوير.

من هنا فإن " أيشيكاو " قد ركز أداءه وأفكاره على أهمية:

- تدريب العمال على أساليب حل المشكلات.

- دعم الإدارة العليا لقضية الجودة والعاملين.

- الاهتمام بتقديم الحلول ومتابعة التنفيذ.

- استمرارية عمليات التحسين للجودة.

- اتباع أسلوب دوائر مراقبة الجودة.

- توفير الوقت الكافي للمشاركين في تحسين الجودة لإجراء عمليات التطوير والتحسين.

وهو مـن صـاغ مفهومـاً للجـودة اليابانيـة تحـت اسـم Kaizen أي بمعنـى " التحسين المستمر".

يعد كارد ايشيكاوا من المساهمين الذين أكدوا على تعليم وتـدريب العاملين على تقنيـات الرقابة على الجودة ككـل، وهـو مهنـدس يابـاني تخرج مـن جامعـة طوكيو وعمـل أستاذاً للهندسة بها، وله أفكاراً متميزة للجودة، خاصة فيما يتعلق بحلقـات الجـودة التـي يعتبرهـا مكملة لإدارات الجودة الشاملة وجودة النظام ككل.

ز - جينيشي تاجوش Genichi teguchi

حدد " تاجوش مفهومين للجودة هما:

أ- الدالة للخسارة Loss fanction

ب- خصائص التصميم.Design characteristics

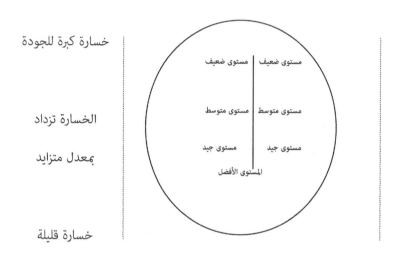

خسارة كبيرة للجودة

مستوى ضعيف | مستوى ضعيف

الخسارة تزداد

مستوى متوسط | مستوى متوسط

بمعدل متزايد

مستوى جيد | مستوى جيد

المستوى الأفضل

خسارة قليلة

المستوى الأعلى للمواصفات   الهدف   المستوى الأدنى للمواصفة

شكل يوضح دالة تاجوش للخسارة

وتتحدد فلسفة الجودة عند تاجوش في العناصر السبعة التالية:

١- إن البعد الهام لجودة السلعة المصنعة هو منع الخسارة عند تسويق المنتج.

٢- التحسين المستمر للجودة وتخفيض التكلفة ضروري للبقاء في ميدان التنافس على الأسواق وكسب العملاء.

٣- يتضمن برنامج التحسين المستمر للجودة التخفيض المتواصل في تغير خصائص أداء السلعة عن قيمها المستهدفة.

٤- أن الخسارة التي تلحق بالزبون هي نتيجة التغير في أداء المنتج (السلعة) عن قيمته المستهدفة.

٥- تحدد الجودة النهائية للسلعة وتكلفتها من قبل التصميمات الهندسية للسلعة وعمليات تصميمها.

٦- يمكن تخفيض انحراف الأداء عن طريق استخدام التأثيرات غير الخطية بين بمقاييس العملية أو المنتج وخصائص أداء المنتج.

٧- يمكن تحديد المقاييس والمعايير الخاصة بالعملية أو المنتج، وذلك عن طريق استخدام التجارب الإحصائية.

٧ ـ نماذج تطبيق إدارة الجودة الشاملة في التعليم :

يوجد عدد كبير من نماذج تطبيق إدارة الجودة الشاملة في التعليم العالي باختلاف مستوياته من هذه النماذج ما يلي :

أ - معايير الجودة البريطانية الأيزو ٩٠٠٠ Iso 9000 :

يتكون معايير الأيزو ٩٠٠٠ من عشرون معياراً عاماً بتطبيق نظام الجودة داخل أي مؤسسة، وينطبق منها (١٢) معياراً على التعليم هي :

١- مسئولية الإدارة.

٢- نظام الجودة.

٣- مراجعة العقد.

٤- مراقبة التصميم.

٥- الشراء.

٦- المنتج الموجه للمشتري.

٧- مراقبة العملية التعليمية.

٨- مراقبة المنتج.

٩- الإجراءات.

١٠- سجلات الجودة.

١١- المتابعة المستمرة.

١٢- التدريب والمتابعة المستمرة.

ب- معايير الجودة الأمريكية :

يتكون نموذج الجودة الشاملة في الولايات المتحدة الأمريكية من العناصر الآتية :

١- القيادة.

٢- المعلومات.

٣- التخطيط الاستراتيجي للجودة.

٤- إدارة الموارد البشرية.

٥- إدارة جودة العمليات.

٦- نتائج الجودة.

٧- العميل.

والشكل التالي يوضح العلاقة بين هذه العناصر :

النظام

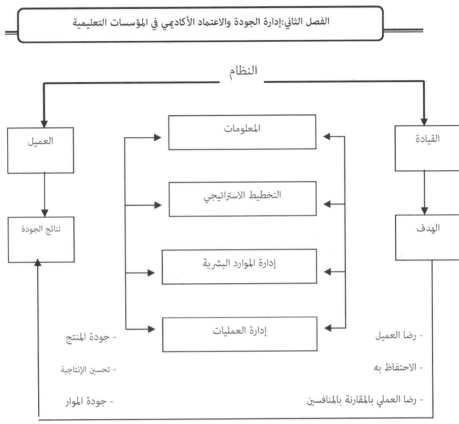

ج- نموذج مراجعة البرنامج :

يطبق هذا النموذج للجودة في الولايات المتحدة وهو نموذج مراجعة البرنامج من أجل المحاسبة وتعتبر جامعة James Madison نموذجاً لمراجعة البرنامج على مستوى المؤسسة. وتتكون مراجعة البرنامج في هذه الجامعة من دراستين هما دراسة ذاتية داخلية، يقوم بها أفراد من داخل القسم، دراسة خارجية ويقوم بها فريق من خارج المؤسسة. ثم يقدم الفريقين تقريراً يتكون من العناصر الآتية :

١- تاريخ رسالة المؤسسة.

٢- أهداف المؤسسة.

٣- البرنامج.

٤- تقديم البرنامج.

٥- دور الطلاب في البرنامج.

٦- تقديم الكلية.

٧- التخطيط الاستراتيجي.

د- نموذج الجائزة الأوروبية للجودة :

تتحدد معايير الجودة الأوروبية في العناصر الآتية :

١- القيادة.

٢- السياسة والاستراتيجية.

٣- العاملين.

٤- الشراكة والموارد.

- العمليات.

- نتائج العاملين.

- النتائج الحاكمة للأداء.

- التأثير على المجتمع.

والشكل التالي يوضح تلك المعايير :

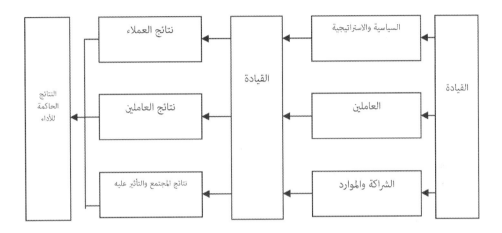

٥- نموذج إدارة الجودة الشاملة في المكتبات :

وضعت مكتبة كلية هارفارد Harvaed نموذج يوضح التغيرات التي يجب عملها من أجل تطوير المكتبة سواء كان ذلك طبيعة التغيير في أدوار العاملين ومسئولياتهم، والتحسين المستمر، والتعاون بين الأقسام. هذا النموذج احتوى على الطرق الآتية لتطبيق إدارة الجودة الشاملة وهذه الطرق هي :

١- إدارة الحقائق " البيانات ".

٢- تبسيط الإجراءات وأدائها.

٣- تقدير الأفراد وأفكارهم.

٤- مشاركة الأفراد في صنع القرار.

٥- التطبيق التدريجي للجودة الشاملة.

و ـ النموذج الياباني للجودة.

انتشرت الجودة الشاملة في اليابان تحت اسم المعيار الصناعي ويعتمد هـذا المعيـار التأكيد على تعاون كل العاملين والاهتمام ببحوث التطوير المسـتمر، ويجـرى عمليـة ضـمان الجودة في كل معهداً من معاهد التعليم في اليابان بشكل منتقل وفقاً للهدف مـن التعليـم، وتنقسم البرامج إلى ثلاثة أنماط هي :

١- تقويم الموضوع.

٢- تقوم الأنشطة التربوية.

٣- تقويم أنشطة البحث.

مع ضرورة تقديم الجامعات الوطنية تقارير سنوية للمعهد الوطني للدرجات الأكاديمية لبيان الحالة الراهنة لأنشطتها البحثية والتعليمية للجمهور.

٨ ـ متطلبات تطبيق إدارة الجودة الشاملة في المؤسسات التعليمية :

يتضمن تطبيق إدارة الجودة الشاملة في المؤسسات التعليمية العديد من المتطلبات التي تعمل على نجاح المؤسسات في أداء رسالتها بكفاءة عالية. خاصة وأن تطبيق إدارة الجودة الشاملة في التعليم يعد من التحديات التي تواجه المؤسسات التعليمية، فإدارة الجودة الشاملة تتطلب المزيد من الصبر والالتزام والتخطيط الطويل المدى، وتغير ثقافة سياسة العمل وأساليبها وإدارتها. ويمكن عرض هذه المتطلبات فيما يلي :

- تهيئة مناخ العمل في المؤسسات التعليمية أو العمل على نشر ثقافة الجودة وذلك من خلال التهيئة المسبقة لتطبيق مدخل إدارة الجودة الشاملة في مؤسسات التعليم.

- وضع التشريعات اللازمة لتطبيق إدارة الجودة الشاملة في مؤسسات التعليم أو تعديلها بما تتناسب في الظروف السياسية والاقتصادية الاجتماعية التي تحيط بالتعليم ومؤسساته في مصر.

- تأسيس نظام معلومات لإدارة الجودة في المؤسسات التعليمية، الأمر الذي يتطلب بدوره وجود نظام متكامل ومتطور للمعلومات التي توفر كافة البيانات والمعلومات في جميع جوانب ومدخلات النظام التعليمي والتي تفيد متخذي القرار.

- التخطيط لتطبيق إدارة الجودة الشاملة بهدف تحديد احتياجات التطبيق في كل مرحلة من مراحل تطبيق الجودة في المؤسسات التعليمية وكذلك الأهداف الموضوعة وطرق تنفيذ هذه الأهداف.

- تدريب جميع العاملين في مؤسسات التعليم بما فيها القيادات العليا في المؤسسات التعليمية وذلك لنشر ثقافة الجودة بين أفراد المؤسسات التعليمية على مختلف المستويات التعليمية.

- التحسين المستمر للجودة من خلال المراجعة المستمرة والربط بين جدارة الجودة الشاملة وضمان الجودة في المؤسسات التعليمية، بدءاً من المدخلات – العمليات والمخرجات.

- توافر الكفاءات المؤهلة القادرة على مراجعة وتقييم جميع الأنشطة التي تم داخل المؤسسة التعليمية. مع ضرورة توفير التدريب المستمر للقائمين بتلك الأنشطة حتى تتم بفاعلية وكفاءة عالية.

- التحكم في جميع الأساليب والنشاطات التي يمكن أن تؤثر على جودة الخدمات التعليمية التي تقدمها المؤسسة التعليمية، مع ملاحظة أن يكون نظام الجودة ملائم لحجم المؤسسة وإمكانياتها المادية والبشرية وتتوافق مع متطلبات سياسية الجودة الشاملة.

- إيجاد أساليب حديثة تساعد في التغلب على المشكلات التي تواجه المؤسسات التعليمية عند تطبيق إدارة الجودة الشاملة بها.

- الاتجاه نحو اللامركزية في اتخاذ القرار، وخاصة فيما يتعلق بإدارة الجودة الشاملة وتحقيقها على نحو فعال من المؤسسات التعليمية.

- توفير إدارة فاعلة للموارد البشرية وذلك من خلال : حسن اختيار الأفراد القادرين على جدارة المؤسسة بفاعلية، وقدرتهم على وضع خطط وبرامج التحسين المستمر للمؤسسة.

- المراجعة الداخلية للجودة بحيث يكون المراجع مستقلاً عن الوظيفة المراد مراجعتها مع ضرورة الاهتمام بتدريبه عليها حتى تكون عملية المراجعة فعالة ووفق برنامج محدد مسبقاً ويغطي جميع الوظائف حتى يتم مطابقة الخدمة من عدمها.

- تحديد متطلبات تصميم نظام الجودة من خلال وضع معايير لإجراءات وأهداف ومؤشرات الأداء في تقديم الخدمات بشكل مميز، يرضى المستفيدين من المؤسسات وتحديد كيفية الإيفاد بهذه المعايير.

- الالتزام بـبعض الخطوات الإجرائية لتطبيق الجودة بالمؤسسات التعليمية هـذه الخطوات هي :

أ- التهيئة للجودة داخل المؤسسات التعليمية.

ب- التخطيط لتطبيق الجودة الشاملة في المؤسسات التعليمية.

ج- التنفيذ للجودة الشاملة داخل المؤسسات التعليمية.

د- التقويم المستمر لعملية الجودة بالمؤسسات التعليمية.

والشكل التالي يوضح متطلبات تطبيق إدارة الجودة الشاملة في المؤسسات التعليمية :

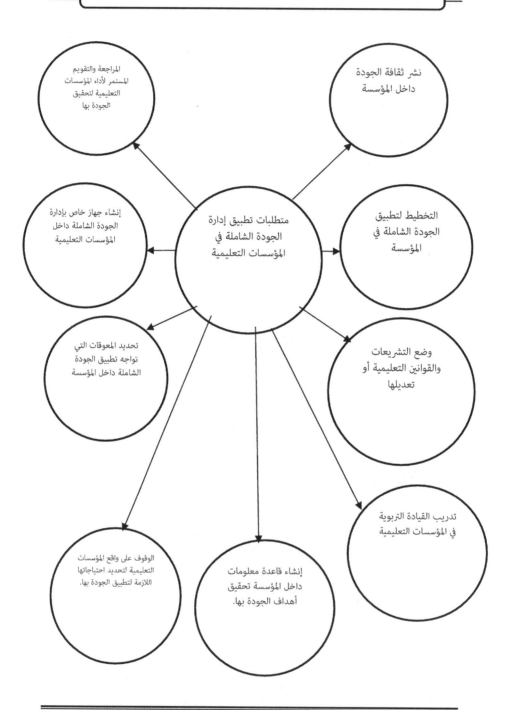

المراجعة والتقويم المستمر لأداء المؤسسات التعليمية لتحقيق الجودة بها

نشر ثقافة الجودة داخل المؤسسة

إنشاء جهاز خاص بإدارة الجودة الشاملة داخل المؤسسات التعليمية

متطلبات تطبيق إدارة الجودة الشاملة في المؤسسات التعليمية

التخطيط لتطبيق الجودة الشاملة في المؤسسة

تحديد المعوقات التي تواجه تطبيق الجودة الشاملة داخل المؤسسة

وضع التشريعات والقوانين التعليمية أو تعديلها

الوقوف على واقع المؤسسات التعليمية لتحديد احتياجاتها اللازمة لتطبيق الجودة بها.

إنشاء قاعدة معلومات داخل المؤسسة تحقيق أهداف الجودة بها.

تدريب القيادة التربوية في المؤسسات التعليمية

ثانياً: الاعتماد الأكاديمي وضمان الجودة:

١ ـ مفهوم الاعتماد:

إن مصطلح الاعتماد   Accreditation من المصطلحات الحديثة نسبياً، وقد بدأ استحداثه في الكتابات العربية مع بداية عقد التسعينات نتيجة لظهور العديد من المتغيرات الدولية وشيوع استخدام مفاهيم الجودة في المؤسسات التعليمية وهناك تعريفات كثيرة للاعتماد الأكاديمي منها على سبيل المثال لا الحصر أنه :

١-   العملية التي من خلالها تعترف هيئة أو وكالة بمؤسسة تعليمية أو جامعة أو كلية أو برنامج دراسي داخل مؤسسة أنها نفذت المعايير التي حددتها من قبل.

٢-   عملية تقويم للمؤسسات التعليمية - المدارس الكليات، أقسام التعليم - وللمدرسين بغرض التأكد والتحكم في جودة مهنة التدريس، ومنح شهادة بذلك.

٣-   صيغة لقياس كفاءة المؤسسة التعليمية وبرامجها، وهذه الصيغة تشمل البعدين الأكاديمي والإداري.

فالاعتماد هو عملية تقويم واعتراف وإجازة لبرنامج دراسي تقوم به منظمة أو هيئة علمية متخصصة، وتقرر بأن البرنامج يتحقق - أو يصل إلى الحد الأدنى الضروري من معايير الكفاءة والجودة الموضوعة سلفاً من قبل هذه الهيئة أو المنظمة والهدف الأساسي من هذه العملية طمأنة الرأي العام بأن هذا البرنامج ذات كفاءة أو مهارة

تحقق تطلعاته وطموحاته في الحصول على موارد بشرية مؤهلة تأهيلاً عالياً لمزاولة المهنـة بنجاح.

٢ ـ أنواع الاعتماد الأكاديمي:

يقسم البعض الاعتماد الأكاديمي إلى ثلاثة أنواع هي:

١-   الاعتماد الأولى (العام).

٢-   الاعتماد الأكاديمي المتخصص.

٣-   الاعتماد المهني.

كما يقسم آخرون الاعتماد إلى:

١-   الاعتماد المؤسسي.

٢-   الاعتماد الخاص,

وهناك من يدمج الاعتماد الأولى مع الاعتماد المتخصص وعلى ذلك يقسـم الاعتماد إلى نوعين رئيسيين هما:

١-   الاعتماد المؤسسي.

٢-   الاعتماد المهني.

وتأسيساً على ما سبق يمكن تقسيم الاعتماد على النحو التالي:

١-   الاعتماد المؤسسي أو الأولى أو العام.

٢-   الاعتماد الأكاديمي أو البرنامجي أو الخاص.

٣-   الاعتماد المهني.

أ ـ الاعتماد المؤسسي أو العام - الأولي:

يتيح هذا النوع من الاعتماد تأهيلاً أولياً ومبدئياً للمؤسسة التعليمية باعتبارها وحدات عاملة متكاملة Tolal operating بمعنى أن كل جزء من أجزاء المؤسسة يسهم في تحقيق الأهداف العامة لها، وهو خطوة مبدئية وضرورية للتأكد من أن المؤسسة التعليمية قد استوفت الشروط والمعايير أو المرجعيات والمستويات العامة كالمبنى والتجهيزات وبما في ذلك أعضاء هيئة التدريس والجهاز الإداري وغير ذلك من خصائص المؤسسة، أي أن هذا النوع من الاعتماد يتضمن اعترافاً بالكيان الشامل للمؤسسة، فإذا ما تم التأكد من توافر هذه المعايير يتم الانتقال إلى الاعتماد الأكاديمي أو البرنامجي كجزء مكمل للاعتماد الكلي للمؤسسة.

ب ـ الاعتماد الأكاديمي / البرنامجي، الخاص:

يتيح هذا النوع من الاعتماد عادة للبرامج الأكاديمية المتخصصة بعد حصول المؤسسة التعليمية على الاعتماد الأولي (العام) وبعد تخريج الدفعة الأولى بسنة واحدة على الأقل لضمان عملية تقويم متكاملة من خلال فحص دقيق لكل ما يتعلق بالبرامج الدراسية في مختلف المراحل أي أن هذا النوع من الاعتماد هو بمثابة اعتراف بالكفاءة الأكاديمية لبرنامج دراسي تقوم به هيئة علمية متخصصة، وتقرر أن البرنامج يحقق معايير الجودة الموضوعية من قبل هذه الهيئة أو المنظمة. كما يؤكد أن المؤسسة قد حققت أهدافها بنجاح، وأن

برامجها قد خططت ونفذت بدقة، وأنها تمتلك الموارد لتنفيذ خطط المستقبل وهذا ينقلنا إلى الاعتماد المهني.

ج ـ الاعتماد المهني:

هو الاعتراف بالكفاية لممارسة مهنة ما في ضوء معايير تصدرها هيئات ومنظمات مهنية متخصصة على المستوى المحلي الإقليمي، ويهدف الاعتماد المهني للمعلم إلى تجويد مستوى المعلم والاعترافات به محلياً وإقليمياً وعالمياً، عليه يمكن تعريفه بأنه منظومة متكاملة تهدف إلى ضمان جودة إعداد المعلم وجودة أدائه لعمله وتنميته مهنياً بشكل مستمر وذلك من خلال عمليات الترخيص وتجديد الترخيص لمزاولة المهنة، ومعنى ذلك أن الاعتماد المهني للمعلم سلسلة متصلة الحلقات تبدأ باعتماد كليات التربية وغيرها من مؤسسات إعداد المعلم والتأكيد من استيفائها للشروط والمعايير المطلوبة، ثم الترخيص للخريجين لمزاولة المهنة، ثم تجديد الترخيص بشكل دوري لضمان استمرارية التنمية المهنية والالتزام بأخلاقيات المهنة.

أنواع الاعتماد

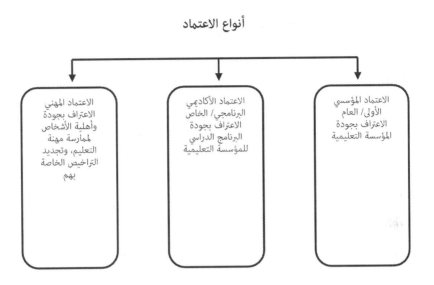

الاعتماد المهني الاعتراف بجودة وأهلية الأشخاص لممارسة مهنة التعليم، وتجديد التراخيص الخاصة بهم	الاعتماد الأكاديمي البرنامجي/ الخاص الاعتراف بجودة البرنامج الدراسي للمؤسسة التعليمية	الاعتماد المؤسسي الأولى/ العام الاعتراف بجودة المؤسسة التعليمية

٣ ـ أهداف الاعتماد الأكاديمي:

قد لخص المؤتمر القومي للتعليم العالي (فبراير ٢٠٠٠) أهداف الاعتماد الأكاديمي في عدد من النقاط على النحو التالي:

- التأكد من جودة المستوى العالي والتعليمي للمؤسسة التعليمية، وقدرتها على تحقيق رسالتها التربوية ومصداقيتها من خلال فحص التزامها بعدد من الضوابط والمعايير.

- حث مؤسسات التعليم العالي بكافة أنواعها على القيام بمراجعات دورية للتقويم الذاتي لبرامجها العلمية وقدراتها المادية والمعنوية بما يضمن تطوير مستواها نحو الأفضل.

- تشجيع اتخاذ الإجراءات المختلفة للتوصل إلى أقصى ـ درجة من الجودة والكفاءة والفاعلية في البرامج الدراسية.

– إرشاد الجامعات والكليات والمؤسسات التعليمية ومساعدتها كلما لزم الأمر.

– المساعدة في تحقيق التطور المستمر للبرامج التعليمية التي تقدمها مؤسسات التعليم المتنوعة لطلابها.

إذا كانت هذه هي أهداف الاعتماد الأكاديمي بشكل عام فإنه من المهم معرفة أهداف الاعتماد الأكاديمي لكليات التربية باعتبارها المؤسسة المنوط بها إعداد وتكوين المعلم وقد نوهت إليها إحدى الدراسات على النحو التالي:

١- التأكد من أن كليات التربية قد حققت الحد الأدنى من المتطلبات الضرورية لضمان نوعية جيدة من الخريجين.

٢- تقويم نوعية برامج إعداد المعلمين بصورة دورية ومستمرة من قبل جهة علمية محددة.

٣- تقديم معلومات دقيقة لخريجي التعليم الثانوي عن مستوى برامج إعداد المعلمين لمساعدتهم في اختيار مهنة التعليم.

٤- المساعدة في تحديد معايير لإصدار الشهادات والترخيص بمزاولة مهنة التدريس.

٥- المساهمة في تحفيز أعضاء هيئة التدريس للمشاركة في تطوير وتحديث برامج كليات التربية.

٦- تشجيع كليات التربية على التطوير والتحسين المستمر من خلال التقويم الذاتي والقيام بمراجعات دورية لبرامجها العلمية وإمكانياتها المادية والبشرية.

مما سبق يتبين أن الاعتماد الأكاديمي يهدف إلى تكوين المعلم القادر على:

- شرح مادة تخصصه من خلال ممارسة الفكر النافذ الإبداعي.

- استخدام أساليب التعليم القائم على التفكير Reflective Teaching

- التفكير في ابتكار الخبرات التعليمية.

- التعلم مدى الحياة.

- الالتزام بالشروط والمعايير المعلنة من قبل الجهات المسئولة عن منح شهادة الاعتماد.

- السعي إلى تحقيق مستويات رفيعة وإكساب المعرفة من المصادر والأبحاث الجديدة.

وفي ضوء ما سبق يتضح أن الاعتماد الأكاديمي لكليات التربية عملية مشروعة في الأوساط العلمية هدفها الرئيسي ـ هو ضمان جودتها، وكذلك ضمان مستوى مرتفع للخريجين.

٤- أهمية الاعتماد الأكاديمي:

نظراً لأنه من حق المجتمع أن يتأكد من أن المؤسسات التعليمية تقوم بدورها التي أنشأت من أجله بأفضل أداء ممكن، وأنها تحاول دائماً البحث عن مواضع قوتها لدعمها، وعن مواطن ضعفها لإصلاحها، من هذا المنطلق يمكن إظهار بعض منجزات الاعتماد الأكاديمي في النقاط الآتية:

١- يضع معايير أداء لنوعيات التعليم المختلفة.

٢- يضمن درجة معقولة من الجودة في أداء المؤسسات.

٣- يقدم الإحساس الذي تبني عليه عمليات التطوير والتحديث المستمرة.

٤- يساعد على تقدم وتطوير المهنة التي تخدمها المؤسسة التي يتم اعتمادها.

٥- يؤكد أن للمؤسسة التعليمية أهداف واضحة ومناسبة.

٦- يضمن للمؤسسة خصوصيتها وتفردها، لأن النظام وضع في حسبانه أهداف المؤسسة الأم، وبتأكد من أن هذه المؤسسة تعمل على تحقيق هذه الأهداف ما دامت ملائمة لحاجات المجتمع.

٧- يتيح للمؤسسة معرفة مواقع القوة والضعف في برامجها، وما هو نوع العائد النهائي من هذا البرنامج، ووضع الاستراتيجيات المناسبة للتطوير والتقدم .

٥ ـ مراحل الاعتماد الأكاديمي:

لكي تحصل المؤسسة التعليمية على الاعتماد الأكاديمي لابد أن تتوفر للمؤسسة عناصر التقدم لطلب الاعتماد، ثم تقوم بتقديم طلب الاعتماد إلى الجهة المنوط بها الاعتماد. وتمر عملية الاعتماد للمؤسسات التعليمية بثلاث مراحل هي:

المرحلة الأولى: الدراسة الذاتية: Self Study:

فيها تقوم المؤسسة التعليمية الراغبة في الحصول على الاعتماد بإعداد دراسة تفصيلية شاملة بأوضاعها الحالية بشكل متكامل، تشتمل الدراسة على كافة المعلومات الخاصة ببرامجها الأكاديمية.

وقد يسمى البعض هذه المرحلة بمرحلة الدراسة الذاتية ويتكون تقرير الدراسة الذاتية من خمسة أجزاء هي:

١- البيانات الأساسية.

٢- شرح مختصر لنشاط المؤسسة التعليمية.

٣- توثيق مؤشرات معينه تضعها الجهة المنوطة بمنح الاعتماد.

٤- توثيق مؤشرات العائد النهائي للبرامج وخدماته.

٥- تقييم الدراسة الذاتية.

المرحلة الثانية : الزيارة الميدانية Site visit

تشكل الجهة المانحة للاعتماد لجنة أو عدد من اللجان المتخصصة لدراسة الوثائق المقدمة من قبل المؤسسة التعليمية والقيام بزيارة أو زيارات ميدانية للمكتبة، ويجب أن يتوافر في أعضاء الفريق الزائر القدرة على :

١- الفهم الشامل للمعايير المعتمدة ومعايير المعلمين الأكفاء الجدد.

٢- فهم مؤشرات المعايير والبراهين التي تساند إنجازاتها.

٣- القدرة على التعامل مع مختلف المعايير بالطريقة التي يتوافر معها.

٤- الاعتماد على الخبرة الحقيقية في إعداد المعلم.

٥- إرسال واستقبال الآراء والمعلومات مع باقي أعضاء الفريق وهو ما يسمى بالتغذية المرتدة.

ومما سبق يتضح أن الهدف من الزيارة الميدانية هو توضيح وتأكيد ما جاء بالدراسة الذاتية ووضع التوصيات للجهة المانحة للاعتماد.

المرحلة الثالثة: التقييم:

تقوم الجهة المسئولة عن منح الاعتماد بدراسة جميع التقارير والملاحظات والتوصيات المقدمة لها من قبل المؤسسة التعليمية ومن لجان الزيارات الميدانية، وتتخذ قرارها في ضوء مدى التزام المؤسسة التعليمية بالمعايير والمراجعات المطلوبة والتي يكون أحد البدائل التالية:

١- منح الاعتماد دون أي شروط.

٢- منح الاعتماد بشروط.

٣- رفض الاعتماد.

يتضح مما سبق أن المؤسسة التعليمية تمر بالخطوات التالية للحصول على الاعتماد الأكاديمي:

١- تقديم طلب رسمي للاعتماد من جانب المؤسسة التعليمية للجهة المنوط بها منح الاعتماد شاملاً هذا الطلب دراسة ذاتية أعدتها المؤسسة ذاتها.

٢- استضافة فريق تقويم ليقوم بزيارة المؤسسة التعليمية من أجل تقييم ما جاء في الدراسة الذاتية وإعداد تقرير شامل من نتائج الزيارة.

٣- استلام التقرير المكتوب المشتمل على النتائج التي توصل إليها فريق التقويم والإجابة على الملاحظات التي يتضمنها التقرير.

٤- اتخاذ القرار النهائي بشأن اعتماد المؤسسة من قبل الجهة المانحة للاعتماد، وحصول المؤسسة التعليمية على الاعتماد يمثل شهادة اعتراف تصدرها الجهة المانحة للاعتماد أن المؤسسة التعليمية قد استوفت شروط ومعايير الاعتماد ولذلك تشهد هذه الجهة بأن المؤسسة التعليمية قد بينت أنها:

- تستمد فلسفتها وسياستها العملية من أهداف علمية محددة قد أحكمت صياغتها بوضوح تام.

- تعمل على تحقيق الأهداف باستخدام منظومة من اللوائح الإجرائية.

٦ ـ هيئات الاعتماد:

يجب أن تتوافر في هيئات الاعتماد الشروط التالية :

١- أن تستمد فلسفتها وسياستها التعليمية من أهداف علمية محددة.

٢- أن تعمل على تحقيق الأهداف باستخدام منظومة من اللوائح الإجرائية تساعد على بلوغ تلك الأهداف بدرجة كافية من الدقة والإنجاز.

٣- أن تسير بانتظام نحو تحقيق أهدافها التي تنص عليها سياستها التعليمية.

٤- أن تمتلك من وسائل التنظيم والقوى البشرية والتمويل ما يضمن لها الاستمرار في تحقيق أهدافها.

٥- أن تفي وبشكل كبير بالمعايير النوعية التي تحددها جمعيات الاعتراف الأكاديمي.

٧ ـ معايير الاعتماد الأكاديمي:

يمثل الاعتماد شهادة اعتراف تصدرها هيئة الاعتماد تفيد أن المؤسسة قد استوفت شروطها ومعايير اعتمادها، ولذلك تشهد الهيئة بأن هذه المؤسسة يتوافر لديها معايير الاعتماد اللازمة فقد بينت أنها:

١- تستمد فلسفتها وسياستها العلمية من أهداف عملية محددة قد أحكمت صياغتها بوضوح تام.

٢- تعمل على تحقيق الأهداف باستخدام منظومة من اللوائح الإجرائية المنطقية التي تساعد في النهاية على بلوغ تلك الأهداف بدرجة كافية من الدقة والإنجاز.

٣- تسير بانتظام نحو تحقيق أهدافها التي تنص عليها سياستها التعليمية.

٤- تمتلك من وسائل التنظيم والقوى البشرية والتمويل ما يضمن لها الاستمرار في تحقيق أهدافها على المدى القريب والمدى البعيد.

٥- تفي المؤسسة بمعايير الاعتماد المعتمدة من قبل هيئة التعليم العالي.

٦- يتوافر لديها المصادر البشرية والمادية والمالية والملائمة والكافية لإنجاز الأهداف.

٨ ـ واقع مصر في مجال الاعتماد:

تتجه مصر الآن إلى ضمان الجودة من خلال إنشاء هيئة الاعتماد الأكاديمي وضمان الجودة بقرار من رئيس الجمهورية بتشكيلها، وهي الهيئة التي يراد بها أن تقوم بتطبيق المعايير على التعليم العالي والتعليم ما قبل الجامعي.

ـ تجربة جامعة عين شمس في مجال الجودة والاعتماد:

قامت جامعة عين شمس بمشروع تطوير خطة استراتيجية لتوكيد الجودة، ومشروع إنشاء مركز لتوكيد الجودة بالجامعة، كما حصلت بعض كليات الجامعة على مشروع إنشاء نظام داخلي لتوكيد الجودة بها وهي:

كليات: الحاسبات والمعلومات، العلوم، التمريض، طب الأسنان، الزراعة، البنات، التجارة، الطب، الهندسة، والصيدلة.

أما مشروع تطوير خطة استراتيجية لتوكيد الجودة بجامعة عين شمس فينقسم إلى:

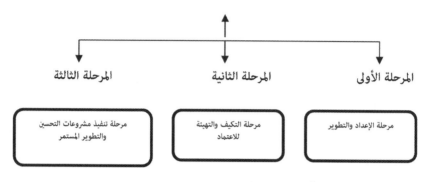

وتهدف المرحلة الأولى إلى:

١- تحديد احتياجات التطوير والتحسين للجامعة.

٢- تحديد رسالة ورؤية الجامعة وأهدافها في ضوء توكيد الجودة.

٣- تحديد الهيكل الإداري والدليل لمركز توكيد الجودة بالجامعة.

٤- نشر ثقافة الجودة والتميز ومساعدة الكليات في إنشاء نظام داخلي لتوكيد الجودة، وتحديد رسالتها وأهدافها.

وتهدف المرحلة الثانية إلى:

١- تحديد متطلبات ومعايير الاعتماد مع ضرورة إنشاء نظام للمتابعة.

٢- تحسين البيئة الاجتماعية والتعليمية بالجامعة.

٣- إنشاء مشروعات لتحسين والتطوير المستمر مع وضع خطط تنفيذية لتلك المشروعات.

كما تهدف المرحلة الثالثة إلى:

١- تنفيذ مشروعات التحسين والتطوير التي تم اختيارها، مع إعداد الخطة الاستراتيجية للجامعة للفترة المقبلة.

٩ ـ خبرات بعض الدول في مجال الاعتماد:

أ - نظام الاعتماد في الولايات المتحدة الأمريكية:

منح الاعتماد في الولايات المتحدة عملية مشتركة لتقويم المادة التعليمية وتعزيز التحسين في التعليم ما بعد الثانوي، ويقوم به أكثر من مائة جهاز فني أو مؤسسة غير حكومية تمنح اعترافاً لمؤسسات أو برامج باستخدام مستويات معيارية متفق عليها.

والاعتماد يقوم على مراجعة الزملاء وهو عمل تطوعي غير حكومي يمول عن طريق المؤسسات التي تمنح الاعتماد، ويهدف إلى تقويم الجودة لتحديد مدى مقابلة مؤسسة تعليمية أو برنامج لمعايير الجودة الموضوعية أو إلى تعزيز الجودة بمساعدة المؤسسة أو البرنامج على الاستمرار في تحسين نفسه وتتضمن إجراءات الاعتماد الأكاديمي التي تقوم بها أجهزة الاعتماد الخاصة بالمؤسسات والتخصصات:

أولاً: الدراسة الذاتية الدقيقة من المؤسسة التعليمية.

ثانياً: مراجعة النظير من خلال فريق زيارات للموقع يقدم تقريراً أو مقترحات.

ثالثاً: مراجعة ثالثة من المؤسسة أو البرنامج ثم ترفع جميعها إلى مجلس إدارة جهاز الاعتماد لاتخاذ قرار حول فتح الاعتماد للمؤسسة أو البرنامج، ويتم مراجعة المؤسسات كل خمس أو عشر سنوات أو في اي وقت تريده أجهزة الاعتماد.

ويستخدم الاعتماد كحافز للتقويم والتحسين الموجة ذاتياً من المؤسسة بما يعزز سمعتها في نظر الجمهور كما تحقق ضمان جودة البرامج التعليمية، والمنح الدراسية للموظفين، وهو وسيلة شرعية للتقويم ولشرعية تمويل البرامج من جانب الحكومة.

ب- نظام الاعتماد في استراليا:

وضع معايير الاعتماد الأكاديمي لبرامج كلية إعداد المعلمين قد تم إقرارها سنة ١٩٩٥م بواسطة مجلس عمداء التربية في استراليا Australian Council of Deans of Education (ACDE)بالاشتراك مع مجلس التعليم الاسترالي Australian Teacher Education ومع اتحاد معلمي استراليا، ولجنة تسجيل المعلمين في جنوب استراليا، وقد تم وضع النسخة الأولى في سنة ١٩٩٤ وذلك بالاستعانة بمعايير الاعتماد الأكاديمي التي وضعتها اللجنة القومية لاعتماد إعداد المعلمين Ncate ومعايير الاعتماد تعتمد على مجموعة من الأسس هي:

١- أن استراليا في حاجة ماسة إلى تأكيد الجودة على المستوى القومي لبرامج إعداد المعلمين، والتي يجب أن تهتم بالأمن العام للدولة.

٢- إن أي إجراءات على المستوى القومي للاعتماد الأكاديمى يجب أن تأخذ في الاعتبار حاجات الأقاليم ومطالبها وظروفها.

٣- أي إجراءات يجب أن تحقق رغبات أصحاب المصالح والمهنيين لبرامج إعداد المعلمين على أن تمثل في تلك الإجراءات.

٤- جميع الإجراءات يجب أن تتسم بالشفافية، والكفاءة والفاعلية، واختيار الوقت المناسب.

٥- جميع الإجراءات يجب أن تدعم الجودة، والتنوع، والابتكارية للممارسات التي تطبق في برامج إعداد المعلمين وهذه الأسس يخرج منها قواعد وهي كما يلي:

- **القاعدة الأولى:**

أن تسهم إجراءات الاعتماد بالتأكد من اهتمام برامج إعداد المعلمين بالأمن العام.

- **القاعدة الثانية:** تأخذ إجراءات الاعتماد في الاعتبار حاجات وخصائص المناطق وذلك من خلال دراسة التشريعات الخاصة بكل منطقة.

- **القاعدة الثالثة:** أن ينضم إلى فريق الاعتماد أعضاء ممثلين لأصحاب المصالح أو الهيئات المهتمة ببرامج إعداد المعلمين.

- **القاعدة الرابعة:** أن يتم الإعلان عن كافة الإجراءات.

-

القاعدة الخامسة: يجب مراجعة معايير الأكاديمي وكذلك التعليمات الخاصة بتنفيذها.

- **القاعدة السادسة:** أن برامج الإعداد يجب أن تحقق الجودة مع التنويع وعدم النمطية.

ومما سبق يتضح أن هيئات الاعتماد في كل من استراليا والولايات المتحدة الأمريكية هي لجان غير حكومية ويرجع ذلك إلى أن الإدارة في كل الـدولتين لا مركزية، تعطي سـلطات صناعة القرار للولايات والمناطق، كـما أنـه يوجـد عـلى المسـتوى المحلي والإقليمـي لجـان متعددة للاعتماد الإقليمي.

ج- نظام الاعتماد في الاتحاد الأوربي:

قامت جامعة " وارسوا "ببولندا عام ١٩٩٨ عن طريق المشاركة وتبادل الخبرات مع جامعة ويسلز بالمملكة المتحدة، وجامعة "كوبنهاجن" بالدنمارك، وجامعة " ليند" بالسويد بتطبيق أسلوب المقارنة المرجعية بالجامعات الأوربية الأمر الذي يهدف إلى تحقيق مزايا تنافسية مع الجامعات البولندية الأخرى، وإتاحة الفرصة للطلاب لقبول تبادلهم في جامعات أوربا، ويجدر بنا أن أسلوب المقارنة المرجعية تم للنواحي الأكاديمية والفنية ومستوى الطلاب، ووضع نظم وإجراءات العمل والنظام الإداري، بالإضافة إلى إعداد المناهج وطرق التدريس.

هوامش الفصل

أولاً: المراجع العربية:

١-   أحمد إبراهيم أحمد : الجودة الشاملة في الإدارة التعليمية والمدرسية الإسكندرية دار الوفاء، ٢٠٠٣م.

٢-   أحمد سعيد درباس : إدارة الجودة الكلية، مفهومها وتطبيقاتها وإمكانية الإفادة منها في القطاع التعليمي السعودي، رسالة الخليج العربي، مكتب التربية العربي لدول الخليج، العدد ٥٠، ١٩٩٤م.

٣-   أحمد سيد مصطفى : إدارة الإنتاج والعمليات في الصناعات والخدمات، ط٤، القاهرة، المنظمة العربية للتنمية الإدارية، ١٩٩٩م.

٤-   أحمد سيد مصطفى : إدارة الجودة الشاملة في تطوير التعليم الجامعي لمواجهة تحديات القرن الحادي والعشرين، كلية التجارة ببنها، المؤتمر العلمي الثاني، ١١-١٢ مايو، ١٩٩٧م.

٥-   أحمد عبد الحميد الشافعي، السيد محمد ناس : ثقافة الجودة في الفكر الإداري التربوي الياباني إمكانية الاستفادة منها في مصر، مجلة التربية، الجمعية المصرية للتربية المقارنة والإدارة التعليمية، جامعة عين شمس، المجلد (٢)،ع(١)، فبراير ٢٠٠٠م.

٦- أحمد محمد برقان : تصور مقترح لتطبيق إدارة الجودة الشاملة في جامعة حضرـ موت، رسالة دكتوراه غير منشورة، كلية التربية، جامعة أسيوط، ٢٠٠١م.

٧- أمل سعيد حباكة : تجويد الأداء الجامعي من خلال تطبيق نظام الاعتماد - دراسة مقارنة في كل من الولايات المتحدة الأمريكية وانجلترا وأساليب الإفادة منها في جمهورية مصر العربية , رسالة دكتوراه غير منشورة , كلية الدراسات الإنسانية , قسم التربية , جامعة الأزهر , ٢٠٠٤ ,

٨- أمل هلال عبد العال : تطوير الإدارة الجامعية في ضوء فعاليات إدارة الجودة الشاملة بجامعة القاهرة، كلية التربية، جامعة القاهرة، فرع بني سويف، رسالة ماجستير غير منشورة، ٢٠٠٢م.

٩- أمنية محمود حسين وآخرون : تقييم منظومة التعليم المقترح من منظور الجودة الشاملة بالتطبيق على جامعة القاهرة، المجلة العلمية للاقتصاد والتجارة، كلية التجارة، جامعة عين شمس، إبريل، ١٩٩٨م.

١٠- أنمار الكيلاني : التخطيط للتغيير نحو إدارة الجودة الشاملة في مجال الإدارة التعليمية المؤتمر العلمي السادس، كلية التربية، جامعة حلوان، في الفترة ١٢-١٣،مايو ١٩٩٨م.

١١- بدري احمد أبو الحسن علي , عنتر محمد احمد عبد العال : خبرات بعض دول جنوب شرق آسيا في تطبيق نظام

الاعتماد بمؤسسات التعليم الجامعي وإمكان الإفادة منها بجمهورية مصر العربية - رؤية مستقبلية - , مجلة كلية التربية بالفيوم , جامعة الفيوم , العدد السادس , ٢٠٠٧ .

١٢- جوفي دهارتي : تطوير نظم الجودة في التربية، ترجمة عدنان الأحمد وآخرون، دمشق، المنظمة العربية للتربية والثقافة والعلوم، المركز العربي، ١٩٩٩م.

١٣- حسن الببلاوي : الجودة الشاملة في إعداد المعلم بالوطن العربي للألفية الجديدة، المؤتمر الثانوي الحادي عشر، كلية التربية، جامعة حلوان، في الفترة من ١٢-١٣، مارس ٢٠٠٣م.

١٤- حميد فاروق محفوظ : إدارة الجودة الشاملة والاعتماد للجامعة ومؤسسات التعليم العالي، مؤتمر التعليم الجامعي : آفاق الإصلاح والتطوير،

١٥- حنان إسماعيل : مؤشرات الجودة في دور رياض الأطفال التابعة لوزارة التربية والتعليم، مجلة كلية التربية، جامعة الأزهر، العدد ٦٠، ١٩٩٧م.

١٦- حنان فؤاد محمد محي : الجودة الشاملة في التعليم الأساسي نموذج مقترح، رسالة دكتوراه غير منشورة، كلية البنات، جامعة عين شمس، ٢٠٠٢م.

١٧- خالد السجيم : واقع تطبيق إدارة الجودة أيزو ٩٠٠٠ في مدارس التعليم العام في المملكة العربية السعودية، رسالة دكتوراه غير منشورة، كلية التربية، جامعة الملك سعود، ٢٠٠٤م.

١٨- خالد سعد عبد العزيز بن سعيد: إدارة الجودة الشاملة تطبيق على القطاع الصحي، الرياض، السعودية، ١٩٩٧م.

١٩- دال يسترفيلد : الرقابة على الجودة، ترجمة سرور علي إبراهيم، السعودية الرياض، المكتبة الأكاديمية، ١٩٩٥م.

٢٠- درية السيد البنا : تطوير التعليم الثانوي الفني بمصر في ضوء إدارة الجودة الشاملة، دراسة حالة في محافظة دمياط، مجلة دراسات تربوية اجتماعية، العدد٤، المجلد ٩، كلية التربية، جامعة حلوان، أكتوبر ٢٠٠٣م.

٢١- سونيا محمد البكري : إدارة الإنتاج والعمليات مدخل النظم، القاهرة، الدار الجامعية للنشر والتوزيع، ٢٠٠١م.

٢٢- صبري كامل الوكيل : إدارة الجودة الشاملة في التعليم الأمريكي وإمكان تطبيقها في مجال إدارة التعليم الأساسي في مصر، المؤتمر الثالث للعلوم التربوية والبعثية، كلية التربية، جامعة طنطا، فرع كفر الشيخ، الفترة ١٣-١٤، ١٩٩٧م.

٢٣- صبرية مسلم البحيري : تطبيق إدارة الجودة الشاملة لتطوير التعليم العام للبنات في المملكة العربية السعودية، رسالة دكتوراه غير منشورة، كلية التربية، جامعة الملك عبد العزيز، ٢٠٠١م.

٢٤- صفاء محمود عبد العزيز، سلامة عبد العظيم حسين : ضمان ومعايير اعتماد مؤسسات التعليم العالي في مصر- المؤتمر السنوي الثالث عشر- الاعتماد ضمان جودة المؤسسات

التعليمية، الجمعية المصرية للتربية المقارنة والإدارة التعليمية بالاشتراك مع كلية التربية ببنى، جامعة القاهرة ٢٤-٢٥، ج٢، يناير ٢٠٠٥م.

٢٥- طلال سعيد الغامدي : إدارة الجودة الشاملة والفرص المتاحة لتطبيقها في المدارس السعودية، دراسة حالة المدارس في منطقة السياحة التعليمية، رسالة ماجستير غير منشورة، كلية التربية، جامعة عدن، ٢٠٠٤م.

٢٦- عادل السيد الجندي : الاعتماد الاكاديمى كنموذج تقويمي فعال في قياس أداء مؤسسات التعليم الجامعي ـ رؤية تنظريه تحليلية لمحاولة الاستفادة منه في الجامعات المصرية , مؤتمر مركز تطوير التعليم الجامعي , بعنوان الجامعة في خدمة المجتمع , المنعقد في الفترة من ٢١ ـ ٢٢ , نوفمبر ,٢٠٠ .

٢٧- عادل رجب إبراهيم : تصور مستقبلي لإدارة التعليم الثانوي بمصر في ضوء بعض مؤشرات الجودة، رسالة دكتوراه غير منشورة، كلية التربية، جامعة الأزهر، ٢٠٠٤م.

٢٨- عادل عبد الفتاح سلامة : حلقات الجودة مشروع مقترح للإدارة التشاركية بالمدرسة المصرية في ضوء الخبرة اليابانية والأمريكية، مجلة كلية التربية وعلم النفس، العدد ٢٤، ج٢، كلية التربية، جامعة عين شمس، ٢٠٠٠م.

٢٩- عبد الغني عبود : إدارة الجامعات العربية في ضوء معايير الجودة الشاملة، مؤتمر التعليم الجامعي العربي : آفاق الإصلاح والتطوير، مركز تطوير التعليم الجامعي بالتعاون مع مركز الدراسات العربية في ١٨-١٩، ديسمبر ٢٠٠٤م.

٣٠- عبد الملك محمد سكتاوي : إدارة الجودة الشاملة وإمكانية استخدامها في إدارة مدارس تعليم البنين بمدينة مكة المكرمة، رسالة دكتوراه غير منشورة، كلية التربية، جامعة أم القرى، ٢٠٠٣م.

٣١- عبد المنعم محم نافع: الجودة الشاملة ومعوقاتها في التعليم الجامعي المصري دراسة ميدانية، مجلة كلية التربية ببنها، ع٢٥، أكتوبر ١٩٩٦م.

٣٢- علي شوعي : تطوير إدارة كليات التربية بالجمهورية اليمنية في ضوء مدخل إدارة الجودة الشاملة، رسالة ماجستير غير منشورة،كلية التربية،جامعة عين شمس، ٢٠٠٤م.

٣٣- علي فلاح المناصير : إدارة الجودة الشاملة دراسة ميدانية على سلطة الكهرباء الأردنية، رسالة ماجستير غير منشورة، كلية التربية، الجامعة الأردنية، ١٩٩٤م.

٣٤- فؤاد أحمد حلمي، نشأت فضل رف الدين : تطبيق مفهوم الجودة الشاملة بالتعليم الثانوي، مجلة كلية التربية، جامعة الأزهر، العدد ٧٦، ١٩٩٨م.

٣٥- فتحي درويش محمد عشيية : الجودة الشاملة وإمكانية تطبيقها في التعليم الجامعي المصري دراسة تحليلية، المؤتمر العلمي السابع، كلية التربية، جامعة حلوان، مايو ١٩٩٩م.

٣٦- فريد النجار إدارة الجامعات بالجودة الشاملة رؤى التنمية المتواصلة، ط١، القاهرة، إيزاك للنشر والتوزيع، ٢٠٠٠م.

٣٧- فوزية ناجي : إدارة الجودة الشاملة والإمكانات التطبيقية في مؤسسات التعليم العالي، رسالة ماجستير غير منشورة، كلية الاقتصاد والعلوم الإدارية، جامعة اليرموك، ١٩٩٨م.

٣٨- محمد المهنا : العوامل المؤثرة على فعالية تطبيق إدارة الجودة الشاملة في إدارة التعليم بمنطقة الرياض، رسالة ماجستير غير منشورة، كلية العلوم الإدارية، جامعة الملك سعود، ٢٠٠٣م.

٣٩- محمد صبري حافظ محمود، يوسف عبد المعطي : متطلبات تطبيق إدارة الجودة الشاملة بكليات التربية، مجلة العلوم التربوية، معهد الدراسات والبحوث التربوية، جامعة القاهرة، العدد الثاني، إبريل ٢٠٠٠م.

٤٠- محمد عباس محمد : إدارة الجودة الشاملة وإمكانيته تطبيقها على جامعة جنوب الوادي في ضوء الثقافة التنظيمية، رسالة دكتوراه غير منشورة، كلية التربية، جامعة أسيوط، ٢٠٠٣م.

٤١- محمد عبد الحميد محمد , أسامة محمود قرني : إستراتيجية مقترحة لتطوير منظومة إعداد المعلم بمصر في ضوء معايير الاعتماد لبعض الدول , المؤتمر ١٣ للجمعية المصرية للتربية المقارنة والإدارة التعليمية بالاشتراك مع كلية التربية ببني سويف , المنعقد في الفترة من ٢٤ ـ ٢٥ , يناير ٢٠٠٥ , ج٢.

٤٢- محمد عبد الحميد محمد، عاطف بدر أبو زنية : تطوير نظام التعليم الثانوي الصناعي في مفر في ضوء متطلبات الجودة الشاملة وبعض الاتجاهات العالمية المعاصرة، مجلة كلية التربية، جامعة الأزهر، العدد ٨١، يونيو ١٩٩٩م.

٤٣- محمد عبد الرازق إبراهيم : تطوير نظام تكوين معلم التعليم الثانوي العام بكليات التربية في ضوء معايير الجودة الشاملة، رسالة دكتوراه غير منشورة، كلية التربية ببنها، جامعة الزقازيق، ١٩٩٩م.

٤٤- محمد عبد الرزاق إبراهيم : تطوير نظام تكوين معلم التعليم الثانوي العام بكليات التربية في ضوء معايير الجودة الشاملة، رسالة دكتوراه غير منشورة، كلية التربية ببنها، جامعة الزقازيق، ١٩٩٩م.

٤٥- محمود عز الدين عبد الهادي : نماذج عالمية في الاعتماد وضمان الجودة للمؤسسات التعليمية ـ دراسة حالة ـ المؤتمر ١٣ للجمعية المصرية للتربية المقارنة والإدارة التعليمية

بالاشتراك مع كلية التربية ببني سويف , المنعقد في الفترة من ٢٤ ـ ٢٥ , يناير ٢٠٠٥ , ج١ .

٤٦- مراد صالح مراد زيدان : مؤشرات الجودة في التعليم الجامعي المصري، مجلة كلية التربية، جامعة الأزهر، العدد ٧٢، ١٩٩٨م.

٤٧- مريم بنت بلعرب بن محمد البنهاني : تطوير إدارة الدراسات العليا بجامعة السلطان قاموس في ضوء متطلبات إدارة الجودة الشاملة، رسالة ماجستير غير منشورة، كلية التربية، جامعة السطان، ٢٠٠١م.

٤٨- منال محمد طه العدوي : تطبيق إدارة الجودة الشاملة في دراسة تصميم وطباعة المنسوجات محور : المناهج والتخصصات العلمية في ضوء إدارة الجودة الشاملة ونظم الاعتماد. كمؤشر تطوير أداء الجامعات العربية في ضوء معايير الجودة ونظم الاعتماد، مركز تطوير التعليم الجامعي، جامعة عين شمس ١٨-١٩، ديسمبر ٢٠٠٥م.

٤٩- ميادة محمد فوزي الباسل : متطلبات تطبيق إدارة الجودة الشاملة Iso 9000 برياض الأطفال ومدارس التعليم العام بمصر- دراسة ميدانية، مجلة كلية التربية، جامعة المنصورة، العدد٤٧، ج٢، سبتمبر ٢٠٠١م.

٥٠- نبيل محمود الصالي : تطوير الإدارة المدرسية بمدارس وكالة الغوث بمحافظة غزة في ضوء مفهوم إدارة الجودة الشاملة،

رسالة دكتوراه غير منشورة، كلية التربية، جامعة عين شمس، ٢٠٠٣م.

٥١- نعيمة الغنام : فاعلية أداء مديرة المدرسة الابتدائية بالمنطقة الشرقية في المملكة العربية السعودية في ضوء معايير إدارة الجودة الشاملة، رسالة ماجستير غير منشورة، كلية التربية، جامعة البحرين، ٢٠٠١م.

٥٢- هانم خالد محمد محمد سليم : الكفاية الخارجية لكلية التربية النوعية بالزقازيق في ضوء معايير الجودة الشاملة، رسالة ماجستير غير منشورة، كلية التربية ببنها، جامعة الزقازيق، ٢٠٠٢م.

٥٣- الهلالي الشربيني الهلالي : إدارة الجودة الشاملة في مؤسسات التعليم الجامعي العالي، مجلة كلية التربية، جامعة المنصورة، العدد ٣٧، مايو ١٩٩٨م.

٥٤- هيا إبراهيم أحمد بن سيفان : تطوير الإدارة المدرسية في التعليم الابتدائي في ضوء إدارة الجودة الشاملة، رسالة ماجستير غير منشورة، كلية البنات، جامعة عين شمس، ٢٠٠٣م.

٥٥- هيا إبراهيم أحمد بن سيقان : تطوير إدارة المدرسة في التعليم الابتدائي في ضوء إدارة الجودة الشاملة، رسالة ماجستير غير منشورة، كلية البنات، جامعة عين شمس، ٢٠٠٣م

٥٦- هيـا إبراهيـم شـعبان : تطـوير الإدارة المدرسية في التعليـم الابتـدائي في ضوء إدارة الجودة الشاملة رسالة ماجستير غـير منشـورة، كليـة التربيـة، جامعـة عـين شمس، ٢٠٠٣م.

ثانياً: المراجع الأجنبية:

57. Babiker , Abdel Bagi A. G . , The Case of Sudan in Assuring Quality in Education , Conference on Quality Management and Accreditation of Higher Education in The Arab World , The Ministry of Higher Education , 24 – 26 Nov. 2004 Intercontinental Semiramis Hotel , Egypt , 2004.

58. Babiker , Abdel Bagi A. G .Accreditation and Evaluation to Assure Quality Education , Conference on Quality Management and Accreditation of Higher Education in The Arab World , 24 – 26 Nov . 2004 , Intercontinental Semiramis Hotel , the Ministry of Higher Education , Egypt , 2004 .

59. Bogue , G. ; Quality Assurance in Higher Education , The Evolution of Systems and Design Ideals , New Directions of Institutional Research , No . 99 , 1998 .

60. Catchliam , M. J. ; People Improvement : The Key T.Q.M. Success, The T.Q.M. Magazine, Vol. 9 , 1997.

61. Cotton , Kathleen ;Applying Total Quality Management Principles to Secondary Education ,School Improvement Series , Snapshot #35, Available

at :http: // www. nwrel.org/ scpd,sirs/g/so35. html , 4/1/2006.

62. Council For Higher Education Accreditation (CHEA) :Improving Accreditation : When to Change ? When to Stay the Same ? Enhancing Usefulness Conference , Chicago , June ,2001.

63. -Elkawas ,E. (1998) ; Quality Assurance in High Education Recent Progress ; Challenges Ahead, A Paper Presented at UNESCO World Conference on Higher Education , Paris , France .

64. El-Khawas,E., Accreditation's Role in Quality Assurance in The United States, Higher Education Management ,Vol . 10 , No. 2.

65. Grant , Harman "Asia and the Pacific in Craft , Alma (Editor) , International Development in Assuring Quality in Higher Education , The Palmer Press, London , 1994 .

66. Figueroa, Carlos Polla; Challenges Of Higher Education in Mexico During The Nineties, Higher Education Policy,Vol.9,No.1,1996.

67. Harris; John ;Key Attributes of Accreditable Institutions , Conference on Quality Management &Accreditation of Higher Education in The Arab World, ACADEMIA Egypt 2004 , Nov-24-26 2004-, Intercontinental Semiramis Hotel , the Ministry of Higher Education , Egypt , 2004.

68. Houghton , Jeanne, Academic Accreditation, Who, What ,When ,and Why ? Parks and Recreation , Vol . 31, No 2., Feb , 1996.

69. James Reilly : Total Quality Management in Higher Education , Higher Education , Vol. 16 , No.2 , 1992 .

70. Kiracofe , Norman et al ;Accreditation Standards for University and College Counseling Centers, Journal of Counseling and Development, Vol.73, Sep./Oct.,1994.

71. Lenn, Marjorie Peace; Strengthening World Bank Support for Quality Assurance and Accreditation in Higher Education in East Asia and The Pacific, Education Sector Unit, East Asia and The Pacific Region,February,2004.

72. Martin, Stephen, Process and Pitfalls of Accreditation in The United Arab Emirates, Conference on Quality Management and Accreditation Of Higher Education In The Arab World , In Cooperation With The Higher Education Enhancement project(HEEP) and The Quality Assurance and Accreditation Project(QAAP). The Ministry Of Higher Education, Egypt,24_26 November 2004,Cairo,2004.

73. Murray ,Frank Brush ; From Consensus Standards to Evidence of Claims, Assessment and Accreditation in The Case of Teacher ,Journal Articles Reports , Descriptive , 2001.

74. Oakes , T.J. ;A Guide to Organizations Involved with Licensing and Certification of Teachers and Accreditation of Teacher Education Programs , ERIC Digest ,1999.

75.   Schade, A., Recent Quality Assurance Activities in Germany " European Journal of Education , Vol. 38 , No- 3 , 2003

76.   -Stanely, E . & Patrick, W. (1998); Quality Assurance in American, and British Education; A Comparison , Journal of New Directions For I institutional Research ,No .99 .

77.   Sterian, Paul Enache ;Accreditation and Quality Assurance in Higher Education . Paper on Higher Education Series, United Nations Education   Scientific and Cultural Organization,   Bucharest, Romania, European Center for Higher Education, 1992.

78.   Sterling, Bell; Accreditation: Certifying Public Works Excellence , American City & County, Vol. 115, Issue 11, 2000 .

79.   Teacher Education Accreditation Council; Accreditation Goals and Principles of Teacher Education, Teacher Education Accreditation Council , Washington , DC, 2001 .

80.   Van Damme, D.; Standards and Indication in Institutional and Programme Accreditation in Higher Education : A Conceptual Framework and A Proposal, In UNESCO Studies on Higher Education Indicators for Institutional and Programme Accreditation in Higher Tertiary Education , Bucharest , 2004.

الفصل الثالث

الإدارة الإلكترونية
في المؤسسات التعليمية

- مقدمة.

أولاً: التعليـم الإلكـترونـي: "مفهـومــه – نمـاذجــه – عنـاصـره – مميزاتــه – معوقاته".

ثانياً: الحكومـة الإلكترونيـة: " مفهـومهـا – أهـدافها – مبادئها – خطـوات تنفيذها – مبرراتها – مجالاتها".

ثالثاً: الإدارة الإلكترونية: "مفهومها – عناصرها – متطلبات تطبيقها في المؤسسات التعليمية ".

- هوامش الفصل.

الإدارة الإلكترونية
في المؤسسات التعليمية

مقدمة:

شهد العقد الأخير من القرن العشرين وبدايات القرن الحادي والعشرين تقدماً هائلاً في مجال تكنولوجيا الاتصالات والحاسبات الآلية، ومازال التقدم مستمراً ويتسارع بخطى سريعة أكثر من الأمس، حتى أصبح العالم اليوم قرية صغيرة يتفاعل فيها الجميع من خلال استخدام شبكات المعلومات والحاسبات الآلية والأقمار الصناعية والمعرفة الإلكترونية وتقنية المعلومات.

وانتشر استخدام الحاسب الآلي في حياتنا انتشاراً واسعاً بصورة كبيرة جداً خاصة في السنوات الأخيرة، ولم يعد استخدامه حكراً على الدول المتقدمة. بل أصبح واسع الانتشار في الدول المتقدمة والنامية على حد سواء، ولم يقتصر استخدامه على مجال معين، بل تعداها ليشمل كل العلوم النظرية والتطبيق والإنسانية ويختلف جوانب الحياة، وذلك لقدراته على إتاحة فرص التعلم بما يتناسب مع قدرات الفرد واحتياجاته وخصائصه النمائية في بيئة تساعده على معالجة المعلومات واختزالها وتوظيفه مع الأخذ في الاعتبار الفروق الفردية بين المتعلمين.

وأصبح من أهم التحديات التي تواجه الدول بصفة عامة والأنظمة التعليمية بصفة خاصة التطور الهائل في استخدامات الحاسب

الآلي وطرق مواكبة هذا التطور والاستفادة من الحاسب الآلي في العملية التعليمية، سواء كان ذلك باستخدام نمط التعليم المعان بالحاسب الآلي، أو باستخدام نمط التعليم المدار بالحاسب الآلي "الإدارة الإلكترونية". الأمر الذي أدى إلى تزايد انتشار برامج الحاسب الآلي التعليمية في الآونة الأخيرة وتسابق الشركات المتخصصة في تصنيع البرمجيات التعليمية وتوزيعها على المسئولين عن التعليم في البلاد المختلفة.

وقد ظهرت الثقافة الإلكترونية في جميع ميادين الحياة ومنها قطاع التربية والتعليم مثل تكنولوجيا الوسائل المتعددة، والإنترنت والمكتبات الإلكترونية، الجامعة المفتوحة، والتعليم الإلكتروني وغيرها من المستحدثات التي تعتمد في الأساس على التفاعل بين أطراف الاتصال في المواقف التعليمية من خلال أجهزة الحاسب الآلي، وبرامجه التطبيقية مثل حزمة مكتبة الميكروسوفت، برنامج العرض التقدمي الواسع الانتشار في الأوساط التربوية والتعليمية من قبل المعلمين والمحاضرين وأعضاء هيئة التدريس بالجامعات. وتحاول المؤسسات التعليمية تبني صيغ وأساليب تعليمية وإدارية متقدمة تعتمد على التعليم الإلكتروني، مما يعد بحق ثورة على النظم التعليمية التقليدية.

ويتناول الفصل الحالي بعض النقاط المتعلقة بالإدارة الإلكترونية مثل التعليم الإلكتروني من حيث مفهومه - نماذجه - عناصره - إلخ، ثم الحكومة الإلكترونية وأهدافها ومبادئها وأخيراً الإدارة الإلكترونية على النحو التالي:

أولاً: التعليم الإلكتروني:

(١) مفهوم التعليم الإلكتروني:

يعرف التعليم الإلكتروني بأنه: طريقة للتعليم والتعلم باستخدام آليات الاتصال الحديثة من حاسبات وشبكات ووسائط متعددة من صوت وصورة وآليات بحث ومكتبات الكترونية، وكذلك بوابات الإنترنت أي أنه استخدام التقنية بجميع أنواعها في عملية التعليم.

ويعرف أيضاً بأنه "ذلك النوع من التعليم الذي يعتمد على استخدام الوسائط الإلكترونية في الاتصال بين المعلمين والمتعلمين وبين المتعلمين والمؤسسة التعليمية.

(٢) نماذج التعليم الإلكتروني:

أظهرت العديد من الدراسات التي تناولت التعليم الإلكتروني نماذج متعددة له من أهمها:

أ- نموذج التدريب المعتمد على الحاسب الآلي أو الإنترنت:

يعتمد هذا النموذج على استخدام تقنيات الوسائط المتعددة والتفاعل معها، ويتم ذلك على شكل دروس منفصلة يتحكم في تسلسلها المعلم، ويقوم بتزويد الطلاب بالتعليمات والمتابعة، حيث يهدف إلى تزويد المتعلمين بتدريب يعتمد على أدائهم - ويعتمد هذا النموذج على إمكانية التعلم الذاتي.

ب- نموذج دعم الأداء الإلكترونية على الحاسب أو الإنترنت:

يهدف هذا النموذج إلى تزويد المتعلمين بالمعرفة العملية والمهارات اللازمة لهم في الوقت المناسب، حيث تمثل أنظمة دعم الإدارة الإلكترونية بيئة الكترونية متكاملة توفر معلومات عند الطلب ويسهل الوصول إليها من أي متدرب، وتتميز بالتنظيم الجيد يجيب يمكن الوصول إلى المعلومات بسرعة والتي تشمل، الصور والبيانات، والأدوات المساعدة لتصحيح أداء الطالب لتمكنه من إنجاز المستويات التعليمية المطلوبة، ويتميز هذا النوع بعدد من الخصائص منها: تحديد المتعلم للمعلومات التي يحتاجها، وأسلوب الاطلاع عليها، اعتماد الطالب على نفسه في حل المشكلات، استخدام الطالب النظام في الوقت والمكان الذي يريده.

ج- نموذج التعليم المباشر غير المتزامن:

يهدف هذا النموذج إلى تعليم مجموعة من الطلاب غير متزامنة، حيث يعتمد على التقاء الطلاب والمعلم على الإنترنت في أوقات مختلفة حسب ظروف كل طالب، ويتفاعل الطلاب مع بعضهم البعض، ويتميز هذا النموذج بعدد من الخصائص منها: تواصل الطلاب مع بعضهم البعض ومع المعلم، استخدامه في تعلم مهارات عالية المستوى مثل التحليل والتصميم.

د- نموذج التعلم المباشر المتزامن:

يعتمد هذا النموذج على التقاء كل من المعلم والطلاب على الإنترنت في نفس الوقت وتزويد الطلاب بتعليم فوري، عن طريق بعض الأدوات مثل اللوحات البيضاء، المشاركة في البرامج، المؤتمرات عبر الفيديو وعبر الصوت بغرفة الورشة، ويتميز هذا النموذج بعدد من الخصائص منها: مشاركة الطلاب في البرامج أو قواعد البيانات أو الفيديو أو الصوت، التواصل من المشاركين عن طريق كتابة التعليق والرد، استخدام في تعلم مهارات عالية المستوى.

(٣) عناصر التعليم الإلكتروني:

تتعدد عناصر التعليم الإلكتروني في العناصر التالية:

أ- أجهزة الحاسب الآلي: جهاز الطالب في أي مكان.

ب- **نظام إدارة التعليم الإلكتروني:** وهو النظام الذي يعتمد عليه نظام التعليم الإلكتروني على شبكة الإنترنت في إدارة العملية التعليمية الكترونياً من حيث عرض المحتوى العلمي وتسجيل الطلاب، ومتابعة الأداء وتحليل عناصر المحتوى التعليمي وغيرها من الإجراءات الدورية التي من شأنها إدارة الموقع التعليمي على شبكة الإنترنت.

ج- **الطالب:** وهو محور العملية التعليمية وهدف التعليم الإلكتروني، ومن ثم يجب أن يتوفر للطالب على موقع التعليم الإلكتروني خدمات التعلم الذاتي وخدمات التعلم المباشر من خلال الفصول التخيلية بحيث يستطيع الطالب الاستفادة منه تبعاً للجدول المعلن على موقع التعليم الإلكتروني والمتجدد أسبوعياً على خادم التعليم الإلكتروني.

د- **المعلم:** وهو من العناصر الهامة التي يقوم عليها التعليم الإلكتروني حيث لا يلغى التعلم من خلال الإنترنت دور المعلم بل يعتبر المعلم مسهلاً للتعلم ومحدداً لأهدافه ومحتواه ومديراً له ومسيطراً عليه كما في الفصول التخيلية.

هـ- **المحتوى العلمي:** وهو ما يقدم من خلال موقع التعليم الإلكتروني محتويات تعلم ذاتي: مواد تعليمية – مواد إثرائية –

ألعاب ترفيهية وتعليمية، يستطيع الطالب الوصول إليها والتفاعل معها في أي وقت ومن أي مكان.

(٤) المفاهيم المرتبطة بالتعليم الإلكتروني:

تتعدد المفاهيم المرتبطة بالتعليم الإلكتروني من هذه المفاهيم ما يلي:

أ- **التعليم الشبكي:** نوع من أنواع التعلم الإلكتروني يعتمد على شبكة المعلومات التي تربط بين عدد من الحاسبات الشخصية.

ب- **المدرسة الإلكترونية:** هي تلك المدرسة التي تستخدم الحاسبات الإلكترونية والوسائط المتنوعة وشبكات الاتصالات المختلفة في توصيل المعلومات الرقمية الكترونياً وبيئاتها المتعددة إلى التلاميذ وذلك سواء كان متواجدين داخل أسوار المدرسة أو خارجها داخل منازلهم.

ج- **الحكومة الإلكترونية:** صيغة عصرية جديدة يتم في ضوئها تحويل الحكومة التقليدية لتصبح الكترونية أو رقمية من خلال الاستفادة والاستخدام الفعال للتطورات الحديثة في مختلف مجالات تكنولوجيا المعلومات والتكنولوجيات المدعمة لها. وبتوافر تلك التقنيات مع قيادات ومسئولين ملتزمين ولديهم رؤية الكترونية واعية، يمكن بناء بيئة وثقافة تفاعلية تمكن

الأفراد والمنظمات من الحصول على المعلومات والخدمات التي يحتاجونها بشكل أفضل وتوقيت أسرع، وتكلفة أقل وطريقة أكثر راحة، مع توافر إمكانيات كبيرة كاملة مستقبلاً، ويقصد بها أيضاً أسلوباً جديداً في العمل الحكومي يستخدم المعلوماتية والإلكترونيات في إدارة الشئون العامة للوطن والمواطن، كما تعرف بأنها القيام بالأعمال باستخدام الكمبيوتر ووسائطه المتعددة، التي تتيح ربطاً آلياً بين الأقسام المختلفة في بيئة العمل، وبين الشركات بعضها البعض أو بين الشركات والحكومات أو الأفراد والحكومات.

د- **المعلومات الإلكترونية:** يقصد بها معلومات ذات خصائص الكترونية، في شكل نصوص أو رموز أو أصوات أو رسوم أو صوراً وبرامج حاسب آلي أو غيرها من قواعد البيانات.

هـ- **التعلم الافتراضي:** يقصد به التفاعل بين الطلاب من خلال شبكة الإنترنت وهو يشبه التعليم العادي لأنه يعتمد على الوسائط الإلكترونية عن بعد.

(٥) مميزات التعليم الإلكتروني:

يتميز التعليم الإلكتروني بعدد من المميزات أهمها:

أ- المشاركة في المعرفة: حيث يوفر الإنترنت بيئة خصبة للمشاركة في المعرفة تلبي الحاجة المتزايدة لنقل ونشر

المعرفة والمشاركة فيها مع تأمين السيطرة على محتويات المعرفة.

ب- التعاون بين المتعلمين عن طريق التفاعل الذي توفره أنظمة الفصول التخيلية بين المتعلمين أثناء التدريس المباشر.

ج- التمركز نحو الطالب: فالتعلم عبر الإنترنت هو تعلم موجه نحو الطالب حيث يحدد الطالب أنشطته التعليمية بحرية كاملة فيختار المادة من بين المواد الموجودة التي يبدأ بها ويحدد لها الوقت المناسب وله حرية الانتقال من مادة دراسية لأخرى تبعاً لقدرته على الإنجاز.

د- يوفر التعليم الإلكتروني مصادر هائلة من المعلومات مثل: الكتب الإلكترونية، الدوريات، الموسوعات، وينقل العملية التعليمية من المعلم إلى المتعلم ويجعله محور العملية التعليمية.

هـ- تخفيض الإنفاق التعليمي والتكاليف المباشرة: حيث يمكن خفض تكلفة الخدمات التعليمية بصورة فعالة، فاستخدام وسائل النقل الإلكتروني يمكن خفض تكلفة العملية التعليمية.

و- تقديم الخدمات التعليمية من خلال عدد محدود من الموظفين ذوي الكفاءة والمهارة الخاصة في استخدام تكنولوجيا المعلومات.

ز- خفض الوقت المرتبط بالحصول على الخدمات المختلفة بالوسائل الإلكترونية، وذلك بسبب الطبيعة الفورية لهذه الوسائل.

ح- الترابط: حيث يتيح التعليم الإلكتروني قدراً أكبر من الترابط من المتعلمين والمعلمين عن طريق فصول التعلم التخيلية والبريد الإلكتروني، والمحادثة النصية أثناء الحصة.

ط- تخطي الحواجز: حيث يعد التعلم من خلال الإنترنت فرصة مميزة لتخطي الحواجز المكانية والوصول إلى المعلومة أينما كان موقعها.

ي- إيجابية الطلاب وإتاحة فرص التبادل وإبداء الرأي والمساواة بينهم، هذا بالإضافة إلى تنوع وتعدد طرق التدريس وتنظيم المحتوى بطريقة سهلة، وتعدد طرق تقييم الطلاب.

(٦) معوقات التعليم الإلكتروني:

يوجد بعض المعوقات التي قد تواجه التعليم الإلكتروني منها:

أ- المعوقات المادية: مثل عدم توافر أجهزة الحاسب الآلي لبعض الطلاب وتغطية الإنترنت وتكاليف سعرها، وارتفاع التكلفة المبدية للبرامج المستخدمة.

ب- المعوقات البشرية: مثل عدم استجابة الطلاب بشكل مباشر مع التعليم الإلكتروني وتفاعلهم معه، وحاجة المعلمين إلى تدريب على استعمال البرامج التعليمية.

ج- بطء الوصول إلى المعلومات من خلال شبكة الإنترنت.

د- اتجاه الطلاب للبحث في مواقع غير مناسبة في الإنترنت.

هـ- ضعف المحتوى العلمي في البرمجيات الجاهزة.

ثانياً: الحكومة الإلكترونية:

الحكومة الإلكترونية وسيلة لتحسين الأداء الحكومي كي يصح فعالاً وذي كفاءة، كما أنها تيسر الحصول على الخدمات الحكومية وتتيح لأعداد كبيرة من المواطنين الحصول على المعلومات مما يجعل الحكومة أكثر مصداقية.

أ- مفهومها:

يقصد بالحكومة الإلكترونية بأنها ذلك النظام الافتراضي المعلوماتي الذي يمكن الأجهزة الحكومية المختلفة من تقديم خدماتها في إطار تكاملي، لجميع فئات المستفيدين، باستخدام التقنية الإلكترونية المتطورة، متجاوزة عامل التواصل المكاني أو الزماني، مع استهداف تحقيق الجودة والتميز وضمان السرية والأمن المعلوماتي، والاستفادة من معطيات التأثير المتبادل.

ويقصد بها أيضاً: استخدام تكنولوجيا المعلومات والاتصالات مثل شبكات ربط الاتصالات الخارجية، مواقع الإنترنت، وبـرامج الحاسب الآلي، بواسطة الجهات الحكومية، من أجـل تيسير الخدمات المتبادلة بين تلك الجهات من جانب والمواطنين أعمالهم من جانب آخر.

ويقصد بالحكومة الإلكترونية أيضاً بأنها الاستخدام التكاملي الفعال لجميع تقنيات المعلومات والاتصالات لتسهيل أداء التعاملات بدقة وسرعة عالية داخل الجهـات الحكوميـة (حكومة – حكومة) وبينها وبين تلك التـي تربطها بـالأفراد (حكومـة – أفـراد) أو تربطهـا بقطاعات الأعمال (حكومة – أعمال).

ويعرفها البـعض بأنهـا قـدرة الإدارات الحكوميـة عـلى تـوفير وتقديم الخـدمات والمعاملات بوسائل الكترونية للأفراد أو للمؤسسات أو الإدارات الحكومية ذاتها في إطار مـن الشفافية والوضوح.

وتعرف أيضـاً بأنهـا الحكومـة التـي تسـتخدم تكنولوجيـا الاتصالات لكي تقدم للمواطنين الخدمات والمعاملات والمعلومـات بواسـطة مختلـف الوسـائل التكنولوجيـة مثـل التليفون أو الفاكس أو الكروت الذكية أو البريد الإلكتروني أو الإنترنت.

ب- أهداف الحكومة الإلكترونية:

تعمل الحكومة الإلكترونية تحقيق الأهداف التالية:

١- رفع كفاءة أداء الجهاز الحكومي من خلال توفير أحدث وأشمل للمعلومات وتيسير الحصول عليها يعد تصنيفها الكترونياً مع تسهيل تبادل المعلومات وسبل الاتصالات الإلكترونية بين الإدارات المعنية.

٢- تبسيط الإجراءات وتيسير الوصول إلى الخدمة الحكومية من خلال مراكز خدمة متطورة.

٣- زيادة الإنتاجية وخفض التكلفة في الأداء باستخدام التكنولوجيا الحديثة.

٤- رفع التنافسية المحلية وزيادة التأهب لمواكبة حركة العولمة، وتهيئة الجهاز الحكومي للاندماج في النظام العالمي الجديد.

٥- توفير وقت وجهد المواطنين الطالبين للخدمة، وتوفير أعداد كبيرة من الموظفين وتوفير المباني الحكومية وخزانات حفظ المعلومات وتيسر ـ أداء الخدمات الحكومية وسرعة إنجازها.

٦- تقديم الخدمات للمواطنين في زمن قياس مقارنة بالزمن الذي تؤدي فيه الخدمات المقدمة بشكل روتيني.

٧- تحسين مستوى أداء الخدمات وتقليل الأخطاء اليدوية التي قد تحدث عند تأدية الخدمة بالطرق التقليدية.

٨- توفير مصدر واحد للمعلومات الحكومية يمكن للجمهور أن يتعامل معه.

٩- زيادة وعي الجمهور بالتكنولوجيا الحديثة ووسائطها المختلفة والطلب المتزايد للحصول على الخدمات الحكومية عبر هذه الوسائل.

١٠- تحسين مناخ الأعمال والاستثمار في جميع المجالات من الداخل والخارج.

١١- إرساء وتطبيق فلسفات وممارسات الإدارة الحديثة في القطاع الحكومي مما يدفع إلى أداء العمل بهذا القطاع بفعالية أكبر.

١٢- تحقيق الشفافية بين الحكومة والمواطنين، وذلك من خلال الإتاحة الكاملة والمتساوية لكافة المعلومات المرتبطة بالقرارات والإجراءات الحكومية لكافة المواطنين ولكافة المؤسسات وفي الأوقات التي تسمح بفرص متساوية في التعاملات الحكومية.

١٣- تبسيط الإجراءات والقضاء على البيروقراطية وتقليص الإجراءات الإدارية وتبسيطها كلما استطاعت إلى ذلك، والقضاء على ألوان الفساد الإداري مثل التسيب الإداري واللامبالاة، والقضاء على الكم الهائل من الأوراق والنماذج الورقية والمستندات والتوقيعات.

١٤- المساعدة على تطبيق اللامركزية في الإدارة والمشاركة الشعبية.

١٥- تسهيل عملية الاتصال بين الطلاب (في مجال التعليم) وإدارة التعليم للحصول على رد لاستشاراتهم.

١٦- توسيع ممارسة الديمقراطية من خلال مساهمة الطلاب وأولياء الأمور والمهتمين بقضايا التعليم بالمشاركة في عملية التعليم وفي اتخاذ القرارات الإدارية من خلال استخدامهم لأجهزة الحاسب الآلي من منازلهم.

١٧- إنشاء قنوات اتصال بين المواطنين ومؤسسات الدولة المختلفة الحكومية والخاصة – الثقافية والتعليمية.

ج- مبادئ الحكومة الإلكترونية:

يوجد عدد من المبادئ الإرشادية تحكم عملية تطوير الحكومة الإلكترونية كما تمثل هذه المبادئ في الوقت نفسه معايير هامة لتقسيم مستوى النجاح أثناء وبعد عملية تطوير وتطبيق البرامج المرتبطة بالمشروع. ومن أهم هذه المبادئ ما يلي:

١- سهولة الاستعمال: من خلال ربط الجمهور بحكوماتهم الوطنية أو الإقليمية أو العالمية، حسب احتياجاتهم

واختياراتهم، بشكل يتيح سهولة ويسر الاستخدام من قبل المستفيدين.

٢- الخصوصية والأمان، حيث تتمتع الحكومة الإلكترونية بمعايير الخصوصية والسرية المناسبة والأمن والمصداقية.

٣- التواجد الميسور، حيث يمكن التواصل مع الحكومة الإلكترونية من أي موقع يناسب المستخدم.

٤- التعاون والمشاركة، حيث تتمكن كل المنظمات الفاعلة في المجتمعات الحكومية والخاصة والمنظمات غير الحكومية في وضع الحلول المتطورة لبعض المشكلات المجتمعية كل حسب خبرته وتجربته.

٥- تقليل التكاليف عن طريق استخدام استراتيجيات استثمارية تؤدي إلى تحقيق الكفاءة والازدهار المستمر.

٦- استمرارية التغيير، حيث يتوقع اعتماد جميع الأنشطة الحياتية على الإلكترونيات ومنها النشاط الإداري للدولة.

٧- إعادة هندسة عمليات الحكومة وليس حوسبتها، حيث لا تعني الحكومة الإلكترونية حوسبة وتشبيك العمل الإداري أو نقل المعاملات من طرق التنفيذ التقليدية إلى طرق التغيير الإلكترونية على شبكة الإنترنت.

٨- الرؤية الإستراتيجية للحكومة: حيث تتطلب الحكومة الإلكترونية وجود رؤية إستراتيجية شاملة, أهدافاً إستراتيجية قابلة للتحقيق في المدى الزمني المستهدف.

٩- الاستثمار في تكنولوجيا المعلومات: هذا يعني أن كل ما ينفق على تكنولوجيا المعلومات والاتصالات "البنية التحتية" يجب أن النظر إليه على أنه استثمار سوف يعود بالفوائد الإيجابية على الحكومة في المستقبل.

١٠- التوازن بين شفافية المعلومات وخصوصية المواطن وذلك من خلال التشريعات والقوانين المنظمة لعمل الحكومة الإلكترونية.

١١- التفكير بالمستفيد لا بالدائرة الحكومية، حيث تتولى الحكومة الإلكترونية مهمة إعادة التفكير بكيفية تنظيم الحكومة من منظور الاهتمام بالمواطن وأنه هو المستفيد الأول والوظائف التي يجب أن تقدمها لهم.

د- خطوات تنفيذ الحكومة الإلكترونية:

حتى تتمكن الحكومة من تنفيذ الحكومة الإلكترونية، يجب أن تقوم بعدد من الخطوات الهامة حتى تتم عملية تنفيذ الحكومة الإلكترونية بنجاح، وهذه الخطوات هي:

١- الخطوة الأولى: توافر رؤية الكترونية:

لكي تتوافر الرؤية الإلكترونية يجب أن تتضمن عدد من المبادئ الهامة منها: تبني إستراتيجية واضحة للتغلب على العوائق التي تعترض عملية التغيير، أن تكون الرؤية الإلكترونية التي تتبناها الدولة عنصراً من عناصر تكنولوجيا المعلومات في قطاعات المجتمع المختلفة، أن تشتمل الرؤية على الحاجات الحالية والمتغيرة للدولة.

وتتطلب الرؤية عدد من الخطوات أهمها:

أ- تشكيل جهة عليا تتولى وضع الإستراتيجية الحكومة الإلكترونية على المستوى الوطني.

ب- وضع الخطط الفرعية لمشروع الحكومة الإلكترونية.

ج- الاستعانة بالجهات الاستشارية والبحثية للمشاركة في الدراسة ووضع الخطط.

د- التكامل والتوافق بين المعلومات المرتبطة بأكثر من جهة حكومية.

هـ- تحديد منافذ الحكومة الإلكترونية.

و- الاستعانة بالقطاع الخاص بتنفيذ بعض مراحل المشروع أو المشاركة في بعضها، بما يتمتع به من إمكانيات وحرية إجراءات.

٢- الخطوة الثانية: توفير مناخ من الحرية والمشاركة:

يتم ذلك من خلال قيام الحكومة بالدعم المادي والسياسي اللازم لتنفيذ الحكومة الإلكترونية، وتدعيم نظم المشاركة من قبل معظم

المستفيدين مثل شركات الإنترنت وشركات التكنولوجيا المتقدمة والمنظمات المحلية والدولية والجمعيات الأهلية للمساهمة في مبادرة الحكومة الإلكترونية، وتهيئة الكادر البشري في جميع المستويات الإدارية، وإعادة هندسة العمليات الإدارية الحكومية وعمل تحولات هائلة في بناء الهيكل التنظيمي، ونشر المعرفة المعلوماتية بين الأفراد.

٣- الخطوة الثالثة: البساطة والتدرج في التنفيذ:

يتطلب من الحكومة بتطبيق الحكومة الإلكترونية على قطاعات صغيرة وغير معقدة والتي تحتاج إلى إعادة هيكلة محدودة، قبل تعميم المبادرة على كافة قطاعات الدولة، حيث تعتبر الطريقة المثلى في نجاح المبادرة هو التدرج في التنفيذ من الأقل والأسهل إلى الأكبر والمعقد من المؤسسات الموجودة في الدولة – وتتطلب تطبيق المنهج التدريجي عدة خطوات جزئية أهمها:

١- البدء بمشاريع صغيرة وغير معقدة.

٢- إنشاء موقع أو منفذ على شبكة الإنترنت، يتم زيادة وظائفه لاحقاً على مراحل وحسب الإمكانيات.

٣- أن تتسم إدارة مثل هذه المشاريع بالقوة والمرونة والقدرة المالية.

٤- يجب تتبنى معايير الإنترنت والبروتوكولات الخاصة بجدية، وأن تكون مقننة وموحدة.

٥- وجود بنية تحتية تكنولوجية تمتاز بالمرونة والقدرة على استيعاب كميات مختلفة من العمليات.

٦- أن تكون الاستراتيجيات الخاصة بالحكومة الإلكترونية مستديمة ومستمرة.

هـ- مبررات التحول إلى الحكومة الإلكترونية:

يوجد عدد من المبررات ساهمت بشكل مباشر في إحداث التحول نحو الحكومة الإلكترونية، من أهم هذه المبررات ما يلي:

١- زيادة التقدم التكنولوجي والثورة المعرفية والتي أدت إلى إظهار مزايا عديدة لتطبيقاتها العلمية في مختلف مجالات الحياة الإنسانية.

٢- الثورة الهائلة في المعلومات والاتصالات والتي تتصف بسرعة الانتشار.

٣- ظهور حركات الإصلاح والتطوير الإداري مثل إدارة الجودة الشاملة والتي تعتبر المواطن عميل لابد من تقديم الخدمة له بشئ من الجودة والإدارة الإلكترونية، والإدارة من الموقع.

٤- توجهات العولمة وترابط المجتمعات الإنسانية، حيث يتم الربط الفعال بين المجتمعات الإنسانية من خلال شبكة الإنترنت.

٥- تعاظم دور شبكات المعلومات والاتصالات والذي أدى إلى ترسيخ قيم جديدة مثل الشفافية والمساءلة والمراجعة والمشاركة.

٦- مواكبة العالم المتقدم التي انتشرت فيه مفاهيم جديدة مثل الحكومة الإلكترونية وتطبيقها في كثير من المجتمعات يحتم على الدول النامية اللحاق بركب التطور ومواكبة العصر والتنافس في تقديم الخدمات بناء على معايير السهولة والفاعلية والكفاية.

٧- زيادة التوجهات العالمية نحو الانفتاح والترابط والتكامل بين المجتمعات الإنسانية المختلفة.

و- المجالات الرئيسية لأنشطة الحكومة الإلكترونية:

تنوع أنشطة الحكومة الإلكترونية إلى ثلاثة مجالات رئيسية هي:

١- علاقة الحكومة بالمواطنين:

تضم هذه العلاقة أنشطة عديدة لها صلة حيوية في حياة المواطنين منها: التسجيل المدني، الخدمات الصحية، التعليم، الخدمات التعليمية والثقافية، وغيرها من الخدمات الأساسية التي قد يحتاجها الفرد من الحكومة الإلكترونية.

٢- علاقة الحكومة بالحكومة:

وتضم هذه العلاقة أنشطة عديدة تنتقل عبر مؤسسات وهيئات حكومية منها: استخدام البريد الإلكتروني بين العاملين في الوزارات والمؤسسات العامة، استخدام تقنيات الإنترنت لتحسين إنتاجية العمل الإداري، توظيف قدرات الشبكات.

٣- علاقة الحكومة بالأعمال:

تتفاعل الحكومة مع قطاع الأعمال من خلال طرق ووسائل متعددة ترتبط بأدوارها ومساحة تأثير أجهزتها الإدارية والتنفيذية، كما تقوم الحكومة بتقديم الإسناد المباشر للأنشطة الرئيسية مثل: أنشطة تحفيز الصناعة والتجارة، والاستثمار الأجنبي، وتبسيط إجراءات الموافقة على الترخيص والامتياز، وتقديم الخدمات الإلكترونية لقطاع الأعمال والرقابة الإلكترونية المباشرة على خدمات المؤسسات.

ثالثاً: الإدارة الإلكترونية Electronic Management:

أ- مفهوم الإدارة الإلكترونية:

تعددت التعريفات الخاصة بمفهوم الإدارة الإلكترونية، يبدو أن هذا الاختلاف يعني وجود عدد من وجهات النظر في وضع تعريف محدد وشامل للإدارة الإلكترونية، ومن هذه التعريفات ما يلي:

- الإدارة الإلكترونية تعرف بأنها تنفيذ كل الأعمال والمعاملات التي تـتم بـين طـرفين أو أكثر سواء مـن الأفـراد أو المنظمات مـن خـلال اسـتخدام شبكات الاتصـالات الإلكترونية.

- يقصد بـالإدارة الإلكترونيـة تبـادل المعـاملات بـين الأطـراف مـن خـلال اسـتخدام الوسائل الإلكترونيـة بـدلاً مـن الاعـتماد عـلى اسـتخدام الوسـائل الماديـة الأخـرى كوسائل الاتصال المباشر.

- ويقصد بها الإدارة الإلكترونية بأنها نشـاط إنجـاز الأعمال والمعـاملات مـن خـلال جهود الآخـرين لتحقيـق الأهـداف المرجـوة مـن خـلال أداء النشـاط باستخدام الوسائل الإلكترونية المختلفة.

- الإدارة الإلكترونية هي وظيفة إنجاز الأعمال باستخدام النظم والوسائل الإلكترونية مثل شبكات الاتصالات "شبكة الإنترنت".

- الإدارة الإلكترونيـة تعنـي الإدارة التـي تسـتخدم فيهـا التقنيـات الحديثـة مثـل الكمبيوتر وشبكة الاتصالات "الإنترنت" أثناء أداء المهام الإدارية وتحقيق التواصل بين أقسام الإدارة المختلفة في مستوياتها الإشرافية والتنفيذية.

- الإدارة الإلكترونية منظومة الكترونية متكاملـة، تهـدف إلى تحويـل العمل الإداري مـن إدارة تقليديـة إلى إدارة الكترونيـة تسـتخدم الحاسـب الآلي والاعـتماد عـلى برمجيات مناسبة تساعد في اتخاذ القرارات المناسبة.

– الإدارة الإلكترونية يقصد بها تلك العمليات الإدارية القائمة على الإفادة من الإمكانات المتميزة للإنترنت وشبكات الأعمال في التخطيط والتوجيه والرقابة على الموارد والقدرات الجوهرية للمنظمة والآخرين بدون حدود من أجل تحقيق أهدافها.

– تعرف أيضاً بأنها منهج حديث يعتمد على تنفيذ كل الأعمال والمعاملات التي تتم بين طرفين أو أكثر من الأفراد أو المنظمات باستخدام كل الوسائل الإلكترونية مثل البريد الإلكتروني والتبادل الإلكتروني للمستندات أو الفاكس أو النشرات الإلكترونية.

– يقصد بالإدارة الإلكترونية أيضاً جهود إدارية تتضمن تبادل المعلومات وتقديم الخدمات للمواطنين وقطاع الأعمال بسرعة عالية وتكلفة منخفضة عبر أجهزة وشبكات الإنترنت مع ضمان سرية وأمن المعلومات.

– الإدارة الإلكترونية بأنها إدارة موارد معلوماتية تعتمد على الإنترنت وتطبيقاته.

ب- عناصر الإدارة الإلكترونية

تتكون الإدارة الإلكترونية من ثلاثة عناصر أساسية هي الحاسب الآلي وبرامجه، شبكة الاتصالات، صناع المعرفة. حيث يمثل الحاسوب "الحاسب الآلي" ومكوناته المادية ونظمه وشبكاته وملحقاته، والبرامج

التي تعني الشق الذهني من نظم وشبكات الحاسب الآلي، وهي تنقسم إلى برامج النظام وبرامج التطبيقات، وتضم برامج التطبيقات العامة مستعرضات الويب، وبرامج البريد الإلكتروني، وبرامج الدعم الجماعي، أما برامج التطبيقات الخاصة فهي متنوعة ومتباينة، مثل البرامج المحاسبية، حزم البرامج المالية، برامج التجارة الإلكترونية، برامج تخطيط موارد المشروع، وبرامج إدارة المشروعات.

والعنصر الثاني هو "شبكة الإنترنت" وهي عبارة عن شبكة كونية للمعلومات تضم حزم هائلة متداخلة من آلاف الشبكات المحوسبة الموزعة في مختلف أنحاء العالم، ويتكون العمود الفقري للإنترنت من خطوط اتصالات تنقل البيانات بسرعة عالية وتربط نظم الحاسب الآلي عبر الشبكة والتي تشكل بمجملها القاعدة التقنية الوظيفة للاتصالات والتي تتكون من عدة عناصر هي:

١-   الشبكة العمومية للهاتف وهي الشبكة الاعتيادية للاتصالات الصوتية باستخدام خط الهاتف وجهاز مودم في موقع كل من أطراف الاتصال.

٢-   الشبكات العمومية للبيانات: وهي شبكات قل استخدامها مع انتشار الإنترنت وإدخال خدمات خطوط الشبكة الرقمية للخدمات المتكاملة على الشبكة العمومية.

٣- شبكات القيمة المضافة: تقدم بعض شركات القيمة المضافة للبيانات تسهيلات متنوعة لمستخدمي التبادل الإلكتروني للبيانات، أما العنصر الثالث فهو صناع المعرفة، حيث يتولى صناع المعرفة إدارة التخطيط الاستراتيجي لعناصر الإدارة الإلكترونية وتغيير طرق التفكير السائدة في عملية اتصال المعرفة.

ج- متطلبات تطبيق الإدارة الإلكترونية في المؤسسات التعليمية:

يتطلب تطبيق الإدارة الإلكترونية في المؤسسات التعليمية توفر مجموعة متكاملة من العناصر الهامة التي تتبادل التأثير والوظائف والأدوار في سياق تطور عملية التحول الإلكتروني للمؤسسة التعليمية ، وهذه المتطلبات هي:

١- التكنولوجيا الرقمية "الإلكترونية:

ترتبط الإدارة الإلكترونية بجميع أنماط التكنولوجيا الرقمية من وسائط وشبكات وأدوات، وأن التكنولوجيا الرقمية تتطور بسرعة عالية، كما تتنوع أنماطها وأجيالها باستمرار، مما يفرض إمام إدارة المؤسسات التعليمية اختيارات كثيرة في عملية الانتقاء من هذه الأنماط التكنولوجية من جانب والعمل على توفيرها من جانب أخر.

٢- العمليات الإلكترونية:

تظهر العملية الإلكترونية كنتاج لجهود إعادة تصميم العملية الإدارية من جديد باستخدام أدوات ونظم تكنولوجيا المعلومات. وذلك من أجل تحقيق تلاؤم بين العملية الجديدة وبيئة الإنترنت، وكيف تتشكل سلسلة القيمة الجديدة من أنشطة تقليدية يتم تحويلها إلى عمليات الكترونية تعمل ضمن بيئة الإنترنت وشبكات المؤسسة.

٣- الإستراتيجية الإلكترونية:

تغطي الإستراتيجية الإلكترونية أنشطة التحليل الإستراتيجي لبيئة الأعمال، التصميم والاختيار الإستراتيجي وتطبيق إستراتيجية الأعمال الإلكترونية، وتحديد الإستراتجية الإلكترونية أفضل الخيارات التكنولوجية للمؤسسة مثل: خيار بناء مواقع على شبكة المعلومات العالمية.

٤- التسويق الإلكتروني:

تساعد بيئة الإنترنت على تكوين صلات تفاعلية مباشرة مع الزبائن يمكن استثمارها لتلبية احتياجاتهم في الوقت الحقيقي، كما يتطلب التسويق الإلكتروني بناء وتطوير نظم للشراء والبيع الإلكتروني وتقديم الخدمات الإلكترونية.

٥- الهيكل الإلكتروني:

كـل ادارة لهـا بنيانهـا وأدواتهـا ووسـائلها المناسـبة في العمـل وإنجـاز الأهـداف المنشودة، كما أنه لا يمكن وضع السفينة الكبيرة والمعقدة بمهامها ووظائفها في رافـد صغير، كذلك لا يمكن تصور وضع إدارة إلكترونية تعمل في بناء تنظيمي رسمي هرمي مغلق يستند إلى قواعد تقليدية، فالإدارة الإلكترونية تتطلب وجود بنيـة تنظيميـة حديثـة ومرنـة أفقيـة وعمودية باتصالاتها.

٦- القيادة الإلكترونية:

القيادة الإلكترونية هو شرط لنجاح المؤسسات الإلكترونية أو المؤسسات المستندة إلى المعرفة والمندمجة في أنشطة الأعمال الإلكترونية، وهي تمثل الكفاءات الجوهرية القادرة على الابتكار والتحديث وإعادة هندسـة الثقافـة التنظيميـة،وتلعب القيـادة دوراً هامـاً في ثقافة التغيير، وفهمه وبناء العلاقات ونشرـ المعرفة وصنع التجانس بـين أفراد المؤسسـة لتحقيق الهدف من التغيير، كما تقوم القيادة الإلكترونية بدراسة أوضاع المؤسسة، ومتابعـة الظروف والمتغيرات الخارجية، ووضع الخطط الإستراتيجية في ضوء التوجهـات والأهـداف الإستراتيجية للمؤسسة.

٧- توفير البنية التحية الأساسية:

يتطلب تطبيق الإدارة الإلكترونية في المؤسسات التعليمية توفير بنية تحتية للمؤسسة من حاسبات الآلية متطورة شبكات للآليات الضوئية التي تستوعب الطلب الهائل والمتزايد على نقل البيانات، وتصميم ما يطلق عليه مجموعة الخواتم والتي تشكل فيما بينها مجموع الخدمات التي تقدمها المؤسسة لروادها.

٨- توفير القاعدة المعلوماتية:

توفير قاعدة معلومات موحدة للمؤسسة التعليمية على الإنترنت توفر الخدمات المصاحبة للشبكة لكي يستفيد منها جميع أفراد المؤسسة داخل وخارج المؤسسة وكذلك جميع الأفراد الذين يرغبون التعامل مع تلك المؤسسة، وقد تكون قاعدة المعلومات إدارية أكاديمية. كما تشمل قاعدة المعلومات كل من البريد الإلكتروني، وعمل بعض البوابات الإلكترونية الخاصة بالمؤسسة التعليمية .

٩- إعادة هندسة إجراءات العمل الإداري داخل المؤسسة التعليمية:

عملية تطوير الإدارة الإلكترونية في المنظمة أو المؤسسة التعليمية هي عملية تغيير إستراتيجي جذري وشامل تغادر من خلال المنظمة وسائلها التقليدية في العمل الإداري، وكذلك مغادرة أسلوب

التفكير الضيقة وقوالب العمل الجامدة التي لا تستجيب لمتطلبات الإدارة الإلكترونية، وإعادة هندسة الأعمال عملية تحليل وتصميم تدفقات العمل والعمليات في داخل المنظمة وبين المنظمات، أو هي عملية تحليل حيوي وإعادة تصميم جذري لأنشطة الأعمال الحالية من أجل تحقيق تحسينات جوهرية في الأداء.

١٠- متطلبات مادية:

تتمثل المتطلبات المادية في تقوية البنية الأساسية لتكنولوجيا المعلومات، وتتطلب تلك البنية: توفير المكتبات الرقمية، تركيز بيئة العمل داخل المؤسسة التعليمية على استخدام الكمبيوتر والفاكس والفيديوتكس، توفير شبكة معلومات تتضمن معلومات عن جميع العاملين داخل المؤسسة، توفير شبكة داخلية يمكن من خلالها عمل اجتماعات موسعة وتبادل قدر كبير من المعلومات كل هذا يحتاج في المقام الأول أموال ترصد لتوفير هذه المتطلبات التي تعتمد على الإدارة الإلكترونية.

١١- متطلبات تشريعية:

يتطلب تطبيق الإدارة الإلكترونية داخل المؤسسة التعليمية استصدار تشريعات إدارية لازمة لعملية التطبيق، مثل استصدار قانون خاص بالعمل في ظل العمل بالإدارة الإلكترونية يتضمن معايير اختيار العاملين، ومعايير ترقيتهم، تحديد قوانين تحقق قياس أداء العامل بما

يستطيع إنجازه من مهام، تحديد لوائح لنظام تقييم الأداء، وتقييم أداء كل وحدة من وحدات المؤسسة التعليمية وكذلك أداء الأفراد بها.

١٢- متطلبات تدريبة:

تتطلب تطبيق الإدارة الإلكترونية توفير أعداد بشرية كبيرة بالمؤسسة التعليمية تكون قادرة على استخدام الحاسب الآلي، ووضع خطة لتحديد أعداد الأفراد المحتاجين إلى تدريب على الحاسب الآلي، وإتاحة الفرصة أمام كل فرد داخل المؤسسة لتلقي التدريب اللازم، وتنمية الوعي لدى أفراد المؤسسة التعليمية بأهمية عملية التدريب على الحاسب الآلي ومدى الاستفادة منه في تطبيق الإدارة الإلكترونية داخل المؤسسة التعليمية التي يعمل بها.

١٣- أمن وحماية المعلومات في الإدارة الإلكترونية:

يتطلب تحقيق أمن المعلومات في الإدارة الالكترونية على شبكة الإنترنت القيام ببعض الإجراءات منها: تبني إستراتيجية وطنية لأمن المعلومات للقطاعين العام والخاص، وضع السياسات الأمنية للمعلومات، وضع القوانين واللوائح التنظيمية والعقوبات الأمنية التي تحد من خصوصية المعلومات الإلكترونية التي تتعلق بالمؤسسة التعليمية .

هوامش الفصل

أولاً: المراجع العربية:

١- أحمد جاسم يعقوب الساعي، إسماعيل محمد إسماعيل حسن، اتجاهـات أعضـاء هيئة التدريس بجامعة قطر نحو توظيف برنامج العرض التقـديمي Power Point في التعليم وآرائهم حوله "دراسة ميدانية تجريبية" مجلة كلية التربية بالمنصورة، العدد ٦٢، ج٢، سبتمبر ٢٠٠٦م.

٢- أحمد حامد منصور: المدرسة الإلكترونية في بيئـات الـتعلم، المـؤتمر العلمـي السـنوي الثامن للجمعية المصرـية لتكنولوجيا التعليم، بالاشـتراك مـع كليـة التربيـة، جامعة عين شمس بعنوان "المدرسة الإلكترونية، المنعقدة في الفـترة مـن ٢٩- ٣١ أكتوبر ٢٠٠١م.

٣- أحمد حسين عبد المعطي: تصور مقـترح لـدور الإدارة الإلكترونيـة في تجويـد العمـل الإداري بكليات التربية بمصر ـ دراسة تقويميـة، مجلـة كليـة التربيـة، جامعـة أسيوط، المجلد ٢٢، العدد٢، يوليو ٢٠٠٦م.

٤- أحمد محمد غنيم: الإدارة الإلكترونية آمان الحاضر وتطلعـات المسـتقبل، المنصورة، المكتبة العصرية، ٢٠٠٤م.

٥- جمال مصطفى عبد الرحمن الشرقاوي: تنميـة مفـاهيم التعلـيم والـتعلم الإلكـتروني ومهاراته لدى طلاب كلية التربية بسلطنة عُمان،

مجلة كلية التربية بالمنصورة، العدد ٥٨، ج٢، مايو ٢٠٠٥م.

٦- حمدي حسن عبد الحميد، عبد الفتاح جودة السيد: الحكومة الإلكترونية في التعليم بين النظرية والممارسة، دراسة في الأهداف والأهمية وإمكانية التطبيق، مجلة كلية التربية بالزقازيق، العدد ٤٦، يناير ٢٠٠٤م.

٧- سعد غالب ياسين: الإدارة الإلكترونية وآفاق تطبيقاتها العربية، مركز البحوث، معهد الإدارة العامة، المملكة العربية السعودية، مكتبة الملك فهد الوطنية، الرياض، ٢٠٠٥م.

٨- سعيد بن معلا العمري: المتطلبات الإدارية والأمنية لتطبيق الإدارة الإلكترونية، دراسة مسحية على المؤسسات العامة للمواني، رسالة ماجستير غير منشورة، أكاديمية نايف العربية للعلوم الأمنية، ٢٠٠٣م.

٩- شادية جابر محمد كيلاني: نموذج مقترح للخدمات التي تقدمها الحكومة الإلكترونية لطلاب كلية التربية، مجلة كلية التربية بالمنصورة، العدد ٦٠، ج(١)، يناير ٢٠٠٦م.

١٠- صلاح مصطفى قاسم: التحديات الأمنية للحكومة الإلكترونية "دراسة مسحية لتجربة دبي في دولة الإمارات العربية المتحدة، رسالة ماجستير غير منشورة، أكاديمية نايف العربية للعلوم الأمنية، ٢٠٠٣م.

١١- عساف سعد العتيبي: دور الإدارة الإلكترونية في تفعيل إجراءات وعمليات الحماية المدنية، رسالة ماجستير غير منشورة، كلية الدراسات العليا جامعة نايف العربية للعلوم الأمنية، ٢٠٠٦م.

١٢- عونية طالب أبو سنينة: الإدارة الإلكترونية لمدارس التعليم قبل الجامعي في المملكة العربية الأردنية الهاشمية من وجهة نظر مديري المدارس، مجلة كلية التربية، جامعة الأزهر، العدد ١١٠ أغسطس ٢٠٠٢م.

١٣- محمد بن عبد العزيز الصافي: مدى إمكانية تطبيق الإدارة الإلكترونية في المديرية العامة للجوازات بمدينة الرياض، رسالة ماجستير غير منشورة، كلية الدراسات العليا، جامعة نايف العربية للعلوم الأمنية، ٢٠٠٦م.

١٤- محمد عبد الحميد محمد، أسامة محمود قرني: متطلبات تطبيق الإدارة الإلكترونية بالجامعات المصرية في ضوء خبرات بعض الدول، مجلة كلية التربية جامعة الأزهر، العدد ١٣٠، ج(٢)، سبتمبر ٢٠٠٦م.

١٥- مناحي عبد الله السبيعي: إمكانية تطبيق الإدارة الإلكترونية في الإدارة العامة للمرور من وجهة نظر العاملين فيها، رسالة ماجستير غير منشورة، كلية الدراسات العليا، جامعة نايف العربية الأمنية، ٢٠٠٥م.

١٦- هشام عبد المنعم عكاشة: الإدارة الإلكترونية للمرافق العامة، دراسة مقارنة، القاهرة، دار النهضة العربية، ٢٠٠٤م.

١٧- يحيى محمد علي أبو مغايض: الحكومة الإلكترونية ثورة على العمل الإداري التقليدي، الرياض، مكتبة الملك فهد الوطنية، ٢٠٠٤م.

ثانياً: المراجع الأجنبية:

18- Bland, V., E- management: where it's headed and How To get There, New Zealand Management, Vol.48, No.10, 2001.

19- Harold F., Micki Krause; In Formation Security Management Hand book, Fifth Edition, Au Erich PuBpi cotions, London, New York, Washington, 2004.

20- Jeanne. M., and Others: A Tale of Two Programs: A Comparative Study of Electronic Portfolio Assessment in Teacher Education, A Paper Presented at the Annud Meeting of The Americon Educational Research Association, April, 2006.

الفصل الرابع

إعادة الهندسة
في المؤسسات التعليمية

ثامناً: متطلبات تطبيق إعادة الهندسة في المؤسسات التعليمية.

إعادة الهندسة
في المؤسسات التعليمية

مقدمة:

تعيش الإدارة اليوم عصراً سمته التطور والتجديد والبحث عن مزيد من الكفاءة والفعالية والإبداع، إلا أنه لا شك في أن هناك الكثير من الأساليب والأهداف وعناصر العمل التنظيمي التي تحتاج إلى تعديل، فالتنظيمات الإدارية تجد نفسها من وقت لآخر أمام متغيرات جديدة تفرض عليها إجراء بعض التغيير؛ إما لملائمة التنظيم مع الظروف البيئية المتطورة من حوله، وإما لحل مشاكل تعترض طريقة وتضعف قدرته على الإنجاز، وإما لتحقيق سبق معين على غيره من التنظيمات مع توفير درجة من الفعالية، لذلك نجد أن التغيير أصبح نشاطاً مهماً في تنظيمات اليوم، وهي وسيلة فعالة في عملية تطويرها وكفاءتها بشرط أن يتم التغيير بناء على دراسة متأنية وتخطيط سليم وإمكانيات متوفرة والتوقيت المناسب لإجراء عملية التغيير.

وفي ظل ظاهرة التغيير الكبير والمتسارع في شتى مجالات الحياة، لا تستطيع المنظمة (أي منظمة) التي تسعى للبقاء والنمو والازدهار وتحقيق النجاح المضطرد أن تقف مكتوفة الأيدي، وأن تترك ناصية الأمور للظروف وللصدفة تتحكم بمصير المنظمة وتملي عليها نوع التغيير المطلوب أو المحافظة على الوضع الراهن. ولكن يتوجب

على المنظمة أن تسعى نحو عمليات التغيير. فمن خلال الجهود الواعية المتواصلة لترقب ورصد التغيرات البيئة الداخلية والخارجية، والتخطيط للتغيرات اللازمة يمكن أن تصبح المنظمات أكثر فاعلية وأكثر قدرة في تحقيق أهدافها.

ويأخذ التغيير مظاهر عدة منها: تغيير الهياكل التنظيمية القديمة التي تركز السلطات في أيدي الرؤساء ولا تتيح للعاملين فرص المشاركة في اتخاذ القرار، وإجراء التعديلات اللازمة على الأساليب، وتغيير سلوكيات العاملين الخاطئة، وزيادة الموارد المتاحة، وتقيد اختصاصات بعض الإدارات أو إعادة بناء هيكل التنظيم الإداري. وكما للتغيير مظاهر فإن له أنواع عدة وفقاً للمعيار المستخدم في التصنيف.

١- التغيير الشامل والتغيير الجزئي:

حيث يشمل التغيير الشامل كافة قطاعات التنظيم وجوانبه، أما التغيير الجزئي فيقتصر على جانب واحد كتغيير الآلات والأجهزة مما يحدث نوعاً من عدم التوازن من قطاعات التنظيم.

٢- التغيير المادي والتغيير المعنوي:

التغيير المادي هو التغيير التكنولوجي كتغيير الأجهزة والمعدات. أما التغيير المعنوي فيشمل تغير سلوك العاملين وتقيد طرق أداء العمل.

٣- التغيير المعنوي والتغيير التدريجي:

يعتمد هذا النوع من التغيير على درجة السرعة التي يتم بها التغيير، حيث يلاحظ أن التغيير البطء هو التغيير التدريجي ويكون أكثر رسوخاً ومتانة من التغيير السريع، علماً بأن اختيار درجة السرعة في التغيير يعتمد على الظروف التي يتم من خلالها التغيير.

ويعتمد مفهوم إعادة هندسة نظم العمل أساساً على تحسين العمليات الخاصة بالمنظمة أو إحداث تغيير جذري في بعض أو كل عمليات المنظمة، بهدف تحقيق تحسينات جوهرية فائقة في ضوء المعايير الأساسية للأداء، كما تهتم إعادة الهندسة بإشباع حاجات العاملين، وتنمية قدراتهم، واستخدام التدريب كأداة لمواجهة التغيير والتعامل معه، وإتاحة الفرص لإيجاد قيادات فعالة، تحقيق الاستثمار الأمثل في الموارد البشرية وإيجاد هياكل تنظيمية تيسر أداء العمل وإعطاء الصلاحيات للقائمين بأداء الأعمال، بما يحقق إشباع حاجات المستفيدين من الخدمة التعليمية. وعمل التعديلات اللازمة على أساليب العمل وإعادة تصميم العمليات بحيث تتناسب مع الأهداف الجديدة.

كما تعتمد إعادة الهندسة على عاملين متداخلين هما: إرضاء العميل الشامل، وفعالية وكفاءة العمليات الداخلية. ويعتمد نجاح المنظمة على مقدرتها في تحقيق احتياجات عملائها. وتعتمد هذه المقدرة على كيف تعمل عمليات المنظمة الداخلية لتحقيق هذا الطلب الخارجي.

أولاً: مفهوم إعادة الهندسة:

يوجد تعريفات متعددة لإعادة الهندسة تختلف اختلافاً جزئياً في الصياغة ولكنها تتفق إلى حد كبير في المضمون ومن تلك التعريفات ما يلي: إعادة التفكير المبدئي والأساسي وإعادة تصميم العمليات الإدارية بصفة جذرية بهدف تحقيق تحسينات جوهرية فائقة وليست تدريجية في معايير الأداء الحاسمة مثل التكلفة والجودة والخدمة والسرعة.

وتعرف أيضاً بأنها إعادة التصميم الجذري والسريع للعمليات الإدارية الإستراتيجية وذات القيمة المضافة وللنظم والسياسات والبنية التنظيمية المساندة بهدف تحسين العمل وزيادة الكفاءة الإنتاجية للمنظمة.

ويقصد بها كذلك هي عملية يمكن للمنظمة بها إعادة تصميم الأسلوب الذي تعمل به الأعمال لزيادة كفاءاتها الجوهرية، وتنتج إعادة التصميم هذه أرباحاً أعلى، وإرضاء أكبر للعملاء، ونفقات أقل، وأنشطة متكاملة، وخفض الإهدار ودمج خطوات العملية والتخلص من المهام المكررة وزيادة إنتاجية بشكل هائل ومرتفع القيمة.

ويقصد بإعادة الهندسة أنها إعادة تصميم عمليات وإجراءات العمل الرئيسية بشكل جذري دون التقيد بأي افتراضات تتعلق بالوضع الحالي بهدف تحقيق تحسينات ملموسة في معدلات الأداء بحيث يشمل التحسين خفض التكلفة، وتحسين نوعية الخدمات المقدمة وسرعة انجاز الأعمال ورضا العملاء (الطلاب) عن مستوى الخدمة المقدمة لهم.

وتعرف بأنها أحد المداخل الإدارية الحديثة التي تهدف إلى إحداث تحسين جذري وسريع في المنظمات من خلال إعادة تصميم العمليات الإستراتيجية والسياسات والهياكل التنظيمية والقيم والافتراضات المساندة بشكل غير تقليدي.

وتعرف كذلك بأنها كل ما تتحمله المنظمة في سبيل تغيير العمليات والرقابة الداخلية بها من الشكل التقليدي (الرأسي) إلى الشكل الأفقي وذلك بالتركيز على العملية التي ترضي المستهلكين.

ثانياً: أهداف إعادة هندسة العمليات الإدارية:

يهدف أسلوب إعادة هندسة العمليات داخل المؤسسة التعليمية تحقيق مجموعة من الأهداف منها:

- تحسين جودة الخدمة المقدمة داخل المؤسسة التعليمية .

- تحسين الوضع التنافسي للمؤسسة التعليمية.

- تخفيض زمن دورة العمل داخل المؤسسة التعليمية.

- رفع الروح المعنوية للأفراد داخل المؤسسة التعليمية.

- تجنب الخطوات الإدارية غير الهامة إدارياً.

- زيادة الفعالية التنظيمية.

- تحسين الأداء بالمؤسسة التعليمية.

- إحداث تغير جذري وسريع في العمليات الإدارية بالمؤسسة التعليمية.

- زيادة الإنتاجية.

- تنظيم العائد.

- إلغاء المستويات والأنشطة والمناصب الإدارية غـير الضـرورية أو غـير مرتبطـة بنتائج ملموسة.

- تحقيق الجودة وتطوير الخدمة وتقليل التكلفة وتحقيق رضا الطلاب.

- تحقيق تغيير جذري في الأداء.

- التركيز على الطلاب.

- التركيز على توحيد ودمج الأعمال.

- تطوير بيئة إدارية تعتمد على العمليات.

ثالثاً: ركائز إعادة الهندسة:

تعتمد إعادة الهندسة على مجموعة من الركائز هي:

١- الكفايات المتميزة للمنظمة: ويقصد بها قـدرة المنظمـة وتمكنهـا مـن كفايـات التميـز في تقديم الخدمة والمنافسة وتبادل المعرفة وإنتاج منتجات عالية الجودة.

٢- العمليات المحورية: ويقصد بها عمليات تحويل المواد الخام ورأس المـال والمعلومـات إلى منتجات وخدمات تلبي متطلبات واحتياجات المستفيدين.

٣- إعادة التنظيم: ويقصد به إعادة التنظيم على نحو مغاير للتنظيم الهيراركي، والتوجه إلى التنظيم الأفقي أو المسطح الذي يتيح تكوين فرق غير وظيفية وفرق الإدارة الذاتية.

٤- إعادة التصميم الجذري للعمليات الإدارية.

٥- التركيز الشديد على العمل الجماعي.

٦- حذف المراجعة والفحص غير الضروري.

٧- تطبيق التكنولوجيا المتقدمة.

٨- التركيز على تحقيق الأهداف والنتائج الإستراتيجية.

رابعاً: أدوات إعادة الهندسة:

يمكن تقسيم الأدوات التي تستخدم في إعادة الهندسة إلى: أدوات ضبط فهم العملية، مثل نماذج العمل ومخططات التدفق، وأدوات تحليل العملية ومنها التحليلات الإحصائية التحليل المقارن والنمذجة الديناميكية. وأدوات إعادة تصميم العملية مثل القياسات المختلفة لتدفق العمل.

كما يمكن استخدام الأدوات التالية في عملية إعادة الهندسة:

١- التفكير الاستقرائي: والذي يبدء أولاً بالتفكير في الحلول المحتملة وتنظيمها.

٢- **خرائط التدفق:** والتي تغيير أدوات أساسية عند تنفيذ برامج إعادة الهندسة، حيث توضح سير العمليات، وتعطي صورة واضحة عن العملية من حيث نقاط البدء والتدفق والتخزين والانتهاء.

٣- **المحاكاة:** وتستخدم في حل المشاكل المعقدة والتي يصعب إيجاد حل وحيد لها، وعادة يكون عدد المتغيرات الواجب أخذها في حل المشكلة كبيرة جداً والعلاقات بين هذه المتغيرات متشابكة، ويصبح من الصعب حل هذه المشكلات بواسطة الطرق الرياضية المعروفة.

خامساً: أنواع الهندسة الإدارية:

تتعدد الهندسة الإدارية إلى مجموعة من الأنواع منها:

١- إعادة هندسة النظم الإدارية System Management Reengineering: وهي التي تتعلق بعمل إحداث تغيرات وتحسينات جوهرية في مقاييس الأداء داخل المنظمة.

٢- إعادة هندسة المنتج أو الخدمة Product or Service Reengineering: وهي تتعلق بعمل إصلاح أو تطوير الخدمات المقدمة بحيث تحقق إشباع ورضا العميل.

٣- إعادة هندسة العمليات Process Reengineering : وهو ذلك النوع الذي يتعلق بفحص ودراسة نظام العمليات الداخلي للمؤسسة بهدف تطويره ليواكب التكنولوجيا المتقدمة أو الاستفادة من عمليات

التطوير في تقليل التكاليف وتحقيق الجودة والمزايا المطلوبة ورضا العميل.

سادساً: مراحل إعادة الهندسة:

تعددت مناهج تطبيق إعادة الهندسة على المنظمات، وبناء على هـذه المنـاهج حـددت الأدبيات تصنيفات لمراحل إعادة الهندسة، يمكن تناولها على النحو التالي:

التصنيف الأول:

يشير هذا التصنيف إلى أن عملية إعادة الهندسة تمر بأربع مراحل هي:

المرحلة الأولى الإعداد للتغيير Preparing For Change

تضع هذه المرحلة الأساس للأنشطة المستقبلية وذلك من خلال بناء الفهـم والـدعم مـن الإدارة وزيادة الوعي الإداري للحاجة للتغيير، وقبول العاملين في المنظمـة لعمليـات التغيير وذلك بإعلامهم عن دورهم في عملية التغيير القادمة - وتحتوى هذه المرحلة عـلى خطـوتين من خطوات إعادة الهندسة.

١- استكشاف الإدارة العليا لعملية إعادة الهندسة: يتم في هذه الخطوة قيـام الإدارة العليـا لعملية إعادة الهندسة ككل. للقيام بدور تتكون

من ثلاث خطوات جزئية لاستكشاف عملية إعادة الهندسة وهذه الخطوات هي:

أ- تدريب العاملين على عملية إعادة الهندسة والحاجة إلى التغيير.

ب- استحداث اللجنة القيادية لإعادة الهندسة: حيث تقوم هذه اللجنة بقيادة وتوجيه الاستخدام المبدئي لعملية إعادة الهندسة، والمحافظة على جهود إعادة الهندسة، وضمان توزيع ودعم موارد ملائمة لإعادة الهندسة، ترسيخ الخطوط الإرشادية لحل مشاكل الأقسام، وضمان التنفيذ العقلي لعملية إعادة الهندسة.

ج- تطوير خطة عمل مبدئية: بحيث تكون الخطة المبدئية عامة في المدى والمحتوى، مقابل كونها مفصلة ومحددة جداً، وأن تكون الخطة عامة وواسعة المدى خصوصاً عندما تفتقد المنظمة الخبرة في عملية إعادة الهندسة، وتوفر خطوط إرشادية لعمليات إعادة الهندسة المستقبلية.

٢- إعداد قوة العمل للارتباط والتغيير: وتهدف هذه الخطوة إلى ضمان قوة العمل كلها للتغيرات المحتملة واختيار العاملين بدورهم في عملية إعادة الهندسة والحاجة للتغير. وتعتمد إعداد قوة العمل على أربع أسس أساسية هي اجتماع النظراء، الثقة المتبادلة، التدريب التكيف بسهولة مع الظروف الاستثنائية التي تتطور دائماً.

المرحلة الثانية: التخطيط للتغيير Planning For Change

التخطيط هو العملية التي بها تتصور الإدارة في المنظمة مستقبلها وتطور إجراءات ضرورية لتحقيق ذلك المستقبل – ومن منظور إعادة الهندسة يقسم التخطيط إلى ثلاث خطوات رئيسية هي: تطوير رؤية للمستقبل، وتقرير كيف ستتحرك المنظمة باتجاه المستقبل المرغوب، وتحديد النشاط الذي سوف يحققه كل قسم خلال السنة التالية. وتحتوي هذه المرحلة على ثلاث خطوات جزئية من خطوات إعادة الهندسة هي:

- استحداث رؤية ورسالة ومبادئ موجهة: يقوم المدير التنفيذي في هذه الخطوة بتحديد أبعاد رؤية المنظمة وصياغة رسالة بواسطة فحص الفرض وشرعية المنظمة والوظائف التي تؤديها المنظمة، ولكي يتم ترسيخ هذه الرؤية لا بد بعمل مجموعة من الإجراءات التي تصبح فئة من الخطوط الإرشادية لتنفيذ الرؤية وهذه الإجراءات هي: تحديد الكفاية الجوهرية، وتطوير صياغة الرؤية، تطوير صياغة الرسالة، وتحديد المبادئ الإرشادية التنظيمية للمنظمة.

- تطوير خطة إستراتيجية من ثلاث إلى خمس سنوات: يتم في هذه الخطوة عمل مراجعة للأعمال الحالية، تحديد العوامل البيئية الخارجية، مراجعة الصحة الداخلية، إتمام التنبؤ للأعمال كالمعتاد، تحليل الفجوة، تطوير خطة إستراتيجية من ثلاث إلى خمس سنوات.

- تطوير خطة عمليات أو اختراق سنوية:

في هذه الخطوة يتم عمل كل من تطوير أهداف العمليات، تنظيم الموارد، وترسيب التغيرات المحتملة حسب الأولوية، تطوير خطط عمليات وموازنة السنة الواحدة، تطبيق وتقويم خطط العمليات.

المرحلة الثالثة: تصميم التغير: Designing Change

يتم في هذه المرحلة إعادة تصميم عمليات الأعمال، حيث يقدم الإطار النظري ترجمة الرؤى حول العملية وثبات نوعية من التغيير من خلال أساليب خريطة المسار ورسم المسار المتكامل، وتحتوي هذه المرحلة على ست خطوات من خطوات إعادة الهندسة هي:

١- **تحديد عمليات الأعمال الحالية:** ويتم بها تحديد العمليات التنظيمية الحرجة، وقياس العمليات الحرجة، وتقدير أداء العملية، تحديد الفرص والعمليات التي تحتاج إعادة هندسة.

٢- **تأسيس المدى لمشروع تمثيل العملية:** ويتم بها تحديد مساهمي العملية، استحداث رسالة وأهداف المشروع، وبناء واختيار أعضاء الفريق، تطوير خطة العمل.

٣- **تمثيل وتحليل العملية:** ويتم بها رسم العملية في خريطة مسار، رسم العملية في رسم المسار المتكامل، إتمام صفحة تمثيل العملية، إتمام تحليل قيد العملية، إتمام تحليل العامل الثقافي.

٤- **استحداث العملية المثالية:** يتم بها وصف العملية المثالية على الورق، ومقاومة العملية الحالية بالعملية المثالية، تقويم الفجوات.

٥- **اختيار العملية الجديدة:** ويتم بها تطوير أهداف استرشادية، تطوير قياسات إرشادية، الحصول على الموافقة والتصديق من المساهمتين، عمل اختيار استرشادي للعملية الجديدة، تقويم تأثير الاختيار الاسترشادي.

٦- **تطبيق العملية الجديدة:** حيث يتم فيها وضع خطة عمل للتنفيذ وتنفيذ الخطة.

المرحلة الرابعة : تقويم التغيير Evaluating Change

يتم في هذه المرحلة تقويم عمليات التحسين خلال فترة زمنية محددة مسبقاً وعادة ما تكون سنة، ووضع أولويات أكثر تحديداً للسنوات القادمة، وتساعد هذه المرحلة في تحديد ما إذا كانت جهود إعادة الهندسة ناجحة وما هي الأماكن التي تركز عليها جهود إعادة الهندسة المستقبلية. وتحتوي هذه المرحلة على خطوتين من خطوات إعادة الهندسة هما:

١- مراجعة وتقديم التقدم: ويتم فيها تقويم القياسات التنظيمية، تقويم اللجنة القيادية للنتائج، تعديل الخطة الإستراتيجية من ثلاث إلى خمس سنوات.

٢- تكرار دورة التخطيط السنوية للعمليات والتقدم داخل المنظمة.

٣- تكرار دورة التخطيط السنوية للعمليات والتقدم داخل المنظمة.

ويمكن توضيح مراحل إعادة الهندسة وخطواتها طبقاً للتصنيف الأول بالشكل التالي:

شكل يوضح مراحل وخطوات إعادة الهندسة

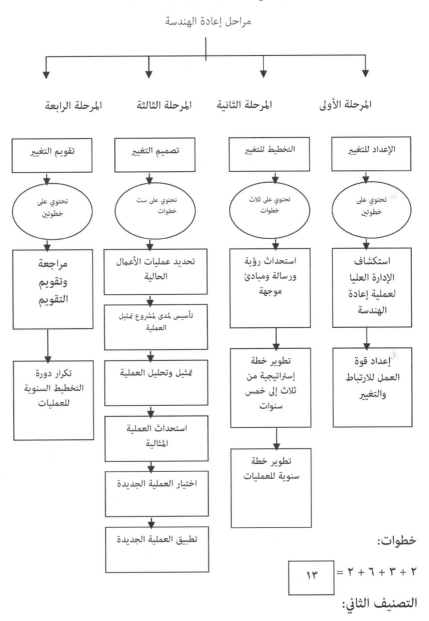

مراحل إعادة الهندسة

المرحلة الرابعة	المرحلة الثالثة	المرحلة الثانية	المرحلة الأولى
تقويم التغيير	تصميم التغيير	التخطيط للتغيير	الإعداد للتغيير
تحتوي على خطوتين	تحتوي على ست خطوات	تحتوي على ثلاث خطوات	تحتوي على خطوتين
مراجعة وتقويم التقويم	تحديد عمليات الأعمال الحالية	استحداث رؤية ورسالة ومبادئ موجهة	استكشاف الإدارة العليا لعملية إعادة الهندسة
تكرار دورة التخطيط السنوية للعمليات	تأسيس لمدى لمشروع تمثيل العملية	تطوير خطة إستراتيجية من ثلاث إلى خمس سنوات	إعداد قوة العمل للارتباط والتغيير
	تمثيل وتحليل العملية	تطوير خطة سنوية للعمليات	
	استحداث العملية المثالية		
	اختيار العملية الجديدة		
	تطبيق العملية الجديدة		

خطوات:

$$ ٢ + ٣ + ٦ + ٢ = \boxed{١٣} $$

التصنيف الثاني:

يقسم هذا التصنيف مراحل إعادة الهندسة إلى خمس مراحل وهي:

المرحلة الأولى: الرؤية وتحديد الأهداف: يتم تحديد الرؤية والأهداف من خلال تقييم قدرات وأنشطة المنافسين، ومعرفة المتغيرات والمؤشرات البيئية، وتحديد الفرص المتاحة، وتكوين فرق العمل، وتوصيل الرؤية للأفراد، وبناء هياكل تحتية أساسية تشمل معايير إدارة المنظمة وتقارير المتابعة الدورية.

المرحلة الثانية: المقارنة المرجعية: في هذه المرحلة يتم مقارنة أداء المنظمة بأداء أقوى المنافسين من خلال مقارنات رقمية ووصفية للعمليات والمنتجات والخدمات، وتحديد نقاط التمييز والتعامل معها، وتقييم القدرة التكنولوجية ومدى إدخالها في العمليات اليومية.

المرحلة الثالثة: الابتكار في تصميم العمليات: تعتمد هذه المرحلة على الابتكار في مختلف عمليات تطبيق إعادة الهندسة، حيث يتم وصف وتحديد خطوات العملية، ووصف النموذج الجديد المقترح وتحديد الأنشطة ووقتها والإدارات المسئولة عن تنفيذها، واختيار تنفيذ النموذج في البيئة الخاصة بها وتطوير النموذج في ضوء الواقع، وإعادة هندسة تكنولوجيا المعلومات المرتبطة بالعملية.

المرحلة الرابعة: تغيير العمليات والهيكلة التنظيمية والتنفيذ: يتم في هذه المرحلة تغيير العمليات والطرق والممارسات والإجراءات، وتغيير الهيكلة التنظيمية بحيث يكون الهيكل التنظيمي الجديد قليل المستويات الإدارية وذو نطاق إشراف واسع وتحديد إعداد العاملين والخصائص السلوكية لهم اللازمة لتنفيذ لعمل في المنظمة. وتنفيذ العمليات التي تم إعادة هندستها، ويتوف نجاح التنفيذ على كيفية إدارة التغيير.

المرحلة الخامسة: المتابعة: المرحلة التي يتم فيها متابعة العمليات التي تمت إعادة هندستها، سواء كانت متابعة دورية من أجل التحسين والتأكد من القيمة المضافة لإعادة الهندسة وعمل التطوير اللازم، أو المتبعة الدورية للتأكد من ملائمة الممارسات الإدارية الجديدة والفعالية التنظيمية للمنظمة.

التصنيف الثالث:

يقسم هذا التصنيف مراحل إعادة الهندسة إلى خمس مراحل:

المرحلة الأولى: مرحلة الإعداد والتجهيز: تتضمن الإحساس بالمشكلة، والقناعة والإيمان بفكرة إعادة الهندسة، والحشد والاستعداد، ورسم رسالة المنظمة، وتعين وتنظيم فريق العمل، وتحديد أهداف مشروع إعادة الهندسة، ووضع تصور واضح للمنظمة، ورسم أهداف المنظمة.

المرحلة الثانية: مرحلة التحديد: تشمل تحديد العمليات الأساسية وترتيب العمليات الإستراتيجية حسب الأهمية والأولوية وتحديد نطاق العمل في مشروع إعادة الهندسة ووضع خطة عمل للمشروع.

المرحلة الثالثة: مرحلة التشخيص والتحليل: تحتوي على تحديد العمليات الحالية والتعرف على أسبابها ودوافعها، ودراسة وتحليل المشاكل التي تعترض العمل حالياً، وتحديد أهداف الأداء التنظيمي، ووضع مقاييس للأداء.

المرحلة الرابعة: مرحلة إعادة التصميم: تضم عدد من المهام مثل، بحث ودراسة البدائل المتاحة وتقييم البدائل، وتصميم العمليات الجديدة، وضع العمليات المصممة في شكلها النهائي، ووضع خطط للتغيير في صورتها النهائية، تصميم نموذج أساس للمشروع.

المرحلة الخامسة: مرحلة التطبيق: تتضمن المهام التالية: تطبيق التصميم الجديد بأركانه الثلاثة العمليات، نظم المعلومات، الموارد البشرية، وتشغيل النظام الجديد، وقياس واختبار التصميم الجديد للتعرف على نجاحه وفاعليته، وتصحيح الأخطاء والانحرافات، ووضع الأسس اللازمة للضبط والمراجعة.

التصنيف الرابع:

يقسم هذا التصنيف مراحل إعادة الهندسة إلى سبعة مراحل هي:

المرحلة الأولى: مرحلة الإعداد: تهدف هذه المرحلة إلى تهيئة وإثارة الأفراد الذين سيقومون بإعادة الهندسة وتتضمن عدد من الخطوات مثل تشكيل فريق إعادة الهندسة، وإعداده وتدريبه لعملية إعادة الهندسة.

المرحلة الثانية: مرحلة التحديد: يتم في هذه المرحلة تحديد العمليات التي سوف يجرى لها عملية إعادة الهندسة، كما تتضمن عدد من الخطوات، نمذجة العميل، وقياس الأداء، وتحديد المراحل التي تمر بها العمليات، وتحديد الإجراءات والأنشطة التي تحتاج إلى تغيير وإعادة تنظيم، وتحسين نموذج العملية، وإعداد خريطة للعمليات، وإعداد خريطة للموارد، وترتيب العمليات الإدارية داخل المؤسسة بحيث تستطيع الإدارة تحديد ما سيتم إعادة هندسته من هذه العمليات.

المرحلة الثالثة: مرحلة التخطيط: تتضمن هذه المرحلة وضع خطة منظمة تهدف إلى تكوين خطة كفيلة لتحقيق التغيير الجذري السريع، والإجابة عن استفسار من قبل المدير بشأن حجم التعديل أو التغيير المطلوب إحداثه في العملية، واستبعاد الخطوات غير

الضرورية، ورفع مستوى الجودة وتحقيق السرعة المطلوبة، والتوصل إلى خطوات متعددة وكاملة الأداء للعملية.

المرحلة الرابعة: مرحلة الرؤية: يتم فيها توضيح الرؤية المستقبلية لسير عملية إعادة الهندسة وشكل المؤسسة، وتتضمن بعض الخطوات مثل فهم بنية العملية ووصف العمليات، وتحديد الإجراءات، وقياس الأداء، وتحديد دوافع الأداء، وتقدير الفرص المتاحة، والتكامل بين بنية المؤسسة والمجتمع، والقضاء على الاختلاف بين الرؤى الداخلية والخارجية ومراعاة المتطلبات اللازمة لتحقيق الرؤية المستقبلية.

المرحلة الخامسة: مرحلة إعادة تصميم العمليات: يتم في هذه المرحلة التنسيق بين جميع الخطوات السابقة حتى يمكن بسهولة الوصول إلى إعادة تصميم العمليات بنجاح، مما يلزم استخدام التكنولوجيا الحديثة وتكنولوجيا المعلومات، والتفكير الابتكاري للوصول لأفضل تصميم للعملية، والاختيار من بين البدائل للعملية الواحدة على فريق إعادة الهندسة.

المرحلة السادسة: مرحلة وضع الخطة موضع التنفيذ: يتم في هذه المرحلة ترجمة خطة إعادة الهندسة إلى مهام محدودة واضحة ومحاولة القضاء على أي صعوبات قد تحول دون أحداث التطوير المطلوب، كما تقوم المؤسسة بتقييم الإمكانات المتوفرة لها سواء

كانت إمكانيات تنظيمية أم بشرية أو تكنولوجية، كما يجب أن تعمل المؤسسة على تطوير تلك الإمكانات بصفة مستمرة مع تحديد مجالات التطبيق الممكنة لإحداث تحسينات جوهرية عند إعادة تصميم العمليات الحالية.

المرحلة السابعة: متابعة الخطة: يتم في هذه المرحلة التأكد من مدى تحقيق خطة إعادة الهندسة من تحقيق الأهداف اللازمة لإجراء التطوير والتحسين للعمليات داخل المنظمة.

والشكل التالي يوضح التصنيفات المختلفة لمراحل إعادة الهندسة.

شكل توضيحي لتصنيفات مراحل إعادة الهندسة

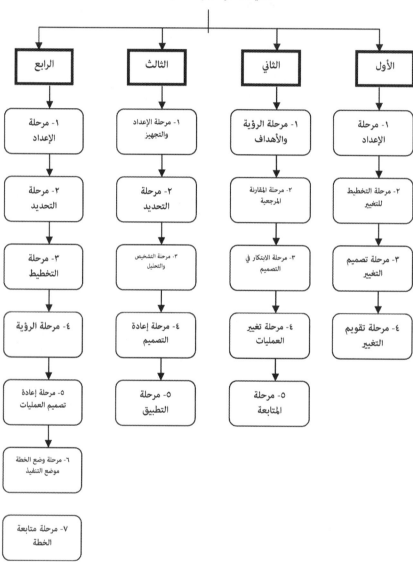

تصنيفات مراحل إعادة الهندسة

الرابع	الثالث	الثاني	الأول
١- مرحلة الإعداد	١- مرحلة الإعداد والتجهيز	١- مرحلة الرؤية والأهداف	١- مرحلة الإعداد
٢- مرحلة التحديد	٢- مرحلة التحديد	٢- مرحلة المقارنة المرجعية	٢- مرحلة التخطيط للتغيير
٣- مرحلة التخطيط	٣- مرحلة التشخيص والتحليل	٣- مرحلة الابتكار في التصميم	٣- مرحلة تصميم التغيير
٤- مرحلة الرؤية	٤- مرحلة إعادة التصميم	٤- مرحلة تغيير العمليات	٤- مرحلة تقويم التغيير
٥- مرحلة إعادة تصميم العمليات	٥- مرحلة التطبيق	٥- مرحلة المتابعة	
٦- مرحلة وضع الخطة موضع التنفيذ			
٧- مرحلة متابعة الخطة			

سابعاً: منهجية إعادة الهندسة:

يتضمن منهج إعادة الهندسة شقين: الأول ذهني يتمثل في الصورة الذهنية لمشكلات المنظمة وتحديد الأساليب لمعالجة هذه المشكلات. والثاني عملي يتمثل في طريقة أو أسلوب تطبيق أساليب المعالجة التي حددها الباحث للمشكلة. ولكي تحقق إعادة الهندسة معالجة إيجابية لا بد من تطبيقها من خلال منهجية شاملة.

وتتضمن أدبيات إعادة الهندسة العديد من المناهج، يحاول كل منهج أن يقدم إطار عمل يسهل التعامل معه لوصف ما يحدث في نشاط إعادة الهندسة، في حين يركز البعض منها على مهام التحليل وإعادة الهندسة وإعادة التصميم، بينما يركز البعض الآخر على تحديد إستراتيجية لتطبيق إعادة الهندسة في المنظمات المختلفة وفيما يلي تناول أهم هذه المنهجيات على النحو التالي:

١- منهجية هنري جوهانسون وآخرون:

تتضمن منهجية هنري ثلاث مراحل هي:

المرحلة الأولى: مرحلة الاكتشاف: يتم بها تحديد التصور الإستراتيجي، وتحديد ما يمكن عمله للعمليات المحورية والتي تساعد على تحقيق التصور الإستراتيجي.

المرحلة الثانية: مرحلة إعادة التصميم: المرحلة التي يتم فيها الوجه نحو التخطيط وهندسة العملية.

المرحلة الثالثة: مرحلة الإدراك: يتم بها الاهتمام ببحث تأثير التصميم المعاد وصياغته على الإستراتيجية عند التنفيذ.

٢- منهج ديفنيورت:

يتضمن منهج ديفنيورت خمس مراحل أو خطوات أساسية لتطبيق إعادة هندسة العمليات الإدارية هي:

الخطوة الأولى: التعرف على العمليات واختيارها، حيث يتم تحديد العمليات الأساسية وجمع المعلومات عنها وتحليلها وهذه المعلومات قد تكون بيانات عن أداء المنظمة المراد هندستها، واستعداد المنظمة لدعم إعادة تصميم تلك العمليات.

الخطوة الثانية: التعرف على دوافع التغير وذلك عن طريق تحليل كيفية تدخل العناصر البشرية والتنظيمية للقيام بالدور التغيري في المنظمة.

الخطوة الثالثة: تحديد رؤية العملية وهذا يعني عمل تصميم الإستراتيجيات العملية للمؤسسة وتحديد نقاط القوة والضعف بها وفهم بنية السوق والخيارات المتاحة به.

الخطوة الرابعة: فهم العمليات القائمة ويتم في هذه الخطوة التعرف على أسلوب العمليات القائمة بالمنظمة عن طريق استخدام الأساليب الإحصائية والجداول الرياضة ونمذجة العمليات القائمة.

الخطوة الخامسة: تجريب العمليات الجديدة وفي هـذه المرحلة يتم تصميم العمليات الجديدة ثم تجريبها بعد تحديد الإستراتيجيات القائمة بالمؤسسة للبعد عن الهدر في حالة إعادة استخدام عمليات كانت موجودة بالمؤسسة وكذلك تحديد نقاط القوة والضعف.

٣- منهجية ريموند مانجانيللي ومارك:

تتكون منهجية ريموند من خمسة مراحل هي:

المرحلة الأولى: مرحلة الإعداد: يتم في هذه المرحلة تعريف محددات المشروع مـن حيث الجدول الزمني والتكلفة والمخاطرة، وتحديد فريق الإعادة والتدريبات اللازمـة لـه ووضع خطة مبدئية   لإدارة التغيير.

المرحلة الثانية: مرحلة التحديد: يتم في هذه المرحلة تحديد العمليات الإستراتيجية، ووضع خرائط المنظمات والموارد والأحجام لعمليات معينة، واقتراح عمليات معينة، بحيـث يتم فيها تطوير نموذج العمل الموجه للمستهلك.

المرحلة الثالثة: مرحلة الرؤية: يتم في هذه المرحلة التوصل إلى الفرص المخترقة في العمليات وتحليلها كتصور للتغيير الجذري.

المرحلة الرابعة: الحل: تنقسم هذه المرحلة إلى قسمين هما: الأول تطوير تصميم فني للعمليات يفيد في تنفيذ التصور، الثاني تصميم اجتماعي وهو تصميم ينظم الموارد البشرية والتي سوف تؤدي على عملية إعادة الهندسة.

المرحلة الخامسة: مرحلة التمويل: في هذه المرحلة يتم تنفيذ تصور العملية وما يقتضيه ذلك من تطويرات جديدة في السنوات القادمة.

٤- منهج نشانج كيم:

يتضمن منهج تشانج لإعادة الهندسة خمس مراحل أساسية هي:

١- مرحة التصور أو الرؤية.

٢- مرحلة التحديد.

٣- مرحلة التحليل.

٤- مرحلة التصميم.

٥- مرحلة التطبيق.

٥- منهج كلاين:

يتضمن منهج كلاين خمس خطوات أساسية لإعادة هندسة العمليات الإدارية هي:

١- مرحلة الإعداد.

٢- مرحلة التحديد.

٣- مرحلة التصور.

٤- مرحلة المواجهة.

٥- مرحلة التحول.

٦- منهج جوها:

يتضمن منهج جوها ست مراحل لمشروع إعادة الهندسة هي:

١- مرحلة التصور.

٢- مرحلة الإعداد والتمهيد.

٣- مرحلة التحليل.

٤- مرحلة إعادة التصميم.

٥- مرحلة إعادة البناء.

٦- مرحلة المراجعة والاختبار.

ثامناً: المنظمات التي تحتاج لإعادة هندسة العمليات الإدارية بها:

يوجد ثلاث أنوع من المنظمات في حاجة لتطبيق مدخل إعادة الهندسة:

الأول: المنظمات ذات الوضع المتدهور: وهي تلك المنظمات ذات الأداء المتدني، والتي تعاني من ارتفاع من تكاليف التشغيل

وانخفاض جودة الخدمات، وتعاني من عدم قدرتها على المنافسة وتحقيق الأرباح العالية.

الثاني: المنظمات التي في طريقها إلى التدهور: هي تلك المنظمات المتوقع تدهور أدائها في المستقبل القريب، ويوضح ذلك عدد من المؤشرات، مثل تناقص حصتها في السوق لصالح المنافسين، والارتفاع التدريجي في تكاليف التشغيل والإنتاج، وانخفاض الأسهم، وهي منظمات تتصارع من أجل البقاء بين مثيلاتها، ولكنها لا تستطيع مواكبة التطور الحادث في ميدان عملها.

الثالث: المنظمات المميزة: وهي تلك المنظمات الناجحة وفقاً للمقاييس الإدارية المتعارف عليها، ولكن لديها، دافع الطموح للتقدم والتطور لتتمكن من البقاء في القمة وتحافظ على الفجوة الموجودة بينها وبين المنافسين.

وتطبيق مدخل إعادة الهندسة على الأنواع الثلاثة من المنظمات سابقة الذكر يؤدي إلى تحقيق إستراتيجية متكاملة لتطوير أداء هذه المنظمات، ويساعد على الحفاظ على الوقت والجهد، وبهذا تكون إعادة الهندسة دعوة صريحة للإبداع والابتكار والتغيير الجذري المقصور في الأسس والمبادئ والطرق الأسالي.

تاسعاً: متطلبات تطبيق إعادة الهندسة في المؤسسات التعليمية:

يتطلب تطبيق إعادة الهندسة في المؤسسات التعليمية عدداً من المتطلبات الهامة حتى تؤدي إعادة الهندسة الهدف المنشود من تطبيقها في المؤسسات التعليمية منها:

–   تطبيق إعادة الهندسة يتطلب أن يسبق بتحليل فكري لقيم المؤسسة التعليمية وأهدافها والتحديات الخاصة بها.

–   تحول أدوار جميع الأفراد داخل المؤسسة التعليمية حيث يتحول أدوار الإداريين من مشرفين إلى مدربين، كما يتحول دور التنفيذيون من ملاحظين إلى قادة، ودور الأفراد من مضبوطة إلى محفزة، وتغيير الهياكل التنظيمية للمؤسسة. بحيث تتناسب مع الأهداف الجديدة للمنظمة.

–   تدريب جميع العاملين بالمؤسسة على تعلم كيفية التعامل مع المهام التي تتم في ظروف مختلفة دون التركيز على القيام بمهام وأنشطة محددة داخل المؤسسة.

–   تغيير ثقافة المؤسسة التعليمية بحيث تساعد على تدعيم المؤسسة في قبول مفاهيم إعادة الهندسة حيث سوف تتغير ثقافة المؤسسة من الاهتمام برضاء الرؤساء إلى التركيز على رضا متلقى الخدمة التعليمية وهم الطلاب.

- تدريب العاملين بالمؤسسة على العمل الجماعي، حيث يتطلب تطبيق إعادة الهندسة على وجود فرق العمل، حيث يتحول العمل من أقسام وظيفية إلى فرق عمليات، وتحول الوظائف من مهام بسيطة إلى أعمال متعددة الأبعاد.
- الاستفادة من وسائل التقنية الحديثة في التنظيمات الإدارية بالمؤسسة التعليمية قدر الإمكان لتحقيق أهداف المؤسسة المعاد هندستها.
- عمل الدراسات والأبحاث المؤسسة التي تكون الأساس العلمي لعملية إعادة الهندسة قبل تطبيقها بالمؤسسة التعليمية.
- توفير إدارة مدرسية تتمتع بالديناميكية والمرونة ودعم ثقافة ونظم العمل والعمل بأسلوب الفريق على كافة المستويات الإدارية.
- تطوير معايير وأسس اختيار المديرين بما يتفق مع كفاءاتهم الإدارية، ودرجاتهم العلمية وخبراتهم وقدراتهم في استخدام الحاسبات وشبكات المعلومات واللغات وبما يحقق الهدف الاستراتيجي التعليمي المعتمد على المطور للأداء.
- الاهتمام بالعلاقات الإنسانية داخل المؤسسة التعليمية وتبني مبدأ المشاركة حتى يتحقق تجارب الأفراد داخل المؤسسة مع التغير وتطبيق إعادة الهندسة بالمؤسسة التعليمية.

- الاستفادة من الجماعات غير الرسمية في عملية اقتناع الأفراد داخل المؤسسة التعليمية (عاملين-طلاب) وتقبلهم لتطبيق إعادة الهندسة بالمؤسسة لأن التنظيم غير الرسمي يكمل التنظيم الرسمي للمؤسسة.

- تحديد الكفاءات الجوهرية للمؤسسة التعليمية والتي توجه سلوك المؤسسة وبالتالي توجيه السلوك الإداري الموجه لقيم جميع العاملين داخل المؤسسة تجاه إدراك أن التنافسية والعمليات الداخلية والإدارة البشرية عمليات مرتبطة بدرجة شديدة من أجل أهداف   المؤسسة التعليمية.

- سن التشريعات والقوانين التعليمية الجديدة، بحيث نتج قفيزة نوعية في أداء المنظمة وتقديم أسس تنظيمية جديدة يستطيع القادة بها إعادة بناء أعمالهم، وإيجاد طرق خيالية لإنجاز العمل. وتوفير هياكل تنظيمية مبتكرة تتيح للمديرون إدارة أعمالهم بكفاءة وفعالية.

- استخدام التكنولوجيا الحديثة للقيام بأعمال ومهام جديدة، لم يسبق القيام بها، حيث يتطلب من القائم بعملية الإعادة التعرف على القدرات الجديدة للتكنولوجيا وليس القدرات المعروفة لها.

- دراسة احتياجات وتوقعات المستفيدين، ودراسة رغبات مسئولي سوق العمل، والاستطلاع المستقبلي للحاجات المجتمعية والتربوية، وتحديد رؤية عامة للمنظمة التعليمية، تحليل وتشخيص الأداء

الحالي، وتحديد العمليات الأساسية لتطوير أداء المنظمة وتصميمها ووضع خطة ومتابعتها بصفة مستمرة.

- تحليل تنظيمي للبيئة الداخلية والخارجية للمنظمة، ويمثل تحليل البيئة الداخلية تحديد نواحي القوة بالتنظيم أي الأنشطة التي يتم أداؤها بشكل جيد، وتحديد نواحي الضعف بالوقوف على الأنشطة التي تحد أو تؤثر بشكل سلبي على نجاح المنظمة، وتحليل البيئة الخارجية: الوقوف على الفرص المتاحة أمام المؤسسة التعليمية ويجب إنتاجها والاستفادة منها.

- عمل تغييرات جادة في السياسة التعليمية تؤكد على اللامركزية في الإدارة وتطوير اللوائح والتشريعات بما يحقق المرونة لأداء العمليات وفقاً لعمليات إعادة الهندسة.

- وضع توظيف عام للوظائف داخل المؤسسة التعليمية تشرف عليها الإدارة العليا للتعليم ممثلة في الوزارة والإدارة التعليمية.

- توفير أعداد كافية من العناصر البشرية المؤهلة والمدربة واللازمة لتشغيل العمليات بين إداريين وموجهين... الخ.

- تحويل كافة العاملين صلاحيات متابعة لاتخاذ القرارات ذات العلاقة بعملهم، وهذا يعني التخلي عن النمط البيروقراطي التقليدي حيث يتم الفصل بين متخذي القرار من الإداريين والعاملين.

هوامش الفصل

١- ابتسام عبد الرحمن حلواني: التغيير ودوره في التطوير الإداري، مجلة الإدارة العامة، معهد الإدارة العامة، الرياض – المملكة العربية السعودية، العدد ٦٧، يوليه ١٩٩٠م.

٢- أحمد سيد مصطفى: إدارة البشر الأصول والمهارات، القاهرة، دار الكتب، ٢٠٠٢م.

٣- جفرى إن لوينثال: إعادة هندسة المنظمة، ترجمة خالد بن عيد الله الدخيل الله وسرور علي إبراهيم سرور، الرياض، دار المريخ، ٢٠٠٢م.

٤- راوية حسن: السلوك التنظيمي المعاصر، الإسكندرية، الدار الجامعية، ٢٠٠٢م.

٥- سعيد يس عامر: الإدارة وسرعة التغيير، القاهرة، مركز وايد سيرفيس للاستشارات والتطوير الإداري، ١٩٩٥م.

٦- سلامة عبد العظيم حسين: اتجاهات حديثة في الإدارة المدرسية الفعالة، القاهرة، دار الفكر، ط١، ٢٠٠٤م.

٧- سيد الهواري: منظمة القرن ال٢١، القاهرة، مكتبة عين شمس، ١٩٩٩م.

٨- سيد عليوة: برنامج الهندسة الإدارية، المنصورة، مركز القرار للاستشارات، مكتبة جريدة الورد، ٢٠٠٢م.

٩- شاكر محمد فتحي أحمد: إدارة المنظمات التعليمية، رؤية معاصرة للأصول العامة، القاهرة، دار المعارف، ١٩٩٦م,

١٠- شاكر محمد فتحي أحمد: تطوير أداء المنظمة التعليمية من منظور إعادة الهندسة، تصور مقترح، مجلة كلية التربية وعلم النفس، كلية التربية، جامعة عين شمس، العدد ٢٦، ج٢، ٢٠٠٢م.

١١- فريد علي محمد شوسة: الإدارة الاستراتيجية، القاهرة، دار النهضة العربية، ١٩٩٩م.

١٢- فهد صالح سلطان: إعادة هندسة العمليات الإدارية، الهندرة، الرياض، مكتبة الملك فهد الوطنية، ١٩٩٨م.

١٣- قيس المؤمن وآخرون: التنمية الإدارية، عمان، الأردن، دار زهران للنشر، ١٩٩٧م،

١٤- مايكل ماهر وسنيفن ستانين: ثورة إعادة الهندسة، ترجمة حسين الفلاحي، الرياض، آفاق الإبداع للنشر والإعلام، ٢٠٠٠م.

١٥- هالة عبد المنعم أحمد سليمان: إدارة التغيير التربوي في المدرسة الثانوية العامة ب ج.م.ع باستخدام مدخل إعادة الهندسة، رسالة دكتوراه غير منشورة، كلية التربية،جامعة عين شمس، ٢٠٠٥م.

الفصل الخامس

إدارة الأزمة
في المؤسسات التعليمية

- مقدمة.
أولاً: مفهوم الأزمة.
ثانياً: تداخل مصطلح الأزمة مع بعض المصطلحات الأخرى.
ثالثا: خصائص الأزمة. ألأسباب, المراحل,الأنواع.
رابعا: الفرق بين إدارة الأزمة والإدارة بالأزمة.
خامسا: مراحل إدارة الأزمة.
سادسا: أساليب إدارة الأزمة.
سابعا: الأزمة التعليمية.
ثامنا: ملامح الأزمة التعليمية العالمية.
تاسعا: أسباب ظهور الأزمة التعليمية.
عاشرا: أساليب التعامل مع الأزمة التعليمية.
حادي عشر: أهم الدراسات والبحوث التي تناولت إدارة الأزمة في التعليم.
- هوامش الفصل.

إدارة الأزمة
في المؤسسات التعليمية

مقدمة:

من ملامح العصر الذي نعيشه تلك التغيرات المذهلة والمتلاحقة في شتى المجالات، وتأتي الاستجابات لهذه التغيرات متفاوتة ومتباينة كماً وكيفاً مـن مجتمـع إلى أخـر ومـن فئـة إلى أخرى بل ومن فرد لآخر. وإزاء تلك الاستجابة لهذه التغيرات، فإن أهميـة التعليـم مسـألة أنبتت بما لا يدع مجالاً للشك أن بداية التقدم الحقيقي هو التعليم، بل أن الدولة المتقدمـة نفسها تضع التعليم في أولوية برامجها وسياستها.

وإدارة الأزمات هي إدارة المسـتقبل والحـاضر، وتعتبـر إدارة علميـة رشيدة تبني عـلى العلم والمعرفة وتعمل على حماية ووقاية المؤسسة والارتقاء بأدائها والمحافظـة عـلى سـلامة المشتغلين بها ومعالجة أي قصور أو خلل يصيب أحـد قطاعاتهـا أو معالجـة أي سـبب قـد يكـون مـن شـأنه إحـداث بـوادر أزمـة مسـتقبلية ومـن ثـم تحـتفظ المؤسسـة بحيويتها واستمرارها.

ولقد أصبح للعلم السيادة في التحكم في الكون ومعرفة اسراره والتقدم والنمـو والتحـول إلى المعلوماتية وتطبيقاتها العلمية والتكنولوجية، وظهور تقنيات جديدة لم تعرف من قبـل، وحدة النظرية والتطبيق، والاعتماد على العقل، واكتشاف مظاهر جديدة للطاقـة، والاتجـاه نحو المشروع الناجح للهندسة البشرية وظهور تكنولوجيا الإلكترونيات

الدقيقة والذكاء الصناعي، وأمكن العمل بعكس الاتجاه، وتضاعفت قدرة الكمبيوتر واستخداماته في مجالات عديدة وجديدة مثل المجال الطبي والعسكري.

ونظراً لأن السياسة الدولية متغيرة في الاتجاه والمفهوم فإن أغلب دول العالم المتقدم لا يرضى اليوم عن مناهج التعليم فيها والجدل حولها مستمر وهذه حقيقة – فإن اليابان – برغم تقدمها في شتى المجالات غير راضية عن نظامها التعليمي وكذا كل من الولايات المتحدة الأمريكية وألمانيا.

هناك العديد من الأزمات التعليمية التي واجهت النظم التعليمية في المجتمعات المتقدمة والنامية على السواء، وأن النظم التعليمية القادرة على وضع توقعات للأزمات والإعداد لمواجهتها. هذا بصرف النظر عن إمكان التصدي لتلك الأزمات – أم لا – تكون أكثر قدرة من غيرها على تجاوز الأزمة بسرعة وفاعلية.

وعلى الرغم من أن الأزمات أمر حتمي، فإن أغلب المؤسسات والقيادات الإدارية تُعد للتعامل معها بصورة ضعيفة وغير مناسبة، وقد يرجع ذلك للأسباب الآتية:

● الأدوات والأساليب الإدارية الغير ملائمة، والتي يمكن أن تساعد المؤسسات في منع الأزمات أو التعامل معها.

● النقص الخطير في الدراسات الجيدة، والتي يمكن أن تعطي تطبيقات فعاله في مجال إدارة الأزمات.

• غياب المراجع التي يمكن أن تمد المديرين والمسئولين عن الاتصالات ومتخذي القرارات بالمعلومات اللازمة في مجال الأزمات وإدارتها.

وقد بدأ الفكر الإداري في أغوار التاريخ فنجد على الجانب السياسي كيف عالج سيدنا سليمان الأمر مع ملكة بلقيس عن طريق إرسال الرسائل والتي دعاها فيها إلى الأزمان والطاعة، فكانت ذلك تجنباً لوقوع أزمة سياسية بين الطرفين.

وكذلك معالجة سيدنا يوسف للأزمة الاقتصادية والعمل على التخطيط لها قبل وقوعها وأسلوبه في إدارتها كان ذلك سبباً في تجنب البلاد الأزمة الاقتصادية والتي كانت تؤدي بالبلاد إلى مجاعة غذائية.

وحياة الرسول محمد (صلى الله عليه وسلم) منذ بعثته وحتى وفاته دليل واضح على حكمته وحسن تخطيطه وإدارته لتجنب الكوارث والأزمات إدارة دعوته، تخطيط وإدارة الحروب بل إدارته وتخطيطه للقضاء على أزمة الأمية في مجتمعه وذلك بأن جعل فداء كل واحد من أسرى بدر أن يعلم عشراً من أبناء المسلمين، بل تعدى الأمر ذلك بأن أمر زيد بن ثابت بأن يتعلم لغة اليهود حتى يأمن مكرهم.

إن الأزمة التعليمية تعبر عن نفسها من خلال قصورها عن مواكبة التطورات العلمية والتكنولوجية وبعدها عن مجرى التطور في علوم الإدارة والتكنولوجيا الإدارية الجديدة، وعدم إفادتها من نتائج هذه العلوم

وأدوات هذه التكنولوجيا وهذا ما أكده محمد أحمد الغنام أن الأزمة الإدارية في المؤسسة التعليمية تظهر من خلال ما يأتي:

- قصورها عن مواكبة التطورات الحادثة في العالم، واتجاهات سياستها خلال السنوات الأخيرة.

- بعدها عن مجرى التطور في علوم الإدارة والتكنولوجية الإدارية الجديدة وعدم إفادتها من نتائج هذه العلوم وأدوات هذه التكنولوجيا في تطوير نفسها أو التغلب على مشكلاتها.

- عجزها بشكلها ومحتواها وأساليبها الراهنة عن فتح الطريق أو التمهيد للتطورات المنتظمة أو المطلوبة خلال السنوات القادمة.

وإدارة الأزمات تمثل إطار عمل يفيد في فحص وفهم المواقف المفاجئة وغير المتوقعة والتي تحمل بين طياتها الضغوط الشديدة والرفض والهدم للنظام القائم. فهي منهج إداري موقفي للتعامل مع ظروف الأزمات وفي ظلها أو الاستعداد لها والتخطيط لمواجهتها، وتبنى بالدرجة الأولى على القدرة التنبؤية لتوقع الأزمات بأشكالها وأحجامها وأوقات حدوثها ومجالات وقوعها ووضع سيناريوهات كاملة للأزمات المتوقعة.

أولا : مفهوم الأزمة:

نشأ مفهوم الأزمة Crisis أول ما نشأ في نطاق العلوم الطبية حيث يرجع إلى المصطلح اليوناني "كرنيو" ويعني " نقطة تحول Turning

" point" وهي لحظة مرضية محددة للمريض، يتحول فيها إلى الأسوأ أو الأفضل خلال فترة زمنية قصيرة نسبياً.

وإذا كان مصطلح الأزمة قد نشأ في نطاق علم الطب، فإنه انتقل بعد ذلك بمعان مختلفة إلى العلوم الإنسانية والسياسية وعلم النفس والاقتصاد وذلك بعد أن تفجرت الأزمات الاقتصادية في العالم منذ أواخر الستينات.

ولقد تعددت المفاهيم المختلفة للأزمة من وجهات نظر مختلفة لذلك نجد صعوبة في الحصول على تعريف محدد لها، ولكن يمكن التعرف عليها من خلال خصائصها فيرى البعض أن الأزمة عبارة عن خلل يؤثر مادياً على النظام كله كما يهدد الافتراضات الرئيسية التي يقوم عليها هذا النظام.

وتعرف بأنها نتيجة نهائية لتراكم من التأثيرات أو حدوث خلل مفاجئ يؤثر على المقومات الرئيسية للنظام وتشكل تهديداً صريحاً وواضحاً لبقاء المنطقة أو النظام نفسه.

و تعرف بأنها عبارة عن موقف يتصف بصفتين أساسيتين هما:

التهديد: حيث تشعر الأطراف المشاركة في الأزمة بأنهم لن يستطيعوا الحصول على المحافظة على القيم والموارد أو الأهداف التي تمثل أهمية بالنسبة لهم، ويتعلق بالتهديد بكل من حجم وقيمة

الخسارة المحتملة علاوة على احتمال تحققها وبصفة عامة كلما زادت قيمة الخسائر وزاد احتمال تحقيقها، ازداد التهديد.

ضغط الوقت: يعبر ضغط الوقت على إدراك الأطراف المشاركة في الأزمة لمقدار الوقت المتاح لتقصي الحقائق واتخاذ تصرف قبل بدء حدوث أو تصعيد الخسائر ويتأثر إدراك المدير للوقت المتاح للتعامل مع الأزمة بعوامل مثل: تعقد المشكلة، ومستوى الاجتهاد والضغط النفسي ـ الذي يشعر به المدير، وبصفة عامة، كلما زاد تعقد المشكلة زاد إحساس المدير بالضغط النفسي، وزاد شعوره بضغط الوقت وكلما قلل ذلك من درجة استجابته للأزمة، وقد يكون للأزمة أثارها الإيجابية.

ويمكن تعريف الأزمة بأنها نقطة تحول في أوضاع غير مستقرة ويمكن أن تقود إلى نتائج غير مرغوبة إذا كانت الأطراف المعنية غير مستعدة أو غير قادرة على احتوائها والحد من أخطارها، وتعرف أيضاً الأزمة حدث غير متوقع للمنظمة من حيث الطبيعة أو الحجم يوقف العمليات الطبيعية أو سلوك الأعمال، ويتطلب استجابة إدارية منسقة فورية، وربما يتطلب اتخاذ قرار على مستوى عالي بالمؤسسة، وله القدرة على التركيز السريع والشامل لا تتبناه الرأي العام والإعلام عن المؤسسة.

ومن التعريفات الهامة أيضاً أن الأزمة عبارة عن خلل يؤثر تأثيراً مادياً على النظام كله، كما أنه يهدد الافتراضات الرئيسية التي يقوم عليها هذا النظام.

وتعرف أيضاً بأن الأزمة حالة طارئة غير متوقعة الحدوث تهدد المصالح الوطنية للدولة أو المؤسسة.

وتعرف الأزمة بأنها تعبير عن حدث مفاجئ غير متوقع مما يؤدي إلى صعوبة التعامل معه ومن ثم ضرورة البحث عن وسائل وطرق لإدارة هذا الموقف بشكل يقلل من آثاره ونتائجه السلبية وأيضاً هي حالة مؤقتة من الاضطراب ومن اختلال التنظيم تتميز بقصور الفرد في مواجهة هذه الحالة باستخدام الطرق المعتادة لحل المشكلات، كما تتميز بما تنطوي عليه تلك الحالة من إمكانيات لحدوث نواتج موجبة أو سالبة بشكل جذري.

ثانياً: تداخل مصطلح الأزمة مع بعض المصطلحات الأخرى:

١- مفهوم المشكلة Problem

تعرف المشكلة بأنها عائق أو مانع يحول بين الفرد والهدف الذي يسعى إلى تحقيقه، وتعبر المشكلة عن حدث له شواهد وأدلة تنذر بوقوعه بشكل تدريجي غير مفاجئ يجعل من السهولة إمكانية التوصل إلى أفضل حل بشأنها من بين عدة حلول ممكنة، والعلاقة بين المشكلة والأزمة وثيقة الصلة فالمشكلة قد تكون هي سبب الأزمة ولكنها لن تكون هي الأزمة في حد ذاتها، وتسبب المشكلة ضغطاً على الفرد حيث يشعر تجاهها بانفعال شديد بحيث إنها تشكل تهديداً لأهدافه، وتعرف أيضاً بأنها سؤال يحتاج إلى اتخاذ قرار خاصة عندما يتضمن صعوبة

وهذا التعريف يمثل مرحلة من مراحل الأزمة وهي عملية اتخاذ قرار ولكنه لا يمثل الأزمة بجميع جوانبها.

٢- مفهوم الكارثة Disaster

هي أحد المفاهيم التصاقاً بالأزمات، فالكارثة هي حالة مدمرة حدثت فعلاً وينجم عنها ضرر سواء في الماديات أو غير الماديات أو هما معاً. والحقيقة قد تكون الكوارث أسباباً لأزمات ولكنها بالطبع لا تكون هي الأزمة في حد ذاتها والكارثة قد تكون لها أسباب طبيعية لا دخل للإنسان فيها. أو هي نكبة أو بلوى، مفاجئة ضخمة، وقد تكون الكارثة هي لحظة انفجار الأزمة ولكنها ليست الأزمة بجميع مراحلها.

٣- نقطة التحول Turning Point

هي نقطة التحول في المكان أو الوقت أو التطور عندما يكون هناك تغيير هام.

٤- الصراع:

يعرف بأنه حدوث شئ يترتب عليه تعرض الهيكل الرمزي للنظام للخلل والاضطراب ولكن ليس بدرجة تصل إلى تحدي الافتراضات التي يقوم عليها هذا النظام.

٥- التهديد Threat

هو علامة أو إنذار للمتاعب أو الخط الممكن حدوثه ويمثل هذا التعريف مرحلة الإنذار قبل حدوث الأزمة.

أن الأزمة هي موقف ينتج عن تغيرت موله للأزمات ويخرج عن إطار العمل المعتاد ويتضمن قدراً من الخطورة والتهديد وضيق الوقت والمفاجأة، ويتطلب استخدام أساليب إدارية مبتكرة وسرعة ودقة في رد الفعل ويفرز آثار مستقبلية تحمل في طياتها فرصاً للتحسين والتعلم.

ثالثا : خصائص الأزمة:

من خلال العرض السابق لمفهوم الأزمة يمكن استنتاج أهم خصائص الأزمة على النحو التالي:

- إن مصدر الأزمة يمثل نقطة تحول أساسية في أحداث متتابعة ومتصارعة في حياة المؤسسة.
- تتميز بتغيرات في العلاقات بين أعضاء المنظمة.
- تعد موقفاً يتطلب من المشاركين درجة عالية من العمل والأداء.
- إن الأزمة تسبب في بدايتها صدمة، وتوتراً، وضغطاً، مما يضعف من إمكانية الفصل السريع والمؤثر لمجابهتها.
- إن التصاعد المفاجئ للأزمة يؤدي إلى درجة عالية من الشك في البدائل المطروحة لمجابهة الأحداث المتصارعة؛ نظراً لأن ذلك يتم تحت ضغط نفسي عال، وفي ظل ندرة المعلومات أو نقصها.

ويضيف البعض مجموعة من الخصائص للأزمة منها:

- عنصر المفاجئة فالأزمة تحدث فجأة وإن كان يسبقها بعض المقدمات وتستحوذ على الاهتمام من جانب جميع الأفراد والمؤسسات المتصلة بها أو المحيطة بها.

- التعقيد والتشابك والتداخل في عناصرها، وأسبابها وقوى المصالح المؤيدة أو المعارضة لها.

- نقص المعلومات وعدم دقتها وعدم وضوح الرؤيا لدى متخذ القرار ووجود ما يشبه الغيوم أو الضباب الذي يحول دون رؤية أي الاتجاهات تسلك وأي الطرق تسير.

- تسبب الأزمة في بدايتها صدمة مما يؤثر على فعالية العقل المواجهة لها والسريع لمواجهتها لأنها تصل إلى حد الرعب من المجاهيل التي يضعها إطار الأزمة.

- الدخول في دائرة المجاهيل المستقبلية والتي يصعب معرفتها أو حسابها بدقة تشبه الدوامة التي تدور في فلك يصعب الخروج منه.

- منبهة: فهي حدث غير متوقع ربما يغير نظرة الرأي العام عن المنظمة.

- مهددة: للمجتمع متضمنة خسائر في صورة المنظمة وتضيع البيئة في مواطن الخطر.

- حدث لا يمكن التحكم فيه: مثل ظروف الشغب أو الاضطرابات التي تجعل الموقف خارج تحكم الإدارة لفترة من الزمن.

- تصاعدها المفاجئ يؤدي إلى درجات عالية من الشك في البدائل المطروحة لمجابهة الأحداث المتسارعة، نظراً لأن ذلك يتم تحت ضغط نفسي ـ عال وفي ظل ندرة المعلومات أو نقصها.

- مواجهة الأزمة يتطلب درجة عالية من التحكم في الطاقات والإمكانات وحسن توظيفها في إطار مناخ تنظيمي يتسم بدرجة عالية من الاتصالات الفعالة التي تؤمن التنسيق والفهم الموحد بين الأطراف ذات العلاقة.

- مواجهة الأزمة تستلزم أنماطا تنظيمية غير مألوفة ونظم وأنشطة مبتكرة تمكن من استيعاب ومواجهة للظروف الجديدة المترتبة على التغيرات المفاجئة.

رابعاً: أسباب الأزمة:

تعبر الأزمة عن فشل إداري لمتخذ القرار نتيجة لحدوث خلل معين وعدم تمييزه ولكل أزمة مقدمات وشواهد تدل وتشير على حدوثها.

يمكن تخفيف أثر الأزمة إذا أدرك المديرون بسرعة تأثير الأزمة على منظماتهم وأسبابها وإذا تم الاستغلال الأمثل لمهارات المديرين في التعامل مع الأزمة بطريقة سليمة وأيضاً التخطيط جيداً لكيفية التصرف حيالها. وهناك كثير من القضايا الإدارية والسلوكية ترتبط بأسباب نشؤ الأزمة؛ منها تعارض المصالح والأهداف، وسوء الاتصالات الإدارية، وعدم الانفتاح والمصارحة، وعدم توافر القيادة الملائمة، وضعف العلاقات الإنسانية والغير إنسانية، وغير ذلك من دواعي الخلل التي

تؤدي إلى نشؤ العديد من الأزمات، ومن ثم تعبر تلك الأزمات في النهاية عن فشل عملية اتخاذ القرارات ومعالجة الأزمات.

وفيما يلي أسباب نشؤ الأزمات التنظيمية والإدارية بصفة عامة على النحو التالي:

١- أسباب خارجة عن إدارة المنظمة: مثل الزلازل والبراكين والأعاصير والتقلبات الجوية العامة وغيرها من الكوارث الطبيعية التي يصعب التكهن بها والتحكم في أبعادها.

٢- ضعف الإمكانيات المادية والبشرية للتعامل مع الأزمات مما يؤدي إلى تفاقم الأزمات وتحولها إلى كوارث ومضاعفة الخسائر الناجمة عنها.

٣- تجاهل إشارات الإنذار المبكر التي تشير إلى إمكانية حدوث أزمة، مثل شكاوي العملاء أو المشكلات المماثلة لمشكلات المنافسين التي يمكن أن تكون مؤشراً لوجود فشل أو جوانب قصور في الصناعة ككل.

٤- عدم وضوح أهداف المنظمة وما يترتب عليه من عوامل أخرى.

٥- صراع المصالح بين العاملين مما يؤدي إلى ضعف العلاقات بين العاملين.

٦- ضعف نظام المعلومات ونظام صنع القرارات.

٧- القيادة الإدارية الغير ملائمة.

٨- عدم إجراء مراجعة دورية للمواقف المختلفة.

٩- وجود عيوب في نظام الرقابة والاتصال والمعلومات والحوافز.

١٠- عدم ملاءمة التخطيط والتدريب والتنمية للتعامل مع الأزمات.

ويرى البعض أن هناك أكثر من وجهة نظر حول أسباب حدوث الأزمات فمن وجهة نظر الاقتصاديين ترجع الأزمات للأسباب التالية:

١- القرارات الاقتصادية التي تتخذها الحكومات.

٢- فشل القواعد العامة للدولة في مواكبة النظام الاقتصادي العالمي.

٣- إذاعة ونشر بيانات رقمية مضللة لا تعبر عن الحقيقة.

أما من وجهة نظر السياسيين فترجع الأزمات لعدة أسباب منها:

١- فشل القيادة السياسية في الدولة وعدم صلاحية النظام السياسي.

٢- عدم قدرة الأحزاب السياسيين على إدارة الصراعات الاجتماعية.

٣- فشل نظام الرقابة والتحكم.

أما من وجهة نظر علماء الاجتماع فهم يعزون أسباب الأزمة إلى ما يلي :

١- عدم المساواة الاجتماعية بين أفراد المجتمع، ونقص الدوافع والحوافز وتحدي السلطة.

٢- سوء الفهم وزيادة مناخ الجهل بسبب نقص المعلومات.

٣- انهيار النظام الأخلاقي وانهيار نظام الأسرة.

٤- تعارض الأهداف والمصالح وكثرة الشائعات.

٥- الإدارة العشوائية وسوء التقدير.

خامساً: مراحل نشأة الأزمة:

تعد الأزمة ظاهرة اجتماعية مثل باقي الظواهر تمر بمراحل وخطوات متعددة، وبالرغم من ظهورها بشكل مفاجئ وحاد ويأخذ طابع المأساة إلا أنها نتاج تفاعل وتداخل عوامل شتى تشكل البؤرة التي تنمو فيها الأزمة وفيما يلي عرض لمراحل نشأة الأزمة:

١- مرحلة الميلاد أو مرحلة تكوين الأزمة:

وهي مرحلة التحذير والإنذار المبكر للأزمة وتبدأ في شكل إحساس مبهم وتنذر بخطر غير محدد المعالم بسبب غياب كثير من المعلومات عن أسبابها، ويتأثر الأداء الوظيفي والفني كما تكشف القوى الصاعقة للأزمة عن مواطن الضعف وأماكن الخلل في الكيان الإداري.

٢- مرحلة نمو الأزمة أو مرحلة التهيئة:

تنمو الأزمة من خلال سوء الفهم لدى متخذي القرار في مرحلة الميلاد للأزمة وتتطور نتيجة تغذيتها من خلال المحفزات الذاتية والخارجية استقطبتها الأزمة وتفاعلت معها وتعمل القوى الصاعقة للأزمة على استفحال واشتداد الضغط الأزموي والاستفادة من الظروف المواتية المتواجدة فعلاً داخل الكيان الإداري وهذه الظروف تحدثنا عنها في أسباب الأزمة.

٣- مرحلة النضج:

تتطور الأزمة من حيث الحدة والحسامة نتيجة سوء التخطيط أو ما تتسم به خطط المواجهة من تصوراً وأحقاف ، أو عندما يكون متخذ القرار على درجة كبيرة من الجهل والاستبداد برأيه فإن الأزمة تصل إلى مراحل متقدمة وهناك عوامل مساعدة على نضج الأزمة، ومنها سياسة الأبواب المغلقة، صنع الحواجز التي تعز متخذ القرار الإداري بعيداً عما يجري فعلاً داخل الكيان الإداري، وتجعله سجين مكتبة، وأسير ما تمليه عليه السكرتارية والمستشارون الأغبياء الذين يصورون له نزواته وميوله الشاذة على أنها وحي ملهم هبط عليه لإصلاح الكون وهداية البشرية من الطريق المؤدي إلى الدمار والهلاك إلى الطريق القويم المستقيم وأنه مبعوث العناية الإلهية الذي لولاه لعاش العالم في الظلام ينتظر الهداية.

٤- مرحلة الانحسار:

وتصل الأزمة إلى هذه المرحلة عندما تتعنت بعد تحقيقها هدف الصدام والذي يؤدي إلى أن تفقد الأزمة جزءاً هاماً من قوة الدفع لها ومن ثم تبدو في الاختفاء التدريجي وللقائد دور هام في مرحلة انحسار الأزمة.

٥- مرحلة الاختفاء وتلاشي الأزمة:

فكل أزمة مهما بلغت من قوة أو ظلت لفترة طويلة لابد لها أن تنتهي حتى ولو مؤقتاً حيث تفقد الأزمة قوى الدفع المولدة لها أو لعناصرها.

والشكل التالي يوضح مراحل نشأة الأزمة

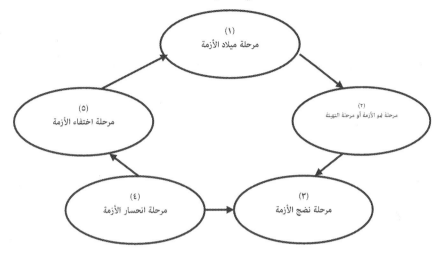

سادساً:أنواع الأزمات:

يمكن تصنيف الأزمات حسب عدد من المعايير ما يلي:

أ- حسب شدة أثرها وتنقسم إلى:

● أزمات عينية جامدة ساحقة، وهي الأزمات التي يصعب التعامل معها ومواجهتها.

● أزمات هادئة خفيفة، وهي الأزمات التي يسهل التعامل معها ومواجهتها.

ب- حسب معدل تكرار حدوثها إلى:

● أزمات متكررة الحدوث وبالتالي لها مؤشرات إنذار مبكر يمكن الاستفادة منها في إدارة الأزمة وإمكانية توقع حدوثها.

- أزمات متكررة الحدوث وبالتالي لها مؤشرات إنذار مبكر يمكن الاستفادة منها في إدارة الأزمة وإمكانية توقع حدوثها.

- أزمات مفاجئة وهي التي تحدث دون سبق إنذار، وبالتالي يصعب توقع حدوثها.

ج- حسب مرحلة التكوين إلى:

- الأزمة في مرحلة النشؤ (الميلاد).

- الأزمة في مرحلة التصعيد (النمو).

- الأزمة في مرحلة الاكتمال.

- الأزمة في مرحلة الانحسار.

- الأزمة في مرحلة الاختفاء

د- حسب الآثار الناجمة عنها تنقسم إلى:

- أزمات ليس لها آثار جانبية، أي أن أثرها المباشر معروف.

- أزمات لها آثار جانبية ومضاعفات غير مباشرة.

في حين يرى البعض أن الأزمات التي تواجه أي مجتمع تنقسم على نوعين:

الأول: أزمات داخلية: وهي الأزمة التي تحدث داخل الدولة مثل أعمال العنف الداخلي أو الكوارث الطبيعية العامة.

الثاني: الأزمات الخارجية: وهي التي تنشأ نتيجة لاصطدام صراع طويل وممتد بين دولتين أو أكثر وقد تحتمل اللجوء إلى القوة العسكرية.

وتضيف الأزمان من حيث عمق الأزمة إلى:

- أزمات سطحية غير عميقة هامشية التأثير.
- أزمات عميقة متغلغلة جوهرية.

ويمكن تقسيم الأزمات طبقاً لمعايير مختلفة إلى الأنواع الآتية:

١- أزمات طبيعية مثل الكوارث والأوبئة والحرائق والفيضانات والسيول ...الخ.

٢- أزمات اجتماعية مثل الفتن الطائفية وأعمال الشغب.

٣- أزمات سياسية مثل الاغتيالات واختطاف الطائرات.

٤- أزمات عسكرية مثل التمرد والتهديد باستخدام القوة والحروب.

٥- أزمات الصراع المسلح وقد ينشأ هذا النوع أثناء الحروب.

٦- أزمات إرهاب الدولي.

سابعاً: الفرق بين إدارة الأزمات والإدارة بالأزمات:

قد يحدث مزج أو خلط بين أسلوب إدارة الأزمات والإدارة بالأزمات ولذا وجب التفرقة بين المصطلحين على النحو التالي:

(أ) إدارة الأزمات:

ارتبط مصطلح إدارة الأزمات ارتباطاًُ قوياً بالإدارة العامة فإن الأزمات نشاط هادف يقوم على البحث والحصول على المعلومات اللازمة التي تمكن الإدارة من التنبؤ بأماكن واتجاهات الأزمة المتوقعة، وتهيئة المناخ المناسب للتعامل معها عن طريق اتخاذ التدابير اللازمة

للتحكم في الأزمة المتوقعة والقضاء عليها أو تغيير مسارها لصالح المنظمة.

وإدارة الأزمة هي كيفية التغلـب عليهـا بالأدوات العلميـة الإداريـة المختلفـة وتجنـب سلبياتها والاستفادة مـن إيجابياتهـا، وهـي العمليـة الإداريـة المسـتمرة التـي تهتـم بالتنبؤ بالأزمات المحتملـة عـن طريـق الاستشعار ورصد المتغيرات البيئيـة الداخليـة أو الخارجيـة المولدة للأزمات، وتعبئة الموارد والإمكانيات المتاحـة لمنـع أو الإعـداد للتعامـل مـع الأزمـات بأكبر قدر ممكن من الكفاءة والفاعليـة، وربما يحقـق أقل قدر ممكـن مـن الأضرار للمنظمـة وللبيئة وللعاملين، مع ضمان العودة للأوضاع الطبيعيـة في أسرع وقت وبأقل تكلفة ممكنـة، ودراسـة أسـباب الأزمـة لاستخلاص النتائج لمنع حـدوثها أو تحسـين طـرق التعامـل معهـا مستقبلاً، مع محاولة تعظيم الفائدة الناتجة عنها إلى أقصى درجة ممكنة.

والهدف العام لإدارة الأزمات هو تحقيق درجة استجابة سريعة عاليـة وفعالـة لظروف المتغيرات المتسارعة للأزمـة بهـدف درء أخطارهـا قبـل وقوعهـا والـتحكم واتخـاذ القرارات الحاسمة لمواجهتها وتقليـص أضرارهـا وتوفير الـدعم الضروري لإعـادة التـوازن إلى حالتهـا الطبيعية.

وتعرف إدارة الأزمات بأنها مجال ديناميكي يزيد من كفاءة وفاعلية المنظمة في التعامـل مع كثير من الحوادث التـي تتعرض لهـا المنظمات، وهـي تطبـق طريقـة إداريـة صـممت للتعامل مع مواقف الأزمة أثناء تحقيق أهداف المنظمة.

وتعرف أيضاً بأنها القدرة على إزالة الكثير من المخاطر وعدم التأكد لتحقيق أكبر قدر من التحكم في مصير المنظمة.

ويقصد بإدارة الأزمة بأنها سلسلة متكررة من جمع وتحليل المعلومات وصياغة البدائل واتخاذ القرارات وتنفيذ العمليات ومقابلتها التي تؤدي في النهاية إلى حل الأزمة.

(ب) الإدارة بالأزمات:

تعني الإدارة بالأزمات نشاطاً تقوم به الإدارة كرد فعل لما تواجهه من تهديدات وضغوط متولدة عن الأزمة، وأنه لا توجد خطة واضحة المعالم تضع المستقبل في حسبانها وتعد العدة لمواجهه مشكلاته أو منعها قبل وقوعها، ولكن تترك الأمور والأحداث تتداعى العدة لمواجهه مشكلاته أو منعها قبل وقوعها ولكن تترك الأمور والأحداث تتداعى حتى تقع الأزمة، عندئذ فقط تتحرك الإدارة، وتقوم بسلسلة من المجهودات التي غالباً ما تكون كثيفة وشاقة، وإن كانت نتائجها غير فعالة، حتى تنقضي الأزمة، فتعود الإدارة إلى السكون وعدم الحركة مرة أخرى، فلا نلمس إذن وجود الإدارة إلا وقت الأزمات فالإدارة بالأزمات إذن هي إدارة ساكنة تنفعل مع الأزمة التي تواجه المؤسسة وتتعامل معها بالشكل العلاجي الذي قد يصيب أو يخطئ ومن ثم فهي إدارة وقتية تبدأ مع الأزمة وتنتهي بانتهائها.

وتقوم الإدارة بالأزمات على افتعال الأزمات وإيجادها كوسيلة للتغطية والتمويه على المشاكل القائمة لدى الفرد أو المنظمة ويطلق

عليها البعض الأزمة للتحكم والسيطرة على الآخرين، ويمكن أن يتم ذلك من خلال التخطيط لخلق الأزمة ثم استثمارها أو استكمال الفرص التي يمكن أن تنتج عن أزمة حقيقية لتحقيق بعض الأهداف التي كان يصعب تحقيقها في الظروف العادية.

ثامناً: مراحل إدارة الأزمة بالمؤسسات التعليمية:

تمر إدارة الأزمة بالمؤسسات التعليمية بخمسة مراحل هي:

المرحلة الأولى: مرحلة الاستخبار وهي المرحلة التي يتم فيها التنبؤ بالأزمة قبل وقوعها عن طريق إرسال السلسلة من إشارات الإنذار المبكر ذو الأغراض التي تتهيئ باحتمال وقوعها. وتحدث الأزمات عادة بسبب عدم الانتباه لتلك الإشارات.

المرحلة الثانية: مرحلة الاستعداد والتحضير ويجب أن يتوافر لدى المؤسسة التعليمية استعدادات وأساليب كافية للوقاية من الأزمات، ويؤكد ذلك على أهمية إشارات الإنذار المبكر، لأنه من الصعب أن تمنع وقوع شيئ تتنبأ أو تنذر باحتمال وقوعه لأن الهدف من الوقاية هو اكتشاف نقاط الضعف في المنظمة ومعالجتها قبل استقلالها في إلحاق الضرر بالمنظمة.

المرحلة الثالثة: مرحلة المواجهة " احتواء الأضرار والحد منها " ويتم في هذه المرحلة إيقاف سلسلة التأثيرات الناتجة عن الأزمة، وتتوقف هذه المرحلة على طبيعة الحدث الذي وقع، بحيث يصعب التوصل إلى وسائل وأنشطة احتواء للأزمة عندما تتفاقم الأزمة.

المرحلة الرابعة: مرحلة استعادة النشاط: ويتم فيها معالجة واستعادة النشاط للعديد من الموضوعات مثل: ما هو الحد الأدنى من الإجراءات والعمليات التي تحتاج إليها المؤسسة التعليمية حتى يمكن أن تمارس أنشطتها العادية، وما هي المهام والأنشطة الحرجة التي ينبغي القيام بها - ومحاولة استعادة الأصول المفقودة الملموسة والمعنوية.

المرحلة الخامسة: مرحلة التعليم المستمر: وتهدف هذه المرحلة على استرجاع ودراسة الأحداث واستخلاص الدروس المستفادة منها سواء من تجربة المؤسسة التعليمية أو من تجارب الهيئات والمؤسسات والمنظمات العامة والتعليمية الأخرى، كما يتم بها إعادة التقييم ولتحسين ما تم إنجازه في الماضي ودراسة الأحداث للتغلب على مواجهة أي أزمة في المستقبل.

تاسعاً: أساليب إدارة الأزمة بالمؤسسات التعليمية :

يوجد عدد من أساليب إدارة الأزمة بالمؤسسات التعليمية منها:

الأسلوب الأول: أسلوب التساوم الإكراهي " الضاغط ":

تقوم الدولة بمجموعة من الأعمال والتصريحات بهدف إظهار الشدة والحزم من خلال استخدام القوة ويكون استخدام هذا الأسلوب في حدود محسوبة وإلا امتد أثره عكسياً على الأفراد داخل المجتمع.

الأسلوب الثاني: أسلوب التساوم التوفيقي:

يتم فيه وضع حل وسط بين جميع الأطراف أو وضع تنازلات متبادلة بهدف الوصول إلى معالجة سليمة لجميع الأطراف، ويستخدم هذا الأسلوب في عدة حالات منها: إذا كانت تكلفة تصعيد الأزمة أكبر مما تتحمله إمكانيات الدولة. وعند حدوث تغيرات داخلية وخارجية تجعل استمرار تصعيد الأزمة أمر غير مرغوب فيه.

الأسلوب الثالث: أسلوب التساوم الإقناعي:

يعتمد هذا الأسلوب على الجمع بين الأسلوبين بشكل متناسق، حيث أن استخدام الأسلوب الإكراهي قد يؤدي إلى قيام تعنت الطرفين مما يؤدي إلى تصعيد الأزمة، كما أن اتباع أسلوب التساوم التوفيقي وحده قد يؤدي إلى تقديم سلسلة من التنازلات الأمر الذي قد يضرر بمصالح الدولة.

عاشراً: الأزمة التعليمية:

يقصد بالأزمة : بأنها موقف أو وضع يمثل اضطراباً للمنظومة سواء كانت (تعليمية) أو (مجتمعية) ويحول دون تحقيق الأهداف التعليمية والتربوية الموضوعة، ويتطلب إجراءات فورية للحيلولة دون تفاقمها والعودة بالأمور إلى حالتها الطبيعية قبل وقوع الأزمة.

وتظهر الأزمة التعليمية في حالة وجود تناقض الأنظمة التعليمية الداخلية والمتغيرات البيئية المحيطة، ينتج عنها عدم التوافق بينهم، أي أن هناك تغيرات سياسية وتكنولوجية واقتصادية واجتماعية سريعة

التغير لا يستطيع النظام التعليمي مواكبتها ومتابعتها، مما يؤدي حدوث فجوة كبيرة بين النظام التعليمي والتغيرات الحادثة داخل المجتمع وهذا يؤدي إلى ظهور الأزمة التعليمية.

أما الأزمة التعليمية داخل المدارس فهي حالة مؤقتة من الضيق وعدم التنظيم وخلل في الإدارة وتتميز بعدم قدرة المدير على مواجهة موقف معين باستخدام الطرق التقليدية في التعامل مع الموقف وتؤدي إلى نتائج غالباً ما تكون غير مرغوبة وبخاصة في حالة عدم وجود استعداداً وقدرة على مواجهتها.

ويقصد بالأزمة التعليمية أيضاً هي مشكلة أو حالة تواجه النظام التعليمي تستدعى اتخاذ قرار سريع لمواجهة التحدي الذي تمثله تلك المشكلة، غير أن الاستجابة الروتينية لمؤسسة الإدارة التعليمية تجاه هذه المشكلة أو التحدي تكون غير كافية فتتحول المشكلة حينذاك إلى أزمة تتطلب تجديدات في المؤسسة الإدارية التعليمية والأساليب الإدارية التي تتبعها تلك المؤسسة.

حادى عشر: ملامح الأزمة التعليمية العالمية:

أستهدفت دول العالم بعد انتهاء الحرب العالمية الثانية تغيرات سريعة في النواحي السياسية والاقتصادية والعلمية والنقدية ، وفي التركيب السكاني والاجتماعي صاحبها نمو وتغير في نظم التعليم، ولقد لوحظ بطء تكيف هذه النظم مع الظروف المحيطة بها: ومن ثم فإن جوهر أزمة العالم التعليمية يظهر في عدم توافق نظم التعليم مع بيئاتها،

ويرجع كومبز Coombs عدم التوافق بين نظام التعليم والمنظومات الأخرى حولها إلى أسباب أهمها:

١- الزيادة الطلابية.

٢- الزيادة الشديدة في الإقبال على التعليم، الأمر الذي أدى إلى زيادة الضغط على المؤسسات التعليمية في مختلف مراحلها (العام – والجامعي).

٣- نقص الموارد المالية المخصصة لتمويل التعليم.

٤- زيادة التكلفة التعليمية في جميع مراحل التعليم العام والجامعي وزيادة معدلات التضخم.

٥- عدم ملاءمة الخريجين لسوق العمل.

٦- جمود نظم التعليم بشكل يجعلها تستجيب ببطء شديد لكي تلائم بين ظروفها الداخلية والتغيرات والاحتياطات الجديدة في البيئة المحلية والعالمية.

٧- جمود للمجتمعات ذاتها مما حال بينها وبين الإفادة من التعليم والقوى العاملة المتعلمة بحيث يعطي للعادات والتقاليد وزناً كبيراً يعرقل التنمية داخل المجتمع.

٨- ارتفاع نسبة التسرب من التعليم في مراحله المختلفة وخاصة المراحل الأولى.

٩- عدم رضا المعلمين عن العمل التدريسي.

١٠- تزايد الشعور بالإحباط عند المعلمين والتلاميذ والإداريين.

١١- عجز المدارس عن تأدية وظائفها المحددة لها سلفاً.

١٢- هدف التعليم تطبيع الأفراد وفق أهداف المجتمع.

١٣- نقص عدد المباني المدرسية الصالحة، ونقص التجهيزات المدرسية وكفايتها للعملية التعليمية.

١٤- نقص تدريب وإعداد المعلم وعدم كفاية الإدارة التعليمية ونقص الاعتمادات المالية اللازمة لذلك.

١٥- عدم مواكبة المناهج والمقررات الدراسية للبيئة المحلية والعالمية وعدم ملائمة الامتحانات وأساليب التقويم، واعتماد أساليب وطرق التدريس على الحفظ والتلقين ومن التركيز على التفكير والإبداع.

١٦- الزيادة المستمرة في إعداد النمو السكاني.

١٧- الكثافة الطلابية في الجامعات وعدم كفاءة نظام القبول في الجامعات.

١٨- الاهتمام بالكم في نظام التعليم دون الاهتمام بالكيف.

ثاني عشر: أسباب ظهور الأزمة التعليمية:

١- الانفجار السكاني:

يظهر بصورة هائلة خاصة الدول النامية، فنحن ننجب بدون معيارية ولا تفكير في عواقب نواتج هذه الزيادة السكانية والتي تتمثل نتائجها فيما يلي:

- التكدس الهائل بالفصول التعليمية (زيادة كثافة الفصل).

- ظاهرة التسرب الطلابي والرسوم بالتعليم.

- انتشار الأمية والجهل والفقر.

- قلة الكوادر البشرية والأيدي العاملة المدربة والمعدة إعداداً يلائم احتياجات التغيرات السريعة.

٢- النمو المتزايد للحاجات التعليمية العرض والطلب:

فتظهر في الزيادة الهائلة في تطلعات الآباء والأبناء نمو التعليم، كذلك أسلوب التركيز الجديد في كل مكان على تنمية التعليم باعتباره شرطاً أساسياً للتنمية القومية.

٣- جمود النظم التعليمية:

يلاحظ أن المناهج الدراسية عقيمة وغير مواكبة لتطورات العصر ومتطلبات المجتمع وأنها منعزلة تماماً عن الواقع الذي يعيشه المتعلم، وفي ذلك يصاب المتعلم بالاغتراب عندما ينهي تعليمه ويخرج إلى المجتمع الذي هو عبارة عن حياة جديدة بخلاف التي كان يعيشها ويدرسها من قبل داخل النظام التعليمي الذي عاش فيه.

ثالث عشر: أساليب التعامل مع الأزمة التعليمية:

يتطلب التعامل استخدام أساليب متنوعة ومتطورة وتسمح للمتعامل مع الأزمة بحرية الحركة في جميع مراحلها، وفيما يلي عرض لأهم هذه الأساليب وهي:

أ- تبسيط الإجراءات داخل المؤسسة التعليمية :

تجاهل عنصر الوقت في الأزمة يؤدي إلى تفاقم الأزمة ويهدد كيان التنظيم الإداري الأمر الذي يتطلب تبسيط الإجراءات مما يساعد على سرعة معالجة الأزمة واختصار الزمن والوقت فلا يعقل أن تخضع معالجة الأزمة للإجراءات المنصوص عليها في لائحة أو قانون .

ب- اتباع المنهج العلمي:

لا يمكن التعامل مع الأزمة في إطار من العشوائية والارتجال بل لابد أن تخضع للمنهج الإداري العلمي والذي يشمل أربع مراحل هي:

المرحلة الأولى: التخطيط: و تشمل كيفية التعامل مع الأزمة وتصور الأوضاع المستقبلية لها وتوقع الأحداث ومعرفة الاحتياجات المادية والبشرية للتغلب على تلك الأزمة.

المرحلة الثانية: التنظيم: فعادة ما تهتم بتحديد الأفراد الذين يتعاملون مع الأزمة ومهام كل منهم والمسئول عنهم وسبل الاتصال بهم وخطوط السلطة وقنوات الاتصال التي تربط بيئتهم.

المرحلة الثالثة: التوجيه: تتضمن شرح طبيعة المهمة، ومنها يتم التدخل، والغرض من هذا التدخل والسلطة المفوضة، وغالباً ما يزود الأفراد المتعاملين مع الأزمة بالمعلومات الأمر الذي يسهل من مهمة اتخاذ وصناعة القرار.

المرحلة الرابعة: المتابعة: يتم فيها استخدام الموارد الإدارية للقيام بعمل معين مع مراعاة أن يكون الأمر واضحاً وقابلاً للتدفق مبيناً العمل

المطلوب تأديته من خلال المتابعة، فلا بد أن يكون هناك متابعة حقيقية للأزمة، لأنه غالباً ما تكون معالجة الأزمة معالجة مرحلية وليست نهائية، وبالتالي تظل أسبابها كامنة، الأمر الذي يستلزم منا الاهتمام بمعالجة أسبابها دون وقوعها مرة أخرى.

ج- التواجد الفوري في موقع الأزمة:

تعتمد إدارة الأزمات على التواجد في الموقع الفوري فلا يمكن معالجة أي أزمة أو مقاومتها أو التصدي لها إلا من خلال الحضور الدائم لاستيعاب أسباب وعناصر وأبعاد الموقف الذي يواجه الكيان الإداري، فضلاً عن ذلك فالحضور في موقع الأزمة يتيح للمتعامل معها معرفة ما يحدث أولاً بأول ومن ثم إذا احتاج الموقف بالإضافة إلى أن الحضور الدائم ساعد على كسب المؤيدين للتعامل مع الأزمة وعدم إعطاء الفرصة للمعارضين له للهجوم عليه.

د- تفويض السلطة:

هي محور العملية الإدارية، فإنه من الأهمية بمكان في إدارة الأزمة وأدى للاستخدام حيث تحتاج إدارة الأزمات إلى السرعة العاجلة في اتخاذ القرار المناسب مع مراعاة أن تفويض السلطة يجب أن يتم في نطاق المستويات الإدارية العليا والتنفيذية.

هـ- فتح قنوات الاتصال:

تحتاج إدارة الأزمة إلى فتح قناة الاتصال مع الطرف الآخر كأداة للحصول على المعلومات إلى المتابعة الفورية لأحداث الأزمة ونتائجها

ومما لاشك فيه أن قناة الاتصال المفتوحة تعد من أفضل الأساليب الوقائية ضد حدوث الأزمة أو استفحالها.

رابع عشر: أمثلة تطبيقية لبعض الدراسات والبحوث في مجال إدارة الأزمة:

يوجد عدد كبير من الدراسات والبحوث تناولت إدارة الأزمة في التعليم أهمها:

١- جميل حامد القثامي: نماذج من إدارة الأزمات في عهد الخلفاء الراشدين وتطبيقاتها في مجال الإدارة والتخطيط التربوي. رسالة ماجستير غير منشورة، قسم الإدارة والتخطيط، جامعة أم القرى، ١٩٩٥م.

٢- هنداوي محمد حافظ: " إدارة الأزمة التعليمية: المفهوم والنظرية "، المؤتمر السنوي الثاني، إدارة التعليم في الوطن العربي في عالم متغير، الجزء الثاني، الجمعية المصرية للتربية المقارنة والإدارة التعليمية، القاهرة: كلية التربية، جامعة عين شمس، يناير ١٩٩٤م.

٣- عاصم الأعرجي ودقامسة مأمون: إدارة الأزمات: دراسة ميدانية لمدى توافر عناصر نظام لإدارة الأزمات من وجهة نظر العاملين في الوظائف الإشرافية في أمانة عمان الكبرى، الإدارة العامة، م٣٩، ص٤، ١٤٢٠هـ.

٤- حسن محمد محفوظ: التنمية الإدارية بين إرادة وإدارة التغيير، القاهرة: مجلة التنمية الإدارية، السنة السادسة عشر، العدد اثنان وستون، يناير ١٩٩٤م.

٥- محمد السيد حسونة: "مدير المدرسة وأدواره التربوية"، صحيفة التربية، العدد الثالث، مارس ١٩٩٨م.

٦- مجدي عبد الكريم حبيب: " إدارة الأزمات النفسية والتربوية: حالات تطبيقية "، المؤتمر السنوي الرابع لإدارة الأزمات والكوارث. القاهرة: كلية التجارة، جامعة عين شمس، أكتوبر ١٩٩٩م.

٧- زهير نعيم الصباغ: " دور إدارة الموارد البشرية في إدارة الأزمات"، المؤتمر السنوي الثاني لإدارة الأزمات والكوارث. المجلد الأول، القاهرة: كلية التجارة، جامعة عين شمس، أكتوبر ١٩٩٧م.

٨- محمد صدام جبر: المعلومات وأهميتها في إدارة الأزمات، المجلة العربية للمعلومات، إدارة التوثيق والمعلومات بالمنظمة العربية للتربية والثقافة والعلوم، ك١٩، ع١، ١٩٩٨م.

٩- ناهد عبد الله الموسى: إدارة الأزمات في مدارس التعليم العام بمدينة الرياض: نموذج مقترح، رسالة دكتوراه غير منشورة، الرياض: كلية التربية، قسم الإدارة التربوية، جامعة الملك سعود، ٢٠٠٥م.

١٠- علي محمد الفهيد: دور إدارات العلاقات العامة في التعامل مع الأزمات، رسالة ماجستير غير منشورة ، الرياض: كلية العلوم الإدارية، قسم الإدارة العامة، جامعة الملك سعود ١٤١٩هـ.

١١- ماهر جمال الدين علي: "التخطيط الأمني لإدارة عمليات مواجهة الكوارث"، المؤتمر الشرطي الثاني لتطوير العلوم الأمنية، دبي: القيادة العامة لشرطة دبي، ١٩٩٤م.

١٢- ريم مهيوب سليمون: الخطط المستقبلية لإدارة الأزمات المدرسية: دراسة وصفية نفسية لمستقبليات المواجهة. رسالة ماجستير غير منشورة، كلية التربية، قسم علم النفس التربوي، جامعة طنطا، ٢٠٠١م.

١٣- محفوظة محمد الفرازي: تطوير إدارة الأزمات في المدارس الإعدادية والثانوية بسلطنة عُمان، رسالة ماجستير غير منشورة، مسقط، كلية التربية، قسم الإدارة التربوية، جامعة السلطان قابوس، ٢٠٠٣م.

١٤- عدنان قطيط: تطوير إدارة الأزمات بالمدرسة الثانوية العامة في جمهورية مصر العربية في ضوء الفكر الإداري المعاصر، رسالة ماجستير غير منشورة، كلية التربية، قسم التربية المقارنة والإدارة التعليمية، جامعة طنطا، ٢٠٠٤م.

١٥- سامح عبد المطلب عامر: دور الإدارة المدرسية في تنمية الوعي لدى طلاب التعليم الأساسي في مواجهة الكوارث والأزمات: دراسة ميدانية، رسالة ماجستير غير منشورة، كلية التربية ببنها، جامعة الزقازيق، ١٩٩٧م.

١٦- محمد إبراهيم أبو خليل: "موقف مديري مدارس التعليم الأساسي من بعض الأزمات والتخطيط لمواجهتها"، مجلة مستقبل التربية العربية، المجلد السابع، العدد الواحد والعشرين، إبريل ٢٠٠١م.

هوامش الفصل

أولاً: المراجع العربية:

١- أحمد إبراهيم أحمد: إدارة الأزمة التعليمية منظور عالمي: الإسكندرية، المكتب العلمي للكمبيوتر والنشر والتوزيع، ٢٠٠١م.

٢- ـــــــــ: إدارة الأزمات التعليمية في المدارس، الأسباب والعلاج، القاهرة، دار الفكر العربي، ٢٠٠٢م.

٣- أحمد إسماعيل حجي: الإدارة التعليمية والإدارة المدرسية، القاهرة، دار الفكر العربي، ١٩٩٨م.

٤- أحمد فتحي: الخروج من المأزق فن إدارة الأزمات، القاهرة، دار الأمين، ٢٠٠١م.

٥- جميل حامد القثامي: نماذج من إدارة الأزمات في عهد الخلفاء الراشدين وتطبيقاتها في مجال الإدارة والتخطيط التربوي، رسالة ماجستير غير منشورة، جامعة أم القرى، ١٩٩٥م.

٦- حافظ فرج أحمد، محمد صبري حافظ: إدارة المؤسسات التربوية، القاهرة، عالم الكتب، ٢٠٠٣م.

٧- حسين كمال بهاء الدين: التعليم والمستقبل، القاهرة، دار المعارف، ١٩٩٧م.

٨- ريم مهيوب سليمون: الخطط المستقبلية لإدارة الأزمات المدرسية: دراسة وصفية نفسية لمستقبليات المواجهة، رسالة ماجستير غير منشورة، كلية التربية، جامعة طنطا، ٢٠٠١م.

٩- سامي عبد المطلب إبراهيم عامر: دور الإدارة المدرسية في تنمية الـوعي لـدى طـلاب التعليم الأساسي في مواجهة الكوارث والأزمات - دراسة ميدانية على محافظة المنوفية، رسالة ماجستير غير منشورة، كلية التربية، جامعة الزقازيق، فـرع بنها، ١٩٩٧م.

١٠- سـعيد يـس عـامر، عـلي محمـد عبـد الوهـاب: الفكـر الإداري في التنظيم والإدارة، القاهرة، مركز وايد سرفيس للاستشارات والتطوير اللاداري، ١٩٩٤م.

١١- السيد عليوه: إدارة الأزمات والكوارث حلول علمية وأساليب وقائية، القاهرة، مركـز القرار للاستشارات، ١٩٩٧م.

١٢- عـادل السـيد الجنـدي: الإدارة والتخطـيط التعليمـي الاستراتيجي رؤيـة معاصـرة، السعودية، مكتبة الرشد، ٢٠٠٣م.

١٣- عاصم الأعرصي، دقاسة مأمون: إدارة الأزمات دراسة ميدانية لمدى توافر عناصر نظام لإدارة الأزمات من وجهة نظر العاملين في الوظائف الإشرافية في أمانـة عمـان الكبرى، الإدارة العامة، العدد ٤، ٣٩٢.

١٤- عايده سيد خطاب: أصول الإدارة، القاهرة، مكتبة عين شمس، ١٩٩٢م.

١٥- عز الدين حسـين الرزان: التخطيط وإدارة الأزمات في المؤسسات، عمان، دار مجـدولين للطباعة والنشر، ١٩٩٥م.

١٦- عطية حسن افندي: اتجاهات جديدة في الإدارة بين النظرية والتطبيق، القاهرة، مركز البحوث والدراسات السياسية، ١٩٩٤م.

١٧- غريب عبد الحميد حسين: أثر التفاعل بين المتغيرات التكنولوجية والتنظيمية على الكوارث والأزمات، رسالة ماجستير غير منشورة، كلية التربية جامعة عين شمس، ١٩٩٧م.

١٨- فاروق السيد عثمان: سيكولوجية التفاوض وإدارة الأزمات، الإسكندرية، منشأة المعارف، ١٩٩٨م.

١٩- محسن أحمد الخضيري: إدارة الأزمات: منهج اقتصادي إداري لحل الأزمات على المستوى الاقتصادي المصري والوحدة الاقتصادية، القاهرة، ١٩٩٠م.

٢٠- محمد أحمد الغنام: ثورة استراتيجية لتطوير النظم التربوية في البلدان العربية، رسالة الخليج، مكتب التربية لدول الخليج، الرياض، ١٩٨٣م.

٢١- محمد رشاد الحملاوي، منى صلاح الدين شريف: إدارة الأزمات في الصناعة المصرية، دراسة تطبيقية، المؤتمر الثاني لإدارة الأزمات والكوارث، وحدة بحوث العمليات، كلية التجارة، جامعة عين شمس، المنعقدة من ٢٥-٢٦ أكتوبر، ١٩٩٧م.

٢٢- محمد صدام جبر: المعلومات وأهميتها في إدارة الأزمات، المجلة العربية للمعلومات إدارة التوثيق والمعلومات بالمنظمة العربية للتربية والثقافة والعلوم، م١٩، ع١، ١٩٩٨م.

٢٣- محمد عبد الغني هلال: مهارات إدارة الأزمات، مركز تطوير الأداء والتنمية، القاهرة، ١٩٨٥م.

٢٤- محمد عبد القادر حاتم: التعليم في اليابان، المحور الأساسي للتقنية اليابانية، القاهرة، الهيئة العامة للكتاب، ١٩٩٧م.

٢٥- محمد علي عزب: وتحدي التقدم العلمي والتكنولوجي للتعليم العالي وإمكانية مواكبته في مصر ، مجلة كلية التربية، جامعة الزقازيق، ع(٣٢)، مايو ١٩٩٩م.

٢٦- ناهد عبد الله الموسى: إدارة الأزمات في مدارس التعليم العام بمدينة الرياض: نموذج مقترح، رسالة دكتوراه غير منشورة، الرياض، كلية التربية، جامعة الملك سعود، ٢٠٠٥م.

٢٧- نجلاء عبد الحميد رأفت: أزمة التعليم في مصر دراسة سوسيولوجية في إدارة الأزمات الاجتماعية، القاهرة، مركز المحروسة والتدريب والنشر، ١٩٩٨م.

٢٨- هنداوي محمد حافظ: إدارة الأزمة التعليمية، المفهوم والنظرية، مؤتمر السنوي الثاني، إدارة التعليم في الوطن العربي في عالم متغير، الجمعية المصرية للتربية المقارنة والإدارة التعليمية، جامعة عين شمس، يناير،١٩٩٤.

أولاً: المراجع الأجنبية:

29- Blythe, Bruce. Creating your school's Crisis Management Team school- Business- Affairs, V.67,No.7,p.16-18, July 2001.

30- Blythe, Bruce: Creating your school's Management Team School-Business-A ffairs, Vol.67, No.7,2001.

31- Christensen, Linda K. Crisis management plan characteristics in Elementary school as perceived bu Nebraska public schiil principals. (EdD) University of Nebraska Omaha. (UMI),2001.

32- David J, Schonfeld & Marsha Kline: School-Based Crisis Intervention: An Organizational Model. Crisis Intervention, Vol1, No.2, Uune1994.

33- David J. Schonfeld & Marsha kline. "School- Based crisis Intervention: An Organizational Model". Crisis Intervention. Vol.1. No.2, June 1994.

34- David J. Schonfeld. "School-Based crisis Intervention services for Adolescents", Pediatrics, Vol.91, No.3,March 1993.

35- Elieen, cohen therry. Principals, Experiences with school crisi (Leadership, Disastres), ph. D University of Virginia. D.A.I, V.59, No.7,1998.

36- Gilliam, J.E. Crisis Management for Students with Emotional Behavioral Problems Intervintion in school and Clinic, V.28, No.24.1993.

37- Guliett, David & Donglas, Long. "what are the Attributer and Dutise of the school intervention Team" NASS Bulltin. Vol.80, 1996.

38- Harris, Morag B, Crisis Management: A School District Response to Suicide General (ERIC),1995.

39- Moriarty, Anthony & Others. A clear plan school crisis management NA SSP-Bulletin, V.77,No.552, p.17-22 ,April 1993.

40- Motomura, Naoyasu & Others. School Crisis Intervention in the ikeda incident: Organization and activity of the Mental Support Team, Psychiatry and Clinical Neurosciences, Vol.57,2003.

41- Reid, Janinel: Crisis Management Planning and meations For the desing and costrruction, Canada, Wley & Sons, 2000.

42- Smith, Judie. School Crisis management Manual Guide lines for Administrators. Secondl Edition, 2001, (ERIC).

43- Ziolkowski, George A & willower, Donalend J. School Superintendents, Crisis Management and Institutional Organisations theory, Journal of Educational Administration. V.29, No.2, 1991.

الفصل السادس
إدارة التغيير
في المؤسسات التعليمية

إدارة التغيير
في المؤسسات التعليمية

مقدمة:

يرى بعض العلماء والمفكرين أن المجتمعات الإنسانية جوهر تتداخل في إطاره الأحداث، وتمتد الظواهر وتتشابك وتتفاعل عبر علاقة الإنسان بالزمن الذي يتميز بخاصية الاندفاع الدائم نحو مستقبل يحكمه قانون أساس هو قانون التغيير والذي يقضي ـ بأن الماضي يستحيل أن يكون حاضراً أو مستقبلاً، وتتوقف صورة المستقبل إلى حد كبير على إدارة الحاضر وعلى القرارات التي تتخذ من الحاضر، وكذلك على إدارة التحولات والتغييرات المتسارعة في عالم اليوم.

كما أن التغيير سمة أساسية في الحياة اليومية، فهناك عوامل كثيرة تعكس التغيير، وتحتم هذه التغييرات المتعددة التي تشهدها المجتمعات إجراء إصلاحات جوهرية في النظم التعليمية حتى يحتفظ التعليم في المستقبل في تلك المجتمعات بالوظائف الرئيسية له، كما أن بقاؤه يتوقف بشكل أساسي على قدرته في الحفاظ على جودته وملامته لمتطلبات العصر، ولذا يمثل التغيير التربوي ضرورة حتمية في المؤسسات التعليمية. بل بعد من الأمور الشائعة في المنظمات الحديثة، كما أن كثير من هذه التغييرات تكون ضرورية ومفيدة سواء للمنظمة أو المدرسة.

ويواجه التغيير كل فرد وكل مؤسسة وكل مجتمع في العصر الحاضر. فهو الصفة الأساسية المميزة لهذا العصر، ولا شك أن تتابع الاختراعات والابتكار وتزايد النظريات والدراسات وتطور المفاهيم والثورة التكنولوجية بشكل متلاحق - كل ذلك أدى إلى التغيير، مما يؤثر على كل قطاع وكل فرد في مجتمع اليوم.

والتغيير في الإدارة ليس عملية عشوائية تتم بناء على افتراضات فردية، بل هو عملية دقيقة مدروسة يلجأ إليها التنظيم لمقابلة زيادة الأعباء على عاتقه أو للبحث عن الوسيلة التي تؤدي إلى كفاءة وإنتاجية أفضل.

وتواجه المنظمات مصدرين من الضغوط تفرض عليها التغيير هما المصدر الخارجي، والمصدر الداخلي. فالمنظمات نظام مفتوح يحصل على المدخلات من البيئة ويحول هذه المدخلات ويرسلها مرة ثانية إلى البيئة كمخرجات وتعمل المنظمات جدياً على ضمان استقرار مدخلاتها ومخرجاتها، وقد ينشأ التغيير من مصدر آخر وهو المصدر الداخلي، والذي يتيح من القوى الداخلية في المنظمة. فالإنتاجية المنخفضة، والصراع، الإضراب، والتخريب ومعدل الغياب، ما هي إلا بعض العوامل التي تعطى إشارة لضرورة التغيير.

ويحدث التغيير عند ينفذ برنامج أو خطة معينة بالمنظمة لتحقق درجة رضا أكبر. ويتراوح مدى التغيير من تغير محدود على تغير

رئيسي جوهري، فالتدريب البسيط لتنمية المهارات، أو تغير إجراءات التعيين يعد تعبيراً محدوداً، طالما يتضمن مجموعة محدودة من الأفراد، على العكس من هذا، فإن التغييرات الجوهرية التي تتضمن عدداً كبير من الأفراد قد تتمثل في إثراء مكثف للعمل أو إعادة الهيكلة.

وفي ظل ظاهرة التغيير الكبير والمتسارع في شتى مجالات الحياة، لا تستطيع المنظمة التي تسعى للبقاء والنمو والازدهار وتحقيق النجاح المضطرد أن يقف مكتوفة اليدين، وأن تترك ناحية الأمور للظروف وللصدفة تتحكم بمصير المنظمة وتملي عليها نوع التغيير المطلوب أو المحافظة على الوضع الراهن. ولكن يعمل المديرين السعي الجاد لإدارة لعملية التغيير بالمنظمة.

فالمتغيرات العالمية في المجالات المعلوماتية والتكنولوجية والسياسية والاقتصادية والاجتماعية، كلها تفرض إمكانية وصف النظام الحالي باللاثبات والتغيير المستمر والتحول الجذري. ومن هنا فإن الإدارة الحالية هي إدارة للتحول والتغيير والتجديد... إدارة تقود التغيير وتحدثه وتتحكم فيه وتوجهه ولا تقف في انتظار ما سيسفر عنه التعبير من نتائج لتتعايش وتساير معه.

ويتناول هذا الفصل عدد من الموضوعات المتعلقة بالتغيير مثل بعض المفاهيم المرتبطة به، وأنواعه، ومداخله، ومراحله،

واستراتيجياته، ونماذجه، والعوامل المساعدة للتغيير، ومقاومة التغيير، وأسبابها على النحو التالي:

أولاً: بعض المفاهيم المرتبطة بالتغيير:

١- التغيير:

التغيير في اللغة "غير" الدهر: أحواله وأحداثه المتغيرة وتغيرت الأشياء اختلفت.

التغيير يعكس حالة لكسر الجهود في الأنشطة الحالية وإعادة توجيه طاقات المنظمة نتيجة استراتيجيات أو منتجات أو فرص تسويقية أو مناهج عمل أو عمليات أو هياكل جديدة.

ويعتبر التغيير بالمعنى العام أي انحراف عن الماضي وقد يتم هذا الانحراف بشكل تلقائي أو منظم... ويتضمن عادة جانباً أساسياً بالنسبة للإدارة يتمثل في زيادة قدرة الفرد أو التنظيم على التكيف مع البيئة الجديدة والاستجابة لمتطلباتها بشكل مناسب وفعال.

٢- التغيير العارض (غير المخطط):

يطلق عليه البعض التغيير – فيحدث طوعاً وتلقائياً بصورة طبيعية أو عشوائية دون اهتمام من جهة معنية. وقد يكون ضاراً بل ومدمراً أو مفيداً.

٣- التغيير المخطط :

التغيير الذي يحدث بصورة متعمدة وجهود واعيـة مـن قبـل جهـة معينـة. ويكون في الغالب استجابة مباشرة لإدراك شخص وجهة معينة بوجود فجوة في مستوى أداء المنظمة – فجوة بين وضع مرغوب ولوضع الراهن. ومن ناحية أخرى لـيس التغيير المخطط مقصوراً على السعي لمحاولة حل مشكلة معينة فقط، وإنما يمتد ليشمل أي محاولة لاستغلال فرص وإمكانيات معينة والاستفادة في تحقيق مزيد من النجاح والنمو والتوسع للمنظمة.

٤- التجديد:

يعني إحداث تغيير محدد وجديد يعتقد أنه ذا أثر أكثر فاعليـة في تحقيق أهداف النظام، ويكون الشيء المحدد والمقصود بعملية التغيير مجرد أحـد نواتج النظام الـذي قد يتمثل في فكرة جديدة، وسيلة فنية تقنية، أو ربما طريقة تعليمية جديدة تقترح للاستخدام في المدرسة. كما يمثل التجديد عملية تطوير أو استحداث شيء جديد بـديل لمـا هـو قـائم يفرض حل مشكلة ما أو تطوير أداء معين في المؤسسة التعليمية.

٥- التطوير:

يختلف مفهوم التغيير عن مفهوم التطوير من حيث أن التغيير قد يأخـذ اتجاهاً سـلبياً مما قد يؤدي على تقهقر النظام بدلاً من تقدمه كما

يتصف بالإيجابية فيؤدي إلى إحداث التطوير ذاته. ومن هنا يتفق المفهومان من حيث أن التغيير الإيجابي المخطط عادة ما يؤدي إلى عملية تطوير في اتجاه الأمام.

٦- التغيير التنظيمي المخطط: التطوير التنظيمي:

التطوير التنظيمي مدخل لتيسير التغيير في قيم ومعتقات ومدركات واتجاهات وقدرات ومهارات وسلوكيات العاملين بالمنظمة فرداي وجماعات، وفي ممارستهم لأدوارهم ومهامهم التنظيمية، وكذا في التكنولوجيا المستخدمة، وهيكل التنظيم والعلاقات التنظيمية.

كما يعرف بأنه جهد مخطط ومستمر لتغير المنظمة لتصبح أكثر فعالية، أو أكثر اهتماماً بالنواحي الإنسانية، وهو يستخدم المعرفة المكتسبة من العلوم السلوكية لتنمية ثقافة تنظيمية تعتمد على الاختبارات الذاتية للمنظمة والاستعدادات للتغير والتغيير التنظيمي المخطط يشمل جميع عناصر المنظمة من أهداف واستراتيجيات وأفراد ومهام والأساليب التكنولوجية المستخدم. وقد تكون جهود التطوير مكتوبة أو غير مكتوبة تجسدها طاقم المديرين بالمنظمة.

كما يشير مصطلح التطوير التنظيمي إلى مختلف مداخل العلوم السلوكية المستخدمة لتوجيه المنظمات نحو درجة أكبر من الاتصال المفتوح والصادق بين الأفراد والمجموعات، بحيث يكون أعضاء

التنظيم أكثر انفتاحاً وصراحة في تعاملهم مع بعضهم البعض على نحو مباشر وبأسرع الطرق وأكثرها فعالية.

كما يعرف بأنه محاولة مدروسة لتعديل وظيفة التنظيم الكلي أو أحد أجزائه الهامة لزيادة الفعالية, ويمكن إحداث مثل هذا التغيير بواسطة أعضاء التنظيم أنفسهم أو بواسطة جهات خارجية متخصصة.

٧- التغيير التربوي:

يقصد به العملية المخططة والتي تهدف إلى إحداث تغيير كلي أو جزئي في أحد عناصر النظام التعليمي سواء كان ذلك التغيير في الشكل والنوعية أو في العلاقة بين العناصر وبعضها البعض.

٨- إدارة التغيير:

تعرف إدارة التغيير بأنها الأعمال المرتبطة بتغير أسلوب ومنهج وفلسفة الإدارة في المنظمة، ويتم ذلك من خلال التجرد من السلوك الحالي، وتجربة السلوك الجديد وإعادة التكوين مع المواقف والسلوك الجديد واعتبار أن الأمور المتغيرة هي الشيء الطبيعي وليست الشيء الجديد المفتعل.

وتعرف أيضاً بأنها رصد المتغيرات وتوقع آثارها المحتملة والكشف عن المعوقات، وتعرف كذلك بأنها اتجاه مخطط للتجديد والتطوير في الظواهر التعليمية والرقابة على العمليات الخاصة بها.

ثانياً: أنواع التغيير:

التغيير إجراء أي تعديلات في عناصر العمل التنظيمي، كأهداف الإدارة أو سياساتها وأساليبها، في محاولة لحل مشاكل التنظيم أو لإيجاد أوضاع تنظيمية أفضل أو لإيجاد توافق أكبر بين وضع التنظيم وأي ظروف بيئية جديدة تتحقق من حوله.

ويصنف التغيير على أنوع متعددة وفقاً للمعيار المستخدم في عملية التصنيف منها:

١- وفقاً للشمولية:

ينقسم التغيير من حيث الشمولية إلى التغيير الشامل والتغيير الجزئي، فالتغيير الشامل يشمل كافة قطاعات التنظيم وجوانبه، أما التغيير الجزئي فيقتصر على جانب واحد من جوانب التنظيم مثل بعض الآلات والأجهزة.

٢- وفقاً للمادية:

ينقسم التغيير وفقاً لهذا المعيار إلى تغيير مادي وتغيير معنوي، فالتغيير المادي هو التغيير التكنولوجي كتغير بعض الأجهزة والمعدات، أما التغيير المعنوي فيشمل سلوك العاملين بالمنظمة وتغيير طرق أداء العمل.

٣- وفقاً للسرعة:

ينقسم التغيير وفقاً لهذا المعيار إلى تغيير سريع وتغيير تدريجي، فالتغيير التدريجي يكون أكثر رسوخاً ومكانة من التغيير السريع، علماً بأن اختيار درجة السرعة في التغيير يعتمد على الظروف التي يتم خلالها التغيير حين يرى البعض أن أنواع التعبير.

٤- وفقاً للموقع الجغرافي:

ينقسم التغيير وفقاً لهذا المعيار إلى التغيير على مستوى الدولة والتغيير على مستوى الإقليم، فالتغيير على مستوى الدولة يشمل كافة المناطق الجغرافية، والتغيير على مستوى الإقليم يركز على احتياجات كل إقليم داخل الدولة لتحقيق التوازن والتكامل بينها.

ويمكن تلخيص أنواع التغيير في الشكل التالي:

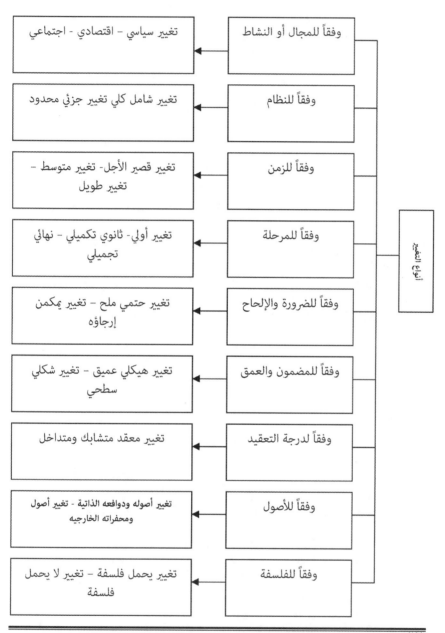

	أنواع التغيير
تغيير سياسي - اقتصادي - اجتماعي	وفقاً للمجال أو النشاط
تغيير شامل كلي تغيير جزئي محدود	وفقاً للنظام
تغيير قصير الأجل- تغيير متوسط - تغيير طويل	وفقاً للزمن
تغيير أولي- ثانوي تكميلي - نهائي تجميلي	وفقاً للمرحلة
تغيير حتمي ملح - تغيير يمكن إرجاؤه	وفقاً للضرورة والإلحاح
تغيير هيكلي عميق - تغيير شكلي سطحي	وفقاً للمضمون والعمق
تغيير معقد متشابك ومتداخل	وفقاً لدرجة التعقيد
تغيير أصوله ودوافعه الذاتية - تغيير أصول ومحفزاته الخارجيه	وفقاً للأصول
تغيير يحمل فلسفة – تغيير لا يحمل فلسفة	وفقاً للفلسفة

ثالثاً: مدخل التغيير التنظيمي:

الواقع أن مداخل تصميم العمل الإثراء الوظيفي وإعداد الهيكل التنظيمي وغيرها من المداخل. يمكن اعتبارها بمثابة أساليب للتطوير التنظيمي، ويمكن نتناول بعض هذه المداخل بشيء من التفصيل على النحو التالي:

١- مداخل إنسانية:

تفترض هذه المداخل أن البشر هم مفتاح أو مدخل التغيير بل هم العنصر ـ الحيوي بنجاح المنظمة، حيث يتعين اتفاق أهدافهم مع أهداف المنظمة.

٢- مداخل سياسية:

يفترض المدخل السياسي للتغيير أن السلطة والموارد النادرة على مستوى المنظمة يجب أن تخصص أو توزع بين القوى المتنافسة بالمنظمة. وأن التغيير يتم من خلال الصراع الإيجابي والتفاوض والمساومة، وهو يحدث عندما يكون طرفاً قادراً على تغيير الوضع الحالي لتخصيص أو توزيع الموارد أو إعادة صياغة الهياكل أو العمليات، أو نظم الاختيار والترقية.

٣- مدخل التخطيط الاستراتيجي:

يفترض هذا المدخل أن التغيير تحتمه متغيرات بيئة مؤثرة، وأن التغيير طويل الأجل يجب أن يقوم على فهم عميق لتأثير التغيير على كل سمات وعناصر المنظمة وأن كل هذه السمات أو العناصر يجب إعادة صياغتها في علمية التغيير ويتطلب هذا رؤية مستقبلية وخطة إستراتيجية قوية.

ويرى البعض أن مداخل التغيير تتمثل في المداخل التالية:

١- مدخل رفض الماضي:

ويعتمد هذا المدخل على رفض ما هو قائم الآن بلغة الأمس بكل أخطائه وذلك من خلال إظهار عيوب الماضي وإعلان أسراره.

٢- مدخل الانسلاخ عن الحاضر:

ويعتمد على الابتعاد عن الواقع الراهن بأبعاده وجوانبه، حيث يكون المجتمع صحبة تيارات عاصفة متناقضة ومتعارضة من الآراء.

٣- مدخل أحلام المستقبل:

ويعتمد على الحلم بمستقبل أفضل وأن المستقبل وأحلامه تدفع نحو التغيير ويستخدم هذا المدخل مجموعة من الأدوات لإحداث التغيير.

٤- مدخل صناعة المستقبل:

يعتمد على التحول من الانتظار لما يمكن أن يأتي به المستقبل إلى صناعة هذا المستقبل وذلك من خلال تخطيط برامج صنع المستقبل، والتوجيه الذكي لقوى وعوامل التغيير، وتنفيذ ومتابعة وتقويم عملية صنع المستقبل.

ويرى البعض أيضاً أن مداخل التغيير تتمثل في المداخل التالية:

١- **مدخل المعلومات:** حيث يستهدف مدخل المعلومات في غالب الأمر الفرد أكثر مما يستهدف المنظمة التي ينتمي إليها، حيث تتحدد قيمة المعلومات في إخفاء إطار عقلاني منطقي للتغيرات المقترحة. كما أن المعلومات توضح ما هو متوقع من الأفراد القيام به في عملية التغيير.

٢- **مدخل الاستشارة والمعالجة الفردية:** ويعتمد هذا المدخل على محاولة إحداث التغيير عن طريقة الاستعانة بمتخصص كأداة التغيير السلوك الفردي للعاملين.

٣- **مدخل تأثير جماعة القرناء:** يقوم هذا المدخل على أن قرناء العمل عادة ما يكون لهم تأثيراً قوياً على سلوك الفرد منهم، حيث تتحول جماعة العمل إلى عملية متجددة الطاقة ذات قوة دفع واستمرارية ذاتية.

٤- **مدخل التدريب ذي الحساسية العالية**: ويعتمد هذا المدخل على توفير تدريب الجماعة العمل فيما يتعلق مع عملية التغيير المطلوب.

٥- **مدخل المعالجة الجماعية**: ويقوم هذا المدخل على التعامل العلاجي مع الجماعات أكثر من التعامل مع الأفراد، للتغلب على المشكلات التي تواجه العاملين في تقبل التغيير والتعامل معه بدون مخاوف مرضية.

٦- **مدخل التغيير النظامي**: ويقوم هذا المدخل على أساس التعامل مع المنظمة كنظام له مكونات عضوية يقتضي التعامل معها لإحداث التغيير مراعاة المتغيرات المنظمية التي تحكم العلاقة بين هذه المكونات، في حين يعتبر البعض الآخر أن مداخل التغيير التنظيمي المخطط تتمثل في المداخل التالية:

١- مدخل الشبكة الإدارية:

يفترض مدخل الشبكة الإدارية إمكانية قيام المديرين والمنظمات بتنظيم الإنتاجية جنباً إلى جنب مع الاهتمام بالقيم الإنسانية. وبمعنى آخر يمكن أن تكون أهداف كل من المنظمة والعاملين منسقة أو منسجمة وليست متعارضة أو متضاربة.

والشبكة الإدارية عبارة عن عرض تصويري لخمسة نماذج من السلوك الإداري يعتمد على متغيرين أساسيين هما الإنتاج والعاملين. والشكل التالي يوضح الشبكة الإدارية.

شكل يوضح الشبكة الإدارية

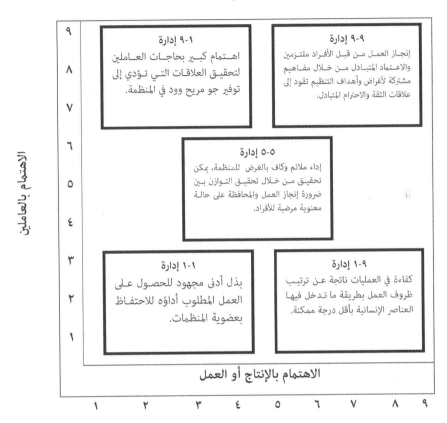

ويمثل مدخل الشبكة الإدارية مجموعة أو سلسلة من الممارسات تستخدم بحيث تسمح للمديرين بتحليل أوضاعهم على الشبكة والعمل على الوصول إلى الوضع المثالي على الشبكة.

٢- مدخل تعديل السلوك:

يعتمد مدخل تعدل السلوك على افتراض أن السلوك التنظيمي هو – إلى حد كبير – دلالة للنتائج الموقفية أو البيئية، ويوجد تصنيفان للنتائج التي تؤثر على سلوكيات الفرد وهما النتائج الإيجابية والنتائج السلبية. حيث تعمل النتائج الإيجابية على تقوية وتدعيم السلوك وتزيد من فرصة تكرار حدوثه. وينتج عن النتائج السلبية أو العقابية إضعاف السلوك وتقليل فرصة تكرار حدوثه.

ومدخل تعديل السلوك تتكون من خمسة خطوات هي تحديد المشكلة وإعداد خريطة التكرار السلوك المستهدف تعديله، وتحليل المواقف والنتائج، ووضع استراتيجيات موقفية، وتطبيق الإستراتيجية الملائمة. الشكل التالي يوضح نموذج تعديل السلوك.

شكل يوضح نموذج تعديل السلوك

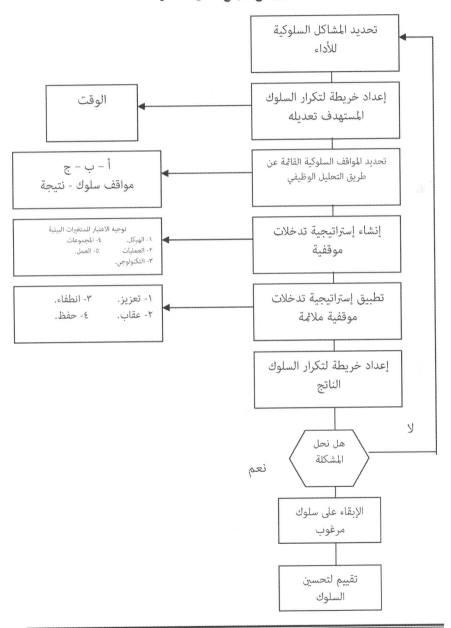

٣- نظام ليكرت ٤ Likert System 4:

يعتبر نظام ليكرت ٤ من المداخل الشائعة للتطوير التنظيمي، ويميز ليكرت بين أربع أنظمة للقيادة وهي: نظام (١) ويطلق عليه النظام المستقل الدكتاتوري، ونظام (٢) ويطلق عليه النظام الارستقراطي، ونظام (٣) ويطلق عليه النظام المشارك، ونظام (٤) ويطلق عليه النظام الديمقراطي. ويرى ليكرت ضرورة إحداث تغيرات جوهرية في نماذج القيادة الإدارية حتى يصبح المديرون أكثر اهتماماً بالموظف، والتركيز على بناء الفريق، الاتصالات المفتوحة، ومشاركة المجموعة في بناء أو إنشاء أهداف ومعايير للأداء.

رابعاً: مراحل التغيير:

تتناول كثير من الكتاب والباحثين المشتغلين بالتغيير، وحاول بعضهم توضيح الكيفية التي يتم بها التغيير ومراحله وخطوات عملية التغيير. وطرحت نماذج وأفكار عديدة في هذا المجال. وتمر عملية التغيير بثلاث مراحل هي:

المرحلة الأولى: إذابة الجليد:

تتضمن هذه المرحلة زعزعة واستبعاد وإلغاء الاتجاهات والقيم والعادات والسلوكيات الحالية للأفراد بما يسمح بإيجاد شعور بالحاجة لشيء جديد، ويمكن اختفاء الممارسات والاتجاهات الحالية وإيجاد

الدافعية والاستعداد لتعلم أشياء جديدة من خلال التأكيد على عدم جدوى وملاءمة الأساليب والطرق والممارسات الحالية لإنجاز العمل.

المرحلة الثانية: مرحلة التغيير:

في هذه المرحلة يتعلم الفرد أفكاراً وأساليب ومهارات ومعارف جديدة، بحيث يسلك الأفراد سلوكاً جديداً أو يقوموا بعملهم بطريقة جيدة، أي يتم في هذه المرحلة تغيير وتعديل فعلي في الواجبات أو المهام أو الأداء. ويلزم ذلك تزويد الأفراد بمعلومات ومعارف جديدة وأساليب جديدة للأداء بهدف مساعدة الأفراد على تعلم مفاهيم وآراء وأفكار جديدة.

المرحلة الثالثة: مرحلة إعادة التمجيد:

في هذه المرحلة يتم دمج الأفكار والمهارات والاتجاهات الجديدة في الممارسات الفعلية. حيث تهدف هذه المرحلة على تثبيت التغيير واستقراره بمساعدة الأفراد على دمج الاتجاهات والأفكار وأنماط السلوك التي تم تعلمها في أساليب وطرق عملهم المعتادة بحيث تصبح سهلة ومرضية، ويمكن أن يتم ذلك من خلال إتاحة الفرصة للعاملين لإظهار السلوك والاتجاهات الجديدة، كما يستخدم التدعيم أو التعزيز الإيجابي لتعزيز التغيير المرغوب فيها. والشكل التالي يوضح مراحل التغيير الثلاثة:

شكل يوضح مراحل عملية التغيير الثلاثة:

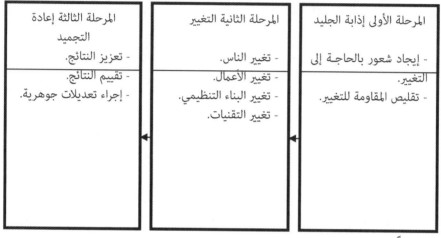

المرحلة الأولى إذابة الجليد	المرحلة الثانية التغيير	المرحلة الثالثة إعادة التجميد
- إيجاد شعور بالحاجـة إلى التغيير. - تقليص المقاومة للتغيير.	- تغيير الناس. - تغيير الأعمال. - تغيير البناء التنظيمي. - تغيير التقنيات.	- تعزيز النتائج. - تقييم النتائج. - إجراء تعديلات جوهرية.

خامساً: استراتيجيات التغيير:

يوجد كبير لاستراتجيات التغيـير وفقـاً لآراء الكتـاب والبـاحثين في مجـال التغيـير. يمكـن التعرف عليها على النحو التالي:

١- إستراتيجية إعادة البناء:

يقوم بها قوى التغيير تنفيذها من خلال ثلاث مراحل هـي مرحلـة هـدم وإزالـة النظـام القديم، ومرحلة تهيئة المناخ، ومرحلة البناء للنظام الجديد.

٢- إستراتيجية الارتقاء والنمو:

تعتمد هذه الإستراتيجية على الارتقاء والنمو ومزيداً من فلسفة التغيير ومن التطوير حيث تأخذ المبادئ طريقها للتطبيق الفعلي والعملي.

٣- إستراتيجية الهيمنة:

تركز هذه الإستراتيجية على الاستفادة من حقائق القوة التي بلغها الكيان الإداري، ومـن ثم الاستفادة من تلك القوة في استقطاب وجذب مجموعة من المزايا الأخرى.

ويصنف البعض استراتيجيات التغيير علـى أسـاس كيفيـة إحداث التغيـير إلى ثلاث استراتيجيات عامة هي:

أ- الإستراتيجية التي تعتمد على طرف واحد:

تؤكد على دور الشخص في موقع السلطة لإحداث التغيير وقد تتخذ الأشكال التالية: إصدار قانون أو مرسوم أو قرار أو تعديل الهيكل التنظيمي.

ب- إستراتيجية المشاركة في القوة:

تستخدم هذه الإستراتيجية في صورتين: اتخاذ القرارات من قبل الجماعة بالمشاركة. وحل المشكلات بواسطة الجماعة.

ج- إستراتيجية السلطة المفوضة:

في هذه الإستراتيجية تعهد مسئولية تعريف المشكلات ومعالجتها عن طريق دراسة الحالة، وتدريب الجماعة والتركيز على العلاقات بين الأفراد.

في حين يرى البعض الآخر أن استراتيجيات التغيير متعددة منها إستراتيجية بناء فرق العمل، استطلاع لمعرفة نتائج التغيير، وإدارة الجودة الشاملة، إعادة الهندسة، وهذه الاستراتيجيات هي:

١- إستراتيجية بناء فرق العمل:

تهدف إلى زيادة فعالية عمل فرق العمل من خلال تحسين العمليات الشخصية المتداخلة، وتوضيح الهدف، وتوضيح الدور، ما يسهل من عملية الاتصال والتنسيق.

٢- إستراتيجية استطلاع لمعرفة نتائج التغيير:

تتضمن Copy جمع المعلومات من أعضاء المنظمة، ثم إعطائهم هذه المعلومات مرة أخرى من خلال مجموعة من المقابلات لإعطاء الأفراد فرصة أكبر لمنافسة هذه البيانات واقتراح التغييرات التي يمكن استخلاصها من هذه البيانات.

٣- إستراتيجية إدارة الجودة الشاملة:

تتضمن محاولة لتحقيق تطوير وتحسين مستمر في جودة منتجات وخدمات المنظمة، ومحاولة إشباع رغبات العملاء، والاهتمام بالعلاقة الجيدة مع الموردين والتحسين المستمر لعمليات العمل، ومحاولة منع أي أخطاء في الجودة والقياس والتعميم المستمر، ومشاركة الأفراد وفرق العمل المتميز في كل ما يتعلق بالعمل.

٤- إستراتيجية إعادة هندسة المنظمة:

إعادة الهندسة إستراتيجية أساسية وجوهرية بدرجة أكبر من الأشكال الأخرى للتغيير، فهي إعادة التصميم الجوهري للعمليات التنظيمية لتحقيق تحسينات أساسية في عوامل مثل الوقت والتكلفة الجودة والخدمة، فإدارة الجودة الشاملة تسعى دائماً للتحسينات والإضافة المتزايدة في العمليات الحالية، إما إعادة الهندسة فهي تهتم بالمراجعة الجوهرية للعمليات. وتتضمن إعادة الهندسة بعض الممارسات مثل:

١- إعادة تصميم الوظائف وإثرائها.

٢- التركيز الشديد على العمل الجماعي.

٣- حذف المراجعة والفحص غير الضروري.

٤- تطبيق التكنولوجية المتقدمة في إدارة المؤسسة.

سادساً: نماذج التغيير:

يوجد عدد كبير لنماذج التغيير. يمكن عرض أهم هذه النماذج على النحو التالي:

١- نموذج الثلاث خطوات:

يتضمن هذا النموذج ثلاث خطوات للتغير هي التمهيد Un Freeze والتغيير Change واستقرار المنظمة Freeze وهي الخطوة التي يتم فيها تدعيم ما تم تغييره.

٢- نموذج التغيير من خلال البحث عن التصرف المناسب:

يتم الاعتماد في عملية التغيير على البيانات وتحليلها وفرض الفروض موضع التغيير.

٣- نموذج الثلاثي للتغيير:

يقترض هذا النموذج أن هناك ثلاث محاور للتغيير هي القوى الداخلية والخارجية التي تحدد حركة الأحداث وأنواع التغيير. ووفقاً لهذا النموذج توجد ثلاث مهام رئيسية تحتويها عملية التغيير هي.

أ- تحديد أنواع التحركات الثلاث:

هي تحرك المنظمة ككل في بيئتها، وتحرك أجزاء المنظمة في علاقتها بغيرها مـن الأجـزاء، والصراع من أجل القوة والسلطة.

ب- انعكاس هذه التحركات:

تعكس هذه التحركات ثلاث أشكال للتغيير هي تغيرات في الهوية أي تغيير العلاقات بين المنظمة وبيئتها الخارجية. تغيرات تنسيقية تتعلق بالتغييرات الداخلية، وتغيير أبعاد القوة والتحكم ذات البعد السياسي بالمنظمة.

ج- الأدوار الناتجة عن التغيير:

يوجد ثلاث أدوار تعكس ثلاثة مهام بالنسبة للتغيير وهـذه الأدوار هـي: دور يتعلـق بعلاقة المنظمة بالبيئة الخارجية، ودور يتعلق بالتغيير

الداخلي للمنظمة أثناء تنفيذ الإستراتيجية، ودور يتعلق بمن يشملهم التغيير.

٤- نموذج التسعينات لإدارة التغيير:

يعتمد هذا النموذج على ضرورة مراعاة عدد من المكونات لعملية التغيير وهذه المكونات هي: إيجاد رؤية مستقبلية للمنظمة، تصميم استراتيجيات المجالات الوظيفية، وإيجاد مناخ لتحقيق التغيير الفعال، وإيجاد ثقافة مناسبة للتغيير، وتخطيط وتنفيذ التغيير، والمشاركة في تقارير الاتجار والمعلومات والاتصالات الفعالة، والتحسين المستمر من خلال وجود لجان للرقابة على الأداء بالمنظمة أثناء عملية التغيير.

سابعاً: العوامل المؤثرة في سرعة التغيير بالمؤسسة التعليمية:

مما يساعد على تنفيذ التغيير بنجاح وفاعلية هو حشد الطاقات والجهود والقوى الداعمة والمؤازة لعملية التغيير واتخاذ جميع الإجراءات والترتيبات التي تكفل توفير الظروف المواتية للتغير بالمؤسسة التعليمية. ويمكن إحداث التغيير من خلال القيام بالأنشطة التالية لتعزيز الدعم والمساندة للتغيير:

١- شرح طبيعة وأبعاده وأسبابه وآثاره على الإرادات والأقسام بدرجة من الصراحة تساعد على تكوين ثقة متبادلة بين الإدارة ومخطط التغيير.

٢- تحديد دقيق للاحتياجات التدريبية لممارسة الأعمال الجديدة، يشترك فيه الرؤساء المباشرون مع إدارة التدريب والموظفين القدامى في تدريب الموظفين الجدد.

٣- استخدام قوى الجماعات: فالجماعات تعمل كوسيلة وأداة ضغط على أعضائها من أجل الالتزام بمعاييرها وقيمها وقواعدها. ويقصد بها هنا مساعدة الجماعة على الانضمام للإدارة في تشجيع وتعزيز لتغيير المطلوب.

٤- تهيئة فترة كافية من الوقت بين إعلام العاملين بموضوع ودواعي قرار التغيير وبين تنفيذ قرار التغيير.

٥- قيادة التغيير: إن القيادة القادرة والمؤهلة تعزز عملية إيجاد مناخ من الدعم النفسي للتغيير. والقائد الناجح يقدم ويعرض التغيير على أساس أنه ليس متطلب شخصي- أو على أسس شخصية، وإنما متطلب تقتضيه الظروف الموضوعية للموقف.

٦- تحديد دقيق للأنشطة التي سوف يتم إلغاؤها، وتحديد العاملين الذي يتم تعيينهم أو نقلهم أو الاستغناء عنهم.

٧- المشاركة: فالمشاركة وسيلة أساسية لبناء الدعم للتغيير، فهي تشجع العاملين على النقاش، والاتصال، وتقديم المقترحات، وأن يزداد اهتمامهم بالتغيير.

٨- المشاركة بالعوائد: مما يدعم التغيير هو أن يشعر العاملون بأن التغيير سيعود عليهم بالعائد (اقتصادي - معنوي - الخ).

٩- الاتصال: الاتصال ضروري لتحسين وتعزيز الدعم للتغيير فالجميع يرغبون بمعرفة التغيير الذي سيتم لكي يشعروا بالأمان.

١٠- مساعدة العاملين على أن يدركوا الحاجة للتغيير فشعور الفرد الذي سيتأثر بالتغيير والحاجة إلى التغيير قبل حدوثه سيزيد من فرص تقبل الفرد للتغيير.

١١- المساهمة الشاملة في التغيير: بحيث يمكن تقليص مقاومة التغيير بمساعدة العاملين على فهم الحاجة للتعبير والمشاركة فيه، ولا الاستفادة منه.

١٢- الاستعانة بالقادة ورؤساء التنظيمات غير الرسمية في شرح التغيير ودواعيه وما سيترتب عليه.

١٣- تقديم العديد من الأفكار والآراء والمقترحات حول كيفية التعامل مع المقاومة سواء كان ذلك على مستوى الجانب الوقائي أم العلاجي.

١٤- استخدام المحاولات والجهود الخفية للتأثير على الآخرين، وتزويد الأفراد بمعلومات بصورة انتقائية وترتيب الحوادث بوعي وعقلانية بحيث ينال التغيير المطلوب أقصى- دعم ومساعدة من الأفراد داخل المنظمة.

١٥- تقديم الدعم الاجتماعي والنفسي للتغلب على صعوبات ومخاطر التغيير، والإصغاء بعناية للمشكلات التي تواجه عملية التغيير.

١٦- تقديم الحوافز للأفراد المحتمل قيامهم بمقاومة التغيير، وإجراء بعض المساومات لتقديم مزايا خاصة مقابل الحصول على تعهد بعدم إعاقة التغيير.

ثامناً: مقاومة التغيير داخل المؤسسة التعليمية:

التغيير داخل المؤسسة التعليمية قد يلقى قبولاً من البعض داخل المؤسسة التعليمية نظراً لإدراكهم بأن التغيير سوف يحقق أو يسهم في تحقيق أهدافهم أو مصالحهم. ولكن قد تصطدم التغيير بمقاومة من بعض الأفراد داخل المؤسسة التعليمية سواء كانت لديهم أسباباً للرفض أو لم تكن لديهم. وقد يتظاهر الرافضون بقبول التغيير لكن – في قراره نفسه – يعمل على عدم تنفيذه. وقد يكون مقاومة التغيير علنية مثل الاحتجاج أو طلب النقل أو بالتباط�ؤ أو بالإضراب أو غير معلنة تكوين جماعات رفض سرية بالمنظمة تقاوم التغيير، ويمكن تناول عدداً من النقاط المتعلقة بمقاومة التغيير على النحو التالي:

أ- أسباب مقاومة التغيير داخل المؤسسة التعليمية:

يمكن إرجاع مقاومة الأفراد للتغير داخل المؤسسة التعليمية على مجموعة من الأسباب أهمها:

– اقتناع الفرد بأن الوضع الحالي هو أنسب الأوضاع وأن ليس في الإمكان أبدع مما كان أو هو كائن، وأن التغيير مضيعة للوقت والجهد.

- الجهل بهدف التغيير وعدم معرفة ما هو مطلوب تغييره والنتائج المترتبة عليه.
- مخاوف فقد مزايا مكتسبة: قد يعارض البعض التغيير لنظراً لتأثر مصالح الفرد الشخصية أو الوظيفية، كفقد مركز وظيفي أو سلطة معينة، أو موارد مادية أو مالية أو نمط إشراف مريح أو صداقات أو حرية اتخاذ القرار.
- التخوف من نتائج التغيير، وعدم الثقة بمستقبله وعدم الإلمام بإيجابياته حيث يرى مخططو التغيير أنه يترتب عليه نتائج إيجابية، بينما يرى العاملين وجود أضرار كبيرة للتغيير.
- ضعف القيادة الإدارية وعدم قدرتها على إعطاء الثقة للمحرك الأساسي للتغيير.
- يرى البعض أن مقاومة التغيير ترجع للأسباب منها: الخول من المجهول والحاجة للأمن والاستقرار، وعدم وجود شعور بالحاجة للتغيير، وتفسيرات متباينة، والاقتصار للموارد.

ب- التعامل مع مقاومة التغيير داخل المؤسسة التعليمية:

لا يمكن إغفال أهمية مقاومة التغير وتأثيرها على نجاح وفاعلية عملية التغيير داخل المؤسسة التعليمية. وفيما يلي بعض طرق تخفيض مقاومة التغيير بالمؤسسة التعليمية التي تمثل بدورها ست مراحل. وهذه المراحل هي:

١- التعليم والاتصال.

٢- المشاركة.

٣- التفاوض والإتقان.

٤- التحكم والاستمالة.

٥- الإلزام الضمني أو الصريح.

٦- النقل، أو الفصل أو التعيين.

ج- إيجابيات مقاومة التغيير بالمؤسسات التعليمية:

يرى بعض الكتاب والباحثين أن مقاومة التغيير بالمؤسسات التعليمية قـد تكون مقيـدة في بعض الحالات ولها إيجابيات وفوائد منها:

- إجبار القائد على توضيح الأهداف والنتائج المتوقعة.

- تشجيع الإدارة على تفحص مقترحاتها للتغيير بشكل متعمق وبجدية متناهية.

- إجبار القادة على مراجعة الخطط وتحليل النتائج.

- اكتساب بعض مجالات ومواطن الصعوبات التي يحتمل أن يسببها التغيير.

- التعرف على مدى إشراك الأشخاص المهمين في عملية التغيير.

- تزود الإدارة بالمعلومات حول حدة وشدة مشاعر الأفراد بشأن قضية، كـما تـوفر نسـقاً للأفراد للتغيير عن مشاعرهم.

هوامش الفصل

أولاً: المراجع العربية:

١- ابتسام عبد الرحمن حلواني: التغيير ودوره في التطوير الإداري، مجلة الإدارة العامة، معهد الإدارة العامة، الرياض، المملكة العربية السعودية، العدد ٦٧، يوليو ١٩٩٠م.

٢- أحمد سيد مصطفى: إدارة التغيير في مواجهة التحديات رؤية مستقبلية ودليل عمل للمنظمات العربية، الإمارات العربية، اتحاد غرف التجارة والصناعة يناير/ إبريل ١٩٩٤م.

٣- حبيب الصحاف: معجم إدارة الموارد البشرية وشئون العاملين، بيروت، مكتبة لبنان، ١٩٩٧م.

٤- راوية حسن: السلوك التنظيمي المعاصر، الإسكندرية، الدار الجامعية، ٢٠٠٢م.

٥- زكي محمود هاشم: تنظيم وطرق العمل، الكويت، مطبوعات جامعة الكويت، ١٩٨٤م.

٦- سعيد يس عامر: الإدارة وسرعة التغيير، القاهرة، شركة وايد سرفيس للاستشارات والتطوير الإداري، ١٩٩٥م.

٧- شاكر محمد فتحي أحمد: تطوير أداء المنظمة مـن منظورة إعـادة الهندسـة تصـور مقترح، مجلة التربية وعلم النـفس، كليـة التربيـة، جامعـة عـين شـمس، العدد٢٦، ج٢، ٢٠٠٢م.

٨- قيس المؤمن وآخرون: التنمية الإدارية، عمان، الأردن، دار زهران للنشر، ١٩٩٧م.

٩- محمد سيف الدين فهمي: اتجاهات التغيير والتطوير في التعليم الجـامعي وموقـف جامعات دول الخليج منها، التربية المعاصرة، العدد (١١٢)، ١٩٩٠م.

١٠- محمد محمود حسني: الدور القيادي للإدارة المدرسية في تبني وتطوير اسـتراتيجية للتغيير المخطط، الإسكندرية، دار المعرفة الجامعية، ١٩٨٧م.

١١- مريم محمد إبراهيم الشرقاوي: تصور لإدارة التغيير بمراحل التعليم بمصر: دراسـة حالة، مجلة التربية – كلية التربية، جامعة الأزهر، العدد (٧٣)، ١٩٩٨م.

١٢- هالة عبد المنعم أحمد سليمان: إدارة التغيير التربـوي في المدرسـة الثانويـة العامـة، د.ج.م.ع باستخدام مدخل إعادة الهندسة، رسالة دكتوراه غير منشورة، كليـة التربية، جامعة عين شمس، ٢٠٠٥م.

ثانياً: المراجع الأجنبية:

13- Bal.V. : The Look of Virtues : Discourse and Organizational Change inthree Universities, 1960- 255., Dss. Abs. Int., Vol. 64. 12A, 2003 P. 4270.

14- Furst – Stacie : an Expectancy – Based Model of managerial Influence Tactics and employee commitment to organizational Change, Dss. Abs. Int., Vol. 65. 4A,2004 P. 1442.

15- John R. Fothers : Basic Organizational Behavior, New york, chichester, 1998.

16- Ousley, M : Coffeepots and clocks challengest Organizational changei Higher education, Dss. Abs. Int., Vol 64. 9A, 2003.

17- Winslow – Elizabth : Proposing Significont Organization change : A Case study examining The views of a cross – section of Participonts, Dis. Abs. Int., Vol. 65, 5A, 2004.

الفصل السابع

الإدارة الذاتية
في المؤسسات التعليمية

سابعا: نماذج تطبيق الإدارة الذاتية في بعض الدول.
ثامنا: متطلبات تطبيق الإدارة الذاتية في المؤسسات التعليمية .

الإدارة الذاتية
في المؤسسات التعليمية

مقدمـة:

تشهد السنوات الأخيرة اهتماما كبيرا من قبل علماء الإدارة بتطوير أساليبها بحثا عـن أساليب إدارية حديثة, تتناسب مع العصر ـ الحالي ومتطلباته، وتصلـح للبحـث عـن حلـول جذرية للمشكلات التي تواجـه المؤسسـات التعليميـة، مـن هـذه الأسـاليب أسـلوب الإدارة الذاتية، حيث تعتبر المؤسسات ذاتية الإدارة مثالاً واضحا للإدارة الجماعية التي تقوم عـلى لا مركزية اتخاذ القرار، وتجعل جميع الموارد ميسرة لتلبيـة احتياجـاتهم مبـاشرة، كـما تضمن قرارات عالية الجودة، لأنها قرارات جماعية وليست فردية، وإمكانية الاتصـال بـين العناصر المكونة للمؤسسة التعليمية من مديرين ومعلمين وأولياء الأمور، وبعـض أعضـاء مؤسسـات المجتمع المدني ومنظماته.

ويهدف تطبيق الإدارة الذاتية في المؤسسات التربوية إلى تعزيز دور المجالس المختلفة في المشاركة مع مجلس إدارة المؤسسة التعليمية في اتخاذ القرارات المتعلقة بالعملية التعليمية، وتحسين وتطوير العمل داخلها، مما يؤدى إلى منع الفقد الإهدار المالي، وذلك لتمكين المعلمين والآباء والمواطنين وأصحاب الأعمال من المشاركة في صنع القرار بالمؤسسة التعليمية، مما يؤدى إلى رفع روح الانتماء للمؤسسة

والمحافظة عليها والعمل على توفير كل ما تحتاجه من إمكانات مادية ومالية.

ومن ثم فإن تطبيق الإدارة الذاتية من شأنه الوفاء بحاجات الطلاب بشكل أفضل، حيث يتم تمكين المديرين والمعلمين، وتدريبهم لاتخاذ قرارات. مرتبطة بالإدارة والأداء، وتتاح لهم المعلومات اللازمة لاتخاذ هذه القرارات.

وتختلف مسمياتها الإدارة الذاتية للمؤسسة التربوية (المؤسسة التعليمية) من دولة لأخرى حيث تعرف في الولايات المتحدة الأمريكية وكندا وهونج كونج بالمصطلح School Based Management (الإدارة القائمة على المدرسة) وفي انجلترا، Local Management of School (الإدارة المحلية للمدرسة) وفي استراليا Self Managing School and Devolution (الإدارة الذاتية للمدرسة) وفي إسرائيل The Automatons School (آليات المدرسة). ويمكن تناول بعض الموضوعات المتعلقة بالإدارة الذاتية على النحو التالي:

أولا - مفهوم الإدارة الذاتية :-

تعدد مفاهيم الإدارة الذاتية من أهم هذه المفاهيم ما يلي:

يقصد بالإدارة الذاتية عملية إعادة توزيع السلطة في المؤسسة التعليمية بحيث تتحلل المؤسسة من قيد السلطات التعليمية، فتتمركز رسالتها حول السيطرة المحلية وتمكنها من شئونها الخاصة وتبني

استراتيجيات التحسين والتطوير في هيكل المؤسسة بالمشاركة الجماعية من المعلمين و الآباء وأفراد المجتمع المحلي في صناعة القرارات التربوية على صعيد المدرسة.

ويقصد بها أيضاً تحديد مهام الإدارة وفقا لسمات / خصائص المؤسسة التعليمية ذاتها وحاجاتها، وبالتالي فإن لأعضاء المؤسسة التعليمية من المديرين والمشرفين، والمديرين، والمعلمين، والآباء والطلاب بالمؤسسة التعليمية استقلالية ومسئولية أكبر في استخدام الموارد لحل المشكلات، وتنفيذ أنشطة تعليمية فعالة بهدف تطوير أداء المؤسسة التعليمية على المدى الطويل

كما تعرف بأنها "مدخل إداري تعليمي يعزز الحكم الداخلي لأعضاء الإدارة، ويوفر لهم المناخ الإبداعي اللازم من أجل المشاركة والتطوير والتحديث والتنمية المهنية المستمرة، ومن خلال اللامركزية التي يعتمد عليها استخدام هذا المدخل حيث تنتقل المؤسسة التربوية من رقابة السلطات المركزية إلى المشاركة في اتخاذ القرار، وتأسيس مهامها طبقا لظروفها واحتياجاتها، وبذلك يصبح أعضاء المؤسسة التعليمية أكثر استقلالية ومسئولية في اتخاذ القرارات المتعلقة بإدارة المؤسسة التعليمية، وتوزيع الموارد البشرية والمادية في تلك المؤسسة التربوية.

وتعرف الإدارة الذاتية على أنها "وضع مهام الإدارة على أساس ظروف المؤسسة التعليمية ذاتها وسماتها واحتياجاتها، وبذلك يصبح أعضاء الإدارة ة أكثر استقلالية ومسئولية واستجابة في استخدام الموارد لحل المشكلات، وتنفيذ الأنشطة الفاعلة في تطوير المؤسسة التعليمية على المدى البعيد".

ثانيا- أهداف الإدارة الذاتية:

يهدف تطبيق الإدارة الذاتية بالمؤسسة التعليمية إلى تحقيق الأهداف التالية:

١- تفعيل آليات المشاركة بين كافة العاملين بالمؤسسة التعليمية (المدرسة).

٢- تحسين عملية صنع القرار داخل المؤسسة التعليمية، في ظل تفعيل المرونة في تطبيق التشريعات المنظمة للعمل داخل تلك المؤسسة.

٣- تشجيع الرقابة الذاتية لدى العاملين بالمؤسسة.

٤- توثيق الصلة بين المؤسسة التعليمية والمجتمع المحلي.

٥- بث الرقابة الذاتية في نفوس العاملين بالمؤسسة، وتشجيع أسلوب التقويم الذاتي داخل المؤسسة.

٦- توفير الرعاية الكافية لجميع العاملين بما يضمن زيادة مستوى الأداء لدى أفراد المؤسسة.

٧- تقليل البيروقراطية وزيادة قاعدة المشاركة في صناعة القرارات داخل المؤسسة.

٨- إتاحة المزيد من المرونة والحرية للمؤسسة التعليمية، وبالتالي ضمان سرعة اتخاذ الإجراءات المناسبة لمواجهة المشكلات التعليمية.

٩- تدعيم الروابط بين إدارة المؤسسة التعليمية وأولياء الأمور ومؤسسات المجتمع المدني.

ثالثاً: خصائص وسمات الإدارة الذاتية بالمؤسسات التعليمية:

تتميـز الإدارة الذاتيـة بالمؤسسـة التعليميـة بعـدد كبـير مـن الخصائص منها:

- المشاركة في اتخاذ القرار، حيث يعد الأساس الأول لضمان تفعيل مدخل الإدارة الذاتية.

- لا مركزية الإدارة , حيث ينظر إلى اللامركزية الإقليمية باعتبارها شكلا مـن أشكال الحرية ويمكن أعضاء المؤسسة من المشاركة في إدارة شئونها .

- المساءلة عن النتائج والتي تعد من المبادئ الهامـة التـي تقـوم عليهـا الإدارة الذاتيـة ولاسيما في مجال عملية صنع القرار .

- تحقق الإدارة الذاتية للمؤسسة التعليمية رسالة تعليمية واضحة ومتطورة ومعلومـة لجميع الأعضاء وقابلة لإسهاماتهم جميعاً.

- تتخذ من اللامركزية نمطاً سـائداً في صنع القرارات والتـي تقـوم عـلى أسـاس مبـدأ المشاركة بين المدير والمعلمين والآباء والطلاب.

- القيـادة في المؤسسـة التعليميـة ذاتيـة الإدارة قيـادة إنسـانية تربويـة فنيـة متعـددة المستويات، يعمل مديرها على تفعيل العلاقات الإنسانية بين جميع أفراد المؤسسة التعليمية.

- تعد نوعاً من الإصلاح الإداري في مجـال التعليم يقـوم عـلى مبـدأ المشاركة والحريـة والاستقلالية واللامركزية والمساءلة.

- تعمـل الإدارة الذاتيـة للمؤسسة التعليميـة عـلى حل المشـكلات أولا بـأول في ضوء حاجاتها وإمكاناتها ومواردها الذاتية والتى تستغل أفضل استغلال لتنميـة المؤسسـة التعليمية.

- تحـدد الإدارة الذاتيـة للمؤسسـة التعليميـة دور المـدير في قيـادة عمليـات تنفيـذ الأهداف، وتنسيق الموارد البشرـية وتنميتهـا، وتحـدد دور المعلـم في كونـه شريكا في اتخـاذ القـرار وتنفيـذه، ودور الآبـاء في كـونهم متعاونين مـع المؤسسة التعليميـة ومساندين لها ومستفيدين بخدماتها الجيدة.

- تعمل الإدارة الذاتية للمؤسسة التربوية على المنافسة على مستوى المناطق المحلية مع المؤسسات التعليمية الأخرى من أجل الامتياز والتفوق أساسا لها، كما أنها تزيد من فعالية المؤسسة التعليمية وإدارتها حول ترشيد الإنفاق على التعليم، حيث إن المديرين ومجالس إدارة المؤسسة التعليمية لديهم معلومات أفضل حول تمويل المؤسسة التعليمية وهم أكثر تكيفا مع قضاياهم التعليمية .

- تمكن الإدارة الذاتية المؤسسة التربوية من حسن إدارة الوقت واستثماره، فهى تقوم بتحديد اليوم الدراسي بشكل أكثر فعالية وكفاءة.

- تساعد الإدارة الذاتية في زيادة التفاعل بين المؤسسة التعليمية والمجتمع المحلى، وذلك بإيجاد بدائل جديدة للتمويل، واستثمار مؤسسات المجتمع المدني فى تدريب المعلمين أثناء الخدمة، وغيرها من صور التعاون فيما بينهم.

- تتسم بالمرونة الإدارية وتقليل السلطات الفردية، وتفويض السلطات وتنمية روح التعاون بين الأفراد الأمر الذي يتيح لتطبيق السياسات والبرامج التعليمية فيها بسهولة..

رابعاً: مستويات الإدارة الذاتية بالمؤسسات التعليمية:

تتعدد مستويات الإدارة الذاتية بالمؤسسة التعليمية، فهي تعمل من خلال الإدارة الذاتية على مستوى المؤسسة التعليمية وعلى مستوى المجموعة، وعلى مستوى الفرد.

ويمكن عرض هذه المستويات ومراحل في مستوى على النحو التالي:

١-   مرحلة **التحليل البيئي**: تعكس الظروف البيئية الداخلية والخارجية للبيئة المحيطة بالمؤسسة التعليمية، وتركز على نقاط القوة والضعف والفرص المتاحة أمام المؤسسة التعليمية .

٢-   مرحلة **التخطيط والبناء**: يتم فيها العمل على تنمية وتطوير خطط وسياسات المؤسسة التعليمية، وتأسيس مستويات الإنجاز، والتركيز على القضايا البنائية مثل مشاكل الميزانية والمواقع والموارد المتاحة .

٣ -   مرحلة **التطوير والتوجيه**: يتم فيها العمل على تحديث المؤسسة التعليمية، والتركيز على الموارد البشرية للإدارة، وإدارة الصراعات داخل المؤسسة التعليمية .

٤- **مرحلة التنفيذ:** يتم فيها التأكد من وجود الموارد الضرورية والدعم والإرشاد، والتركيز على قضايا متعلقة بإنشاء مختلف البرامج .

٥- **مرحلة الإشراف والتقويم:** ويتم فيها وضع نظم للسيطرة والإشراف على المجموعات والبرامج وتقويم الأداء في المؤسسة التعليمية، واستخدام المعلومات المتاحة لإدارة عملية الإدارة الذاتية.

خامساً: المبادئ والأسس التي تعتمد عليها الإدارة الذاتية بالمؤسسات التعليمية:

تعتمد الإدارة الذاتية بالمؤسسات التعليمية على عدد من المبادئ أهمها:

١- مبدأ المركزية واللامركزية في الإدارة:-

تعني المركزية تركيز السلطة بيد المدير وعدم تفويضها إلى المستويات الإدارية الأدنى، فمدير المؤسسة التعليمية لا يفوض أي سلطات للعاملين معه ويحتفظ بجميع السلطات ويعزز روح البيروقراطية الإدارية، ولا يؤدي إلى توفر روح الثقة والتعاون من قبل المرؤوسين، أما اللامركزية فيقصد بها توزيع السلطة وإعطاء

الصلاحيات في اتخاذ القرار في نطاق العمل المحدد، ومن ثم إتاحة الفرصة للآخرين لإظهار مواهبهم وقدراتهم المميزة .

وتعمل الإدارة الذاتية من خلال اللامركزية وتفويض السلطة، ويلعب العاملون بالمؤسسة التعليمية دوراً هاماً، وتكون لهم سلطة فعلية في الميزانية والمنهج والأفراد العاملين، وهذا من شأنه تحسين عمليتي التعليم والتعلم.

وتعطي الإدارة الذاتية اهتماماً كبيراً للمورد البشري وتعتبره من أعظم موارد المؤسسة التعليمية، ومن ثم فهي تعمل على تطويرهم لتشجيعهم على المبادرة، وتتيح لهم البيئة المناسبة لزيادة مشاركتهم وإطلاق طاقاتهم الكامنة .

كما تعطي الإدارة الذاتية للمؤسسة التعليمية للمدير مسئوليات أكبر فهو يقوم بتحديد المشاكل في مؤسسته ويعمل مع أعضاء المؤسسة على حلها، وإعداد ميزانية المؤسسة الذي يقوم بإدارتها، ويحدد ما يحتاجه وما هي الجوانب التي تحتاج إلى زيادة.

٢ - مبدأ المشاركة في الإدارة:

تعد المشاركة في صناعة القرار من المقومات الأساسية للإدارة الذاتية لضمان تفعيلها، هذا المبدأ الذي يؤكد على أهمية مشاركة الإداري بحسب موقعه ومسئوليته مشاركة فعالة سواء في اتخاذ القرار أو عملية التنفيذ، حيث تشعر المشاركة الأفراد المشاركين بالأهمية

وتعمل على زيادة وحدة وتماسك الجماعة المشاركة وتقلل من شكاوى العاملين وتقلـل مـن غياب المرؤوسين، كما أنها تساعد على تقبل العمل مما يؤدى إلى الحد من المعارضة لبرامج التغيير في المؤسسة التعليمية.

وتعطي المشاركة الفرصة للمعلمين لإبـداء آرائهـم فيمـا يتعلـق بـالأمور الإداريـة بالمؤسسة التعليمية وعدم قصرها على المدير والوكلاء، وعدم تقليص دور المعلمين عند إلقاء الدروس فقط، بل تتعدى هذا الدور بحيث يسمح لهم بممارسة العمل الإداري بإشراكهم في المجالس المختلفة بالمؤسسة، وتفويض السلطة لهم ووضع رأيهم موضع التطبيق.

وتعمل الإدارة الذاتية للمؤسسة على مشاركة كافة العاملين بها، وذلك مـن خـلال ما تتسم به الإدارة من مرونة وإحساس بالمسئولية، ولذلك فإن فلسفة المؤسسات التعليمية ذاتية الإدارة تعمل على تغيير طريقة جميع العاملين بها، وتجعلهم يبـدعون وستخدمون آراءهم في اتخاذ القرار القائم على الملكية الذاتية للمؤسسة، وإتاحـة الفرصة لتكوين بيئة تسمح بالمشاركة وتزيد مـن الإحسـاس بالجـدارة والاقتـدار، وتنميـة التعـاون والزمالـة بـين المعلمين، وتنمية الشعور بالاحترام للعاملين من قبل المديرين.

ويساعد وجود نظام ديمقراطي وإدارة قائمة على فكرة المشاركة علـى توليد المشاعر الإيجابية، وإحساس المرؤوسين بالمسئولية،

واستعدادهم للتعاون والعمل بروح الفريق، خاصة إذا ما أتيحت لهم الفرصة بشكل أو بآخر أن يكون لهم رأى في اتخاذ بعض القرارات، والعمل على تمتع إدارة المؤسسة التعليمية بالمصداقية والاحترام والثقة في قدرتها على حل المشاكل التي تواجه المؤسسة، وعلى نمو إحساس المرؤوسين بالثقة في رموز السلطة بالمؤسسة.

٣- المساءلة والنتائج:

تعد المساءلة عن النتائج من المبادئ الهامة التي تقوم عليها الإدارة الذاتية حيث ينظر إليها باعتبارها حق من حقوق المواطن تجاه السلطة (المدير/ مجلس الإدارة)، ويجب أن تسير المساءلة جنباً إلى جنب مع جهود عمليات الإصلاح الإداري على مستوى المؤسسة التعليمية، واعتماد طرق جديدة للمساءلة على مستوى المؤسسة سواء كانت طرق سياسية أو بيروقراطية أو وظيفية.

٤- التنمية المهنية للعاملين بالمؤسسة التعليمية:

التنمية المهنية للعاملين بالمؤسسة التعليمية تعد من المبادئ الهامة للإدارة الذاتية، والتي يصعب تحقيق الإدارة الذاتية لأهدافها بدون تفعيل آلياته، ومن أبرز هذه الآليات قيام إدارة المؤسسة التعليمية بتحديد الاحتياجات التدريبية للعاملين بها، وإتاحة الفرصة الكاملة أمام مؤسسات المجتمع المدني في دعم وتمويل برامج التنمية المهنية لجميع العاملين بالمؤسسة التعليمية من إداريين ومعلمين ومعاونين أيماناً بأن النمو

المهني المتواصل للعاملين بالمؤسسة التعليمية مبدأ أساس لضمان تحقيق الإدارة الذاتية للمؤسسة لأهدافها.

سادساً: العوامل التي أدت إلى استخدام الإدارة الذاتية في المؤسسات التعليمية:

يوجد عدد من العوامل أدت إلى أهمية استخدام الإدارة الذاتية فى إدارة المؤسسة التربوية، واهم هذه العوامل ما يلي:

- نمو المنظمات التربوية وتضخم حجمها بشكل كبير.
- تحقيق مبدأ الشورى فى القيادة التربوية، والذي يعمل على توسيع قاعدة المشاركة فى صنع القرار، خاصة فيما يتعلق بتلك القرارات التى تؤثر فى المشاركين وفى أعمالهم، وما يحقق ذلك من مزايا عديدة مثل ضمان تعاونهم والتزامهم .
- توسيع نطاق المشاركة في إدارة المؤسسات التعليمية يؤدى إلى إثراء القرارات التعليمية ، كما أن الإجراءات المتخذة تكون أكثر ملائمة لمتطلبات الموقف الذي يتعامل معه المشاركون، إضافة على أن كل مشارك يصبح أكثر اهتماما بالموقف طالما أن القرارات والإجراءات المتخذة تتأثر به مما يؤدى إلى إكسابه خبرات أكثر تزيد من كفاءته ونضجه .

– التضخم المعرفي والانفجار المعلوماتي: حيث زاد حجم المعلومات في العقود الثلاثة الأخيرة بشكل كبير الأمر الذي يتطلب إدارة تساعد الطلاب على التعلم الذاتي حتى يكونوا قادرين على التعامل في هذا الكم الهائل من المعلومات.

– تداخل اقتصاديات دول العالم وتوحيد أسواقه ومناطق الإنتاج فيه، وإقامة التكتلات الاقتصادية والسياسية والعالمية، تفرض استخدام إدارة جديدة لإدارة المؤسسات التعليمية لتكون لديها القدرة في استغلال المؤسسات والمنظمات الدولية والمحلية في تمويل هذه المؤسسات.

– الإدارة البيروقراطية كانت وراء ضعف أداء الاقتصاد الوطني وزيادة المديونية وتدهور البني التحتية وضعف كفاءتها، مما يلزم بالحاجة إلى نمط إداري جديد قادر على مواجهة سلبيات الإدارة البيروقراطية ورفع الكفاءة الإدارية والارتقاء بمستواها وتربية أجيال بالمؤسسات التربوية على نظم إدارية حديثة تعمل على التخلص من البيروقراطية في إدارة هذه المؤسسات..

– مشاركة جميع العاملين في المؤسسة التعليمية في صنع القرار تجعلهم يسعون إلى تنفيذه ومتابعته، وكذلك تقل مقاومتهم له على العكس إذا ما فرض عليهم القرار من أعلى، كما أن المشاركة من الوسائل المثلى لتنمية الشخصية الديمقراطية، وتحقيق قبول ورضا

المشاركين عن الخدمات التى يشاركون فى التخطيط لها، وبذلك يدرك الطلاب والمعلمون حجم مشكلاتهم وحقيقة الوضع الراهن صنع القرار الخاص بالمشكلة

سابعاً: نماذج تطبيق الإدارة الذاتية فى المؤسسات التعليمة في بعض الدول الأجنبية:-

اهتمت العديد من الدول فى تطبيق الإدارة الذاتية في بعض المؤسسات التعليمية بها، وأصبحت الإدارة الذاتية العنصر الأساسي في عمليات الإصلاح التعليمي في معظم دول العالم المتقدم والنامي، فهناك عدد من الدول تتبنى مشروع الإدارة الذاتية، وتشجيع العاملين بالمؤسسة لإيجاد الظروف التى تساعد المؤسسة التعليمية فى إحداث التغيير والنمو المهني والحرفي المستمر لهم وذلك من خلال التركيز على أفراد المؤسسة التعليمية، ويمكن تتناول بعض هذه النماذج بشئ من التفصيل على النحو التالي:

١- نموذج الإدارة الذاتية للمدرسة فى الولايات المتحدة الأمريكية:

ارتبط نظام التعليم فى الولايات المتحدة الأمريكية بالنظام السياسي والاقتصادي، ونظام الإدارة وتعد الإدارة التعليمية فى الولايات المتحدة الأمريكية مثالاً واضحاً للإدارة اللامركزية فى التعليم، ويؤمن الأمريكيون أن الديمقراطية تعنى تفويض السلطات، والتي تعد أساسا

لإرساء الديمقراطية والحرية على أساس سليم، ولقد بدأت الولايات المختلفة في تفويض مسئوليات التعليم إلى الهيئات والمجالس المحلية، ويعنى ذلك أن إدارة التعليم في الولايات المتحدة تعكس بوضوح مفهوم الرقابة الشخصية على التعليم. كما يعد التنوع والانتشار في تطبيق الإدارة الذاتية بالمؤسسة في معظم الولايات المتحدة الأمريكية، السبيل لتجويد وتحسين العملية التعليمية على مستوى المدرسة، وأن مهمة الإدارة الذاتية بالمؤسسة تكمن في تحقيق الإتقان بين الآباء والمجتمع والمربين ضماناً لتحسين التعليم، ويمكن تناول الإدارة الذاتية في الولايات المتحدة الأمريكية من خلال دراسة كل من معالمها ومبادئها على النحو التالي:

أ- معالم الإدارة الذاتية للمؤسسات في الولايات المتحدة الأمريكية:

يمكن تحديد أهم معالم الإدارة الذاتية للمؤسسات في الولايات المتحدة الأمريكية في المعالم التالية:

١- المناخ السائد في المؤسسة التعليمية ذاتية الإدارة يهدف إلى تركيز كافة الجهود المبذولة والقرارات الصادرة لدعم مدير المؤسسات التعليمية وتركيز كافة العاملين بالمؤسسات التعليمية على النتائج والامتياز، ومشاركة الآباء في العملية التعليمية وتوفير بيئة آمنة لكل طالب ومعلم وإداري في المؤسسة، وتقديم تعليم فعال للطلاب.

٢- تهـدف المؤسسـات التعليميـة ذاتيـة الإدارة إلى إمـداد الطـلاب بـالتعليم في مختلـف مستوياته (ابتدائي – إعدادي – ثانوي) بأعلى جودة ممكنة.

٣- تتجاوب المؤسسـة التعليميـة مـع المجتمـع المحلـي المحيـط بهـا بشـكل حتمـي، وتقديـم الأنظمة المدعمة لمشاركة أولياء الأمور أعضاء المجتمع في صناعة القرارات واتخاذها لهم للتعرف عليها.

٤- يقدم مجلس التعليم التوجيه والمساندة للمؤسسـات المحليـة، مـع مـنح المـدارس أقصى ـ درجات الحرية وتطبيق التقنيات والأساليب التي تساعد على تحقيق أهدافها.

٥- تمويـل المؤسسـات التعليميـة ذاتيـة الإدارة تمويـل لا مركـزي حيـث تعمـل المؤسسـات التعليميـة ثلاثـة مصـادر هـي: ضرائب الملكيات المحليـة، وميزانيـة الولايـة، وميزانيـة الحكومة الفيدرالية، بالإضافة لقيام بعض المؤسسات الأمريكية بتقديم مـنح لهـذه المؤسسات.

ب- مبادئ الإدارة الذاتية في الولايات المتحدة الأمريكية :

تعمل الإدارة الذاتية للمدرسة على زيادة فعالية العملية الإدارية، ذلك لأنها تعمل على تفويض سلطة اتخاذ القرارات لمن لديهم معرفة ودافعية أكبر، كما أنها تعمل على مـنح السلطة للمعلمين والآباء والمواطنين المحليين وأصحاب الأعمال ومشاركتهم في صنع القرار

بالمؤسسة التعليمية، ويهدف تطبيق الإدارة الذاتية للمدرسة في بعض الولايات المتحدة الأمريكية إلى تحقيق المبادئ التالية

١- مشاركة الطلاب في النظام الديمقراطي الأمريكي .

٢- تنمية القيم الأخلاقية والقدرة على الوصول بالطلاب إلى أقصى إمكانية لديهم .

٣- المنافسة بشكل ناجح في سوق العمل التكنولوجي المتزايد .

٤- تحقيق مستويات تعليمية عليا لكل الطلاب الأمريكيين .

٥- إعادة تصميم بيئات التعلم .

٦- المساندة الاقتصادية للطلاب وأسرهم .

٧- التنظيم من أجل ربط الأهداف بالنتائج والتوقعات .

٨- المشاركة الشعبية المحلية ومشاركة الآباء .

٩- تنمية العمل الجماعي والتعاوني والقدرة على العمل بشكل إنتاجي في مجموعات.

١٠- تعميق الاتجاه نحو خدمة المجتمع وتأصيل الخبرات لدى الطلاب للمشاركة بفاعلية في خدمة قضايا المجتمع .

٢- نموذج الإدارة الذاتية للمدرسة بانجلترا :-

أعطى قانون الإصلاح في انجلترا مسئولية أكبر للمدارس في الإدارة الذاتية وصنع القرار، عن طريق منح سلطات واسعة لمجلس إدارة المدارس وذلك في إطار المنهج القومي الموحد والمعايير الموحدة

للتقويم، ويتكون هذا المجلس من أعضاء بعضهم معين من قبل سلطات التعليم المحلية، وبعضهم منتخب بمعرفة الآباء، والبعض الآخر معين بمعرفة المجلس نفسه، ويتراوح عدد الآباء ما بين (٢-٥) وفقا لعدد التلاميذ، ومن (٢-٥) من الأشخاص المعينين من سلطة التعليم المحلية، ومن (١-٢) من المعلمين والمدير، ومن (٢-٤) من أعضاء مجلس الإدارة المؤسسين، ومن (١-٦) من رجال الصناعة والتجارة والمهن الذين اختاروا الدخول فى المجلس.

و تعمل الإدارة الذاتية للمدرسة من خلال مجلس إدارتها، وهو بمثابة جهاز تشريعي له بعض الوظائف التى تتعلق بالأدوار المدرسية، كما يقوم بنقل الآراء والمقترحات بين المتخصصين وعامة الشعب، واتخاذ القرارات الخاصة بتحسين المدارس، وتحقيق الإنسانية فى العمل، وذلك بتحويل القرارات الكبرى من ناظر المؤسسة التعليمية إلى المجالس المدرسية، وتهدف الإدارة الذاتية فى انجلترا إلى تحقيق الأهداف التالية:

- مشاركة إدارة المدرسة في اختيار المقررات الدراسية ومحتوياتها، وأنماط وطرق التدريس المتبعة، وكذلك حرية تجريب المناهج الدراسية والطرق المختلفة فى التعليم والتدريس .
- قيام المعلمين الأوائل بدور هام فى تنظيم وتطوير المدارس، وكذا تحديد نسب التلاميذ على المعلمين، وعدد ساعات العمل بالنسبة للمعلمين .

- تعيين المعلمين والإنفاق على رواتبهم .
- تدريب المعلمين أثناء الخدمة .
- التنفيذ لمشروعات الأبنية التعليمية .

تقوم الإدارة الذاتية للمؤسسات في إنجلترا على مجموعة المعالم المعالم التالية:

أ- الأهداف :

تهدف الإدارة الذاتية للمؤسسات تحقيق الأهداف التالية:

- دعم وتعزيز سلطات الآباء في مجلس إدارة المؤسسة.
- تحسين كفاءة استخدام الموارد في الخدمة التعليمية والتخطيط لحسن استخدامها.
- توزيع الميزانية التي تخصص للمؤسسات بشئ من العدالة في التوزيع.
- تحسين نظام المساءلة التعليمية.
- التنمية المهنية للمعلمين ومراجعة الأوضاع الحالية للمدارس.

ب- خضوع مجالس المؤسسات ذاتية الإدارة للتفتيش من قبل مكتب المعايير التربوية وقسم التعليم، مما يسهم في وقوف كل من المسئولين وأولياء الأمور والمجتمع المدني على مستوى جودة التعليم بالمؤسسة.

ج- نظام الكوبون: يقوم على وضع سلطة اختيار وصنع القرار بين المستهلك مباشرة، وبذلك يصبحون مستهلكين للتعليم ويدفعون له، مع الاحتفاظ بحقهم فى التقييم الصارم للمدارس، مما ينتج عنه الحصول على أعلى خدمة تعليمية لأبنائهم، ويتلقى الآباء كوبونا بقيمة مالية معينة لتعليم أبنائهم، ويدفعون إلى المؤسسة التعليمية التى يختارونها، فالمدارس تمول كليا أو جزئيا عن طريق الكوبونات .

د- فتح باب القبول: يقوم على حرية الاختيار، وذلك بإعطاء الآباء حرية اختيار المؤسسة التعليمية التى يريدونها لأبنائهم دون التقيد بالتوزيع الجغرافي، وهذا يعنى حرص المؤسسة التعليمية على اجتذاب الطلاب عن طريق تحسين مستوياتها باستمرار حتى لا تصل إلى الفشل والإغلاق .

هـ- **اختيار الخروج:** يشير هذا المصطلح إلى المدارس الثانوية والابتدائية المعانة والتي بها أكثر من (٢٠٠) طالباً، إذا أرادت أن تمول مباشرة بواسطة وزارة التعليم والعلوم، وتصبح ذات توجه نحو الآباء والمستهلكين، والانفصال عن تمويل ورقابة وتفتيش ومساعدة السلطات المحلية .

و- **نشر النتائج:** يتم من خلاله نشر وإعلان نتائج الاختبارات وإجراءات التقويم التى يمر بها التلاميذ فى سن ٧، ١١، ١٤، ١٦

وأن تكون في متناول الآباء، وذلك لمقارنة الأداء بالمدارس وإعطاء معلومات تفصيلية عن النظام المدرسي.

ز- **تفويض شئون المعلمين والعاملين:** يمثل التفويض الخاص بشئون المعلمين والعاملين بالمؤسسة التعليمية جزءاً أساسياً من تطبيق الإدارة الذاتية بها في إنجلترا، فعلى الرغم من اعتبار السلطات التعليمية المحلية هي صاحبة العمل بالنسبة لكل العاملين بها، إلا أن مجلس إدارتها في ظل نظام الإدارة الذاتية يضطلع بمسئوليات وسلطات واسعة تختص بشئون العاملين في تلك المؤسسة سواء المعلمون أو الإداريون أو الفنيون أو غيرهم، وهو بذلك يعطى لمجلس إدارتها مهام صنع القرارات المتصلة بالعملية التعليمية.

ح- **المحاسبية:** أصبحت المؤسسة التعليمية موضع مساءلة ومحاسبة من جانب الآباء وعلى السلطات المحلية تحديد مستوى الجودة التعليمية المطلوبة، وتقييم مخرجاتها، ومعاونة المؤسسة التعليمية على تقييم أدائها، وهذا النظام عرف باسم (المحاسبية التعليمية)، وهو بمثابة نظام جديد لمراقبة الأداء المدرسي، وتحقيق الجودة التعليمية بالمدارس، قام بطرحه مكتب المعايير التربوية بانجلترا والذي تأسس في سبتمبر عام ١٩٩٣م.

ط- **آلية توزيع الموارد:** عمل قانون إصلاح التعليم بانجلترا عام ١٩٨٨ على (صياغة رؤوس الأموال المتوازنة (Weighted

Percapita Formula - والتي تقلل من تدخل سلطة التعليم المحلية وسلطاتها لصالح المدارس، وتحديد مجال التدخل السياسي عن طريق قاعدة التمويل المشترك، والتي تمثل خطوة نحو التحرك في المستقبل لنقل السلطة كلية للآباء، ويمكن تمثيل هذا التفويض المالي بصاحب الملك والمستأجر، فصاحب الملك سلطة التعليم المحلية والمسئول عن المباني الخارجية والإصلاحات، والمستأجر للمؤسسة التعليمية مسئول عن المصروفات الداخلية والمعلمين والتدفئة الداخلية والصيانة، وسوف تقرر المؤسسة التعليمية ما تنفقه على الأولويات المختلفة من إجمالي مبلغ الميزانية.

٣ - نموذج الإدارة الذاتية في استراليا :

بدأت حركة الإصلاح التعليمي في استراليا في عام ١٩٩٢م، وذلك عندما وعد الحزب الليبرالي بإنعاش حركة الإصلاح، والتي تقوم على التقليل من عملية السلطة المركزية والبيروقراطية التعليمية في نهاية عام ١٩٩٢م، وقد وعدت مدارس المستقبل في يناير ١٩٩٣م بمنهج جديد للمدارس الابتدائية والثانوية، والتي سيكون الدور الأكبر فيها للآباء والمجتمع ولمديري المدارس، وسيقل فيها تحكم وسيطرة مجلس المؤسسة التعليمية، وسيكون للمديرين القدرة على التحكم في الميزانيات وترتيبات الهيئة.

00   لقد أحدث قانون التعليم في عام ١٩٩٨م تغييرات كبيرة لتحسين عملية الإدارة الذاتية في المدارس الحكومية، معطيا الحق للمدارس في اختيار منهجها الخاص بها، وتوسيع سلطتها المالية، وتقوية حقها في التعيين والفصل، وكان هذا كله من العوامل التي ساعدت على تثبيت المدارس ذاتية الإدارة في استراليا.

تقوم الإدارة الذاتية للمؤسسات في استراليا على مجموعة المعالم التالية:

١ ـ أهداف الإدارة الذاتية للمدارس في استراليا:

وتهدف المؤسسات التعليمية ذاتية الإدارة في استراليا إلى تحقيق الأهداف التالية:

أ-   تحقيق مكاسب محلية للمدارس مثل زيادة المساهمات المالية لدعم التمويل المدرسي، واستخدام المؤسسة التعليمية للموارد المالية بمرونة كافية .

ب-   تلبية الاحتياجات التدريبية لمديري المدارس ومعلميها من خلال أنشطة التنمية المهنية المنفذة على المستوى المدرسي .

ج-   تهيئة المدارس للتطوير واستخدامها كمداخل حديثة في التخطيط والتنفيذ، وتوفير كافة البيانات الأساسية عن احتياجات الطلاب، ومتطلبات الأداء والظروف الاجتماعية والاقتصادية المؤثرة .

د-	تكوين ثقافة جديدة للإدارة الذاتية للمدرسة، تعتمد فى مقوماتها على المعرفة التامة بالطالب الناجح وجودة المخرجات المدرسية.

هـ-	الالتزام بتحسين الفعالية المدرسية والتركيز على المخرجات التعليمية من خلال التحديد الدقيق للأهداف والأنشطة ووضوحها ووضعها على المستوى المدرسي.

٢ - إجراءات تطبيق الإدارة الذاتية في استراليا:

وضعت الحكومة الاسترالية مجموعة من السياسات والإجراءات لتطبيق الإدارة الذاتية للمدرسة أهمها:

أ- التخطيط للتطور المدرسي:

يبدأ التخطيط للتطوير المدرسي من المؤسسة التعليمية ذاتها كوحدة أساسية معنية بتحقيق الفعالية المدرسية، ويتضمن التخطيط تحديد الأهداف المدرسية فى ضوء المخرجات التعليمية المطلوبة، وتحديد أولويات العمل المدرسي، ووضع استراتيجيات التنفيذ.

ب- الإدارة الذاتية للسلوك الطلابي:

تهدف الإدارة الذاتية للسلوك الطلابي إلى خفض السلوك الفوضوي الذي يظهر من بعض الطلاب فى المؤسسة التعليمية، وتحديد مشكلاتهم الخاصة التى تحتاج إلى عناية أفضل، وتنمية الاتجاهات الإيجابية عند جميع الطلاب، وتقدير الجهود الذاتية.

ج - المشاركة في صنع القرار:

تعمل المشاركة على زيادة الفعالية المدرسية، وذلك من خلال تطوير المشاركة في صنع القرار من جميع أطراف العملية التعليمية، سواء كانوا آباء أو معلمين أو مديرين أو طلاب، كما تتأثر ثقافة المؤسسة التعليمية وعلاقتها بالآباء نتيجة لهذه المشاركة وتطورها في ظل عملية الإدارة الذاتية للمدرسة .

د- التعليم المتمركز في النتائج:

ظهر هذا النوع من التعليم وذلك لمواجهة التحديات المعاصرة في المجتمع الاسترالي، ويقوم هذا النوع من التعليم على تحسين المخرجات الطلابية لزيادة الفعالية المدرسية، من خلال تشجيع التعليم الفردي، وتنشيط استراتيجيات التقويم الذاتي، واستخدام مداخل وأساليب جديدة لتحديد قياس المخرجات الطلابية المتكاملة .

٤- نموذج الإدارة الذاتية في نيوزيلندا:

تعتبر المدارس في نيوزيلندا جزءا من النظام القومي، ولذلك كان لابد للوائح المدارس المحلية أن تتمشى مع المناهج القومية، والاهتمامات العامة الأخرى التي تبرر التمويل الحكومي لتلك المدارس، وقد تحددت الغايات والأهداف الأساسية من نظام التعليم النيوزيلندي في

وثيقة (الخطوط الإرشادية للتعليم القومي) والمكونة مـن ثلاثـة أجـزاء والتـي ظهـرت في شكلها الحالي في عام ١٩٩٣م.

و تقوم الإدارة الذاتية للمؤسسات في **نيوزيلندا** على مجموعة المعالم التالية:

١- أهداف الإدارة الذاتية للمدارس في نيوزيلندا.

نصت الوثيقة على تحقيق الأهداف التالية :

- الارتفاع بمستوى التحصيل لكل الطلبة. المساواة في فرص التعليم وتنمية المعارف والمهارات التى يحتاجها النيوزيلنديون للمنافسة بنجاح في العالم الحديث دائم التغير .

- احترام التراث العرقي والثقافي المتباين للشعب النيوزيلندي .

- تحديد المسئوليات الملقاة على عاتق الإدارة المتمثـل في مجلـس الأمنـاء وذلـك مـن خـلال تحصيل الطلاب، التوظيف، شئون العاملين، التمويل، الممتلكات، توفير بيئة أمنة ماديـاً ومعنوياً .

٢- إجراءات تطبيق الإدارة الذاتية بالمؤسسات في نيوزيلندا:

أخذت نيوزيلندا بمجموعة من الإجراءات المتتالية لتعديل السياسة التعليمية عـلى المستوى القومي، والمستوى الإداري بالمؤسسة التعليمية، وذلك من أجـل إعطـاء المزيـد مـن المرونة الإدارية، والاستقلالية الذاتية للمدارس وأهم تلك الإجراءات ما يلي:

أ- إطار العمل للمناهج في نيوزيلندا:

ظهرت في عام ١٩٩٠م ما يسمى (بمبادرة الإنجاز) والتي عرضت إطار عمل لتطوير المناهج على المستوى المدرسي، كما حددت المهارات والقيم والاتجاهات الأساسية التي يجب تنميتها عند كـل المتعلمـين، وكـذلك التقيـيم داخـل المؤسسـة التعليميـة بـل وعـلى المستوى القومي .

ب - الخطوط العريضة للتعليم القومي:

قامت الوزارة في عام ١٩٩٣م بتقديم النصيحة والتوجيه للمدارس بضرورة الالتـزام بالخطوط العريضة العامة الموجودة بالوثائق الرسمية، والتـي تحتـوى عـلى مجموعـة مـن الأهداف القومية من بينها :

- إعادة الهندسة الاجتماعية، إثراء التعليم، تقديم الفرصـة العادلـة في التعلـيم، تفعيـل دور شراكة المجتمع في التعليم تطبيق سياسة العدالة لكافة العاملين، تطـوير وتنميـة هيئات التدريس والعاملين، وإدارة ملكية للمدرسة، والإدارة الاقتصادية للمدرسة .

ج - إنشاء مكتب مراجعة التعليم:

تم إنشاء مكتب لمراجعة الخدمات التعليمية بنيوزيلندا عام ١٩٩٣م، وتـم تحديـد مسئوليته في :

- متابعة تنفيذ السياسات التعليمية بشكل جيد على المستوى القومي والمحلي .

- إعداد تقارير توضيحية لمستوى الأداء العام لكل مؤسسة تعليمية مـن حيـث جـودة المخرجات .

- معاونة وزير التعليم فى تحديـد نوعيـة المخرجـات التعليميـة المطلوبـة في المـدارس والمسئوليات الملقاة على عاتق المديرين فى تحقيق تلك النوعية من المخرجات .

- التأكيد على ارتفاع المستوى التحصيلي والعلمي للطلاب مـن خـلال عمـل التقويم الدولي في علوم المستقبل ومقارنة أداء الطلاب بأقرانهم من دول أخرى .

- التأكيـد علـى المحاسـبية لمنـع تـدهور الأداء فى المـدارس والعمـل علـى تقـويم الآثار السلبية.

د - تفويض هيئة المؤهلات فى توفير المعلمين بنيوزيلندا:

قامت هيئة المؤهلات بنيوزيلندا بإرسـال مكاتبـات لمـديري كـل المـدارس الثانويـة لمعرفة العجز فى بعض التخصصات الدراسية التى تحتـاج إلى معلمين مـؤهلين ذوى خـبرة ودراية بالعمل التدريسى، وذلك لتحقيق الجودة والفعالية داخل هذه المدارس كما كان مـن مسئوليات الهيئة معاونة مديري المـدارس فى تقيـيم ومكافـأة أداء المتميـزين مـن العـاملين بالمؤسسة التعليمية .

000000000000000

هـ- التمويل:

لقد كان مطلوبا من المجالس المدرسية الاهتمام بمتطلبات المجتمعات المحلية المحيطة بهم، وذلك من خلال اجتماع سنوي تنظمه المؤسسة التعليمية لإعداد تقرير اقتصادي متطابق مع التقارير التى تتطلبها لائحة التمويل العام، وعلى مجلس إدارة المؤسسة التعليمية أن يضع تقريراً عن التعليم كل عام وأن يحدد مسبقا الأهداف المراد بلوغها فى نهاية العام .

و- المحاسبية للمدارس الثانوية بنيوزيلندا:

أقر البرلمان فى نيوزيلندا موضوع المحاسبية التعليمية وقواعدها من خلال جهات مختلفة أهمها :

- **مكتب مراجعة التعليم** : وعليه فحص الفعالية التربوية للمدارس وكتابة تقارير توضيحية للعرض على الوزير لإجراء المحاسبية عن أداء هذه المدارس .

- **مجلس إدارة المؤسسة التعليمية** : والذي يقدم تقريراً اقتصادياً سنوياً للوزير يوضح فيه الإمكانيات والمصادر المتاحة التى قدمت للمدارس من قبل الدولة، ويوضح الوضع المالي الحالي، والأهداف التى تم تحقيقها، والأهداف التى لم تحقق، وكذلك وضع المؤسسة التعليمية تحت نظام فعال من المحاسبية .

- **الوزير** : وعليه أن يقدم تقريرا عن مستوى الأداء العام للمدارس إلى البرلمان وذلك للحكم على سياسة التعليم وتصويب مسارها نحو الاتجاه المنشود.

ثامناً: متطلبات تطبيق الإدارة الذاتية في المؤسسات التعليمية:

تطبيق الإدارة الذاتية في المؤسسات التعليمية يتطلب عدد من المتطلبات أهمها:

١- تطوير أساليب التفاعل والأنماط الإدارية السائدة بعيداً عن الإدارة البيروقراطية.

٢- استقلالية المدارس في وضع نظام الانضباط داخل المؤسسة التعليمية ومشاركة الآباء ومؤسسات المجتمع والطلاب في صياغة قواعد هذا النظام.

٣- استحداث وضع قوانين وتشريعات تساعد على تطبيق الإدارة الذاتية بالمؤسسات.

٤- تتبنى وزارة التربية والتعليم سياسة اللامركزية في إدارة التعليم وترك حرية أكبر للإدارات التعليمية في اتخاذ القرارات اللازمة لتحسين وتطوير المؤسسات التعليمية التي تقع في دائرتها، والتفاعل مع المجتمع المدني في حل المشكلات التعليمية، مع مراعاة المبادئ العامة للسياسة التعليمية للدولة.

٥- تحسين أوضاع جميع العاملين بالمؤسسات مادياً ومهنياً، من خلال مشاركة أولياء الأمور ومؤسسات المجتمع المدني بمختلف هيئاته في العمل على تدبير موارد مالية إضافية لتمويل المؤسسات ذاتية الإدارة.

هوامش الفصل

١- إبراهيم عباس الزهيري: المحاسبية في مدارس حـق الاختبار – مـدخل لـدعم مفهـوم اللامركزية في إدارة التعليم في مصر، مجلـة كليـة التربيـة بالمنصورة، جامعـة المنصورة، العدد ٥٥، ج١، مايو ٢٠٠٤م.

٢- أشرف عبد التواب عبد المجيد : تطوير دور مجالس الآباء والمعلمين في إدارة المعاهـد الثانوية الأزهرية في ضوء اتجاه الإدارة الذاتية، رسالة ماجستير غير منشورة، كلية التربية، جامعة الأزهر، ٢٠٠٤م.

٣- خالد قدري إبراهيم: الإدارة الذاتية والمحاسبية مدخل لرفع إنتاجية المدرسة الثانويـة – دراسـة مسـتقبلية، المركز القـومي للبحـوث التربويـة والتنميـة، القـاهرة، ١٩٩٨م.

٤- عادل عبد الفتاح سلامة: دراسة مقارنة للإدارة الذاتية والفعالية المدرسية في كل مـن انجلترا واستراليا وهـونج كـونج وإمكانيـة الإفـادة منهـا في جمهوريـة مصر-العربية، مجلـة التربيـة والتنميـة، السـنة ٨، العـدد ٢٠، المكتـب الاستشـاري للخدمات التربوية، ٢٠٠٠م.

٥- محمد حسنين عبده العجمي: المشاركة المجتمعية المطلوبة لتفعيل مـدخل الإدارة الذاتية لمدارس التعليم الابتدائي بمحافظة

الدقهلية، مجلة كلية التربية بالمنصورة، العدد ٥٨، ج١، مايو ٢٠٠٥م.

٦- نبيل سعد خليل: دراسة مقارنة للإدارة التعليمية في كل من فرنسا والولايات المتحدة الأمريكية وإمكانية الإفادة منها في مصر، مجلة التربية، الجمعية المصرية للتربية المقارنة والإدارة التعليمية، عدد ٩، ٢٠٠٣م.

٧- نجدة إبراهيم سليمان: الاتجاهات الجديدة في الإدارة التعليمية في بعض الدول المتقدمة، مجلة العلوم التربوية، معهد الدراسات والبحوث التربوية، جامعة القاهرة، عدد١٠، ١٩٩٨م.

٨- نجدة إبراهيم سليمان: تطوير الإدارة التعليمية – رؤية مستقبلية، القاهرة، دار الشمس للطباعة والكمبيوتر، ٢٠٠٠م.

الفصل الثامن
إدارة الاجتماعات والندوات
في المؤسسات التعليمية

أولاً: إدارة الاجتماعات:

ب- أهمية الاجتماع .

ج- أركان الاجتماع.

د- أنواع الاجتماعات.

هـ- طرق إدارة الاجتماعات.

ثانياً: إدارة الندوة:

ج- طرق إدارة الندوة.

إدارة الاجتماعات والندوات
فى المؤسسات التعليمية

مقدمة:

القيادة الجماعية هي توزيع المسئوليات على أفراد الجماعة بحيث تنطلق الطاقات الكامنة لديهم وتتاح الفرصة أمام الجميع للابتكار وحل المشكلات، الأمر الذي يجعل الشعور بالمسئولية الجماعية في ازدياد مستمر، وهذا يستلزم بالضرورة حرية الرأي، وحرية النقد، وشعور كل شخص بالمشاركة في شئون الجماعة التي ينتمي إليها.

والاتجاهات العملية الحديثة تستلزم القيام ببحوث جماعية حتى نسير على هديها في التخطيط من أجل تنمية المجتمع ورفاهيته، مع الاهتمام على إثارة حوافز الفرد وتقويتها عن طريق إسهامة الفعلي في السعي المشترك من أجل الأهداف البناءة.

وخير مضمار على القيادة الجماعية هو من خلال المناقشات والمؤتمرات والندوات وحلقات البحث والدراسة، الأمر الذي يمكن الأفراد من المشاركة الإيجابية البناءة وفي تحمل المسئولية والوصول إلى قرارات لتحقيق أهداف الجماعة، وفي هذا المضمار يجب أن ندرك أن ديمقراطية القيادة يمكن تنميتها عن طريق إدارة الاجتماعات والندوات، وفيما يلي عرض موجز لذلك.

أولاً: إدارة الاجتماعات

أ- مفهوم الاجتماع وإدارة الاجتماعات:

يعرف الاجتماع على أنه التقاء عدد من الأفراد في مكان مـا وفي وقـت محـدد لمناقشـة موضوع أو موضوعات معينة بغرض الوصول لهدف معين أو أهداف معينة.

أما إدارة الاجتماعات فتعرف على أنها القدرة على الاستفادة من الإمكانات البشرية والمادية المتاحة لتوجيه الاجتماع وقيادة المشاركين فيه بأقصى كفاءة وأقل تكلفة وأقصر وقت لتحقيق الأهداف المرسومة له.

ب - أركان الاجتماع:

للاجتماع أركان أساسية لا بد من توافرها وهي:

١- **المدير:** الذي يتولى تنظيم الاجتماع, وتوفير كافة مستلزماته, وتوجيه أفراده.

٢- **الأفراد:** يشاركون في الاجتماع,ويساهمون في النقاش - النقد - التوجيه.

٣- **الإمكانات البشرية والمادية المتاحة:** التي يقوم المدير والأعضاء بالاستفادة منهـا لتحقيـق نجاح الاجتماع.

٤- **المكان:** وهو مكان عقد الاجتماع.

٥- **الوقت:** تاريخ عقد الاجتماع (التاريخ - اليوم - الساعة).

٦- **الفترة الزمنية:** التي تستغرق في التحضير لإعداد الاجتماع وتنفيذ الاجتماع.

٧- **الأهداف:** وهي الأهداف المقصودة والمرجوة تحقيقها من وراء عقد الاجتماع.

٨- **جدول الأعمال:** ويتضمن الجدول الموضوعات التي سيتم مناقشتها أثناء الاجتماع.

٩- **التكلفة المالية:** والتي يحتاجها الاجتماع ليكون اجتماعاً ناجحاً.

١٠- **الكفاءة:** وهي تحقيق أكبر قدر ممكن من الأهداف المرجوة.

ج- أهمية إدارة الاجتماعات:

تصبح للاجتماعات أهمية أكبر إن تم الإعداد لها بصورة جيدة وتمت إدارتها بصورة حسنة. وترجع أهميتها إلى أنها.

١- وسيلة هامة لتمكين رئيس الاجتماع من المتابعة والرقابة.

٢- طريقة من طرق التفكير الجماعي حيث أنها تؤدي بنا للوصول لرأي جماعي يشمل أراء أعضاء الاجتماع. كما أن هذه الوسيلة هامة لإرضاء أعضاء الاجتماع وأشعارهم أنهم من ضاع القرار وأن مشورتهم هامة في صنع القرار.

٣- طريقة هامة لاكتشاف المواهب والقدرات والكفاءات كما أنها وسيلة هامة لتبادل وتناقل الخبرات.

٤- تحفز أعضاء الاجتماع على تقبل وتطبيق القرارات لأنها مـن نتـاج آرائهـم كمـا أنهـما تحفزهم على تدريب وتطوير أدائهم ومساراتهم السلوكية.

٥- وسيلة لتبادل المعلومات والإطلاع على سير العمل بالمؤسسة كما أنها طريقـة مختصـرة لاتخاذ القرار في وقت قصـير خاصـة إذا كـان هنـاك بعد جغـرافي أو اخـتلاف في الآراء وبذلك تمكن المدير من التقريب ومن وجهات نظرهم.

٦- تحقق التآلف بين أعضاء الاجتماع وتشعرهم بروح الفريق وتقوى العلاقات الاجتماعية بينهم.

د- مبررات عقد الاجتماع:

إذا لم تتوفر أسباب مقنعة لعقد الاجتماع يصبح مضيعة للوقت والجهد والمال.

ولذلك يجب توافر واحد أو أكثر من الأسباب التالية لعقد الاجتماع وهي الآتي:

١- وجود مشكلة أو قضية تتطلب المتابعة والتقويم المستمر وتحتاج إلى رأي جماعي.

٢- وجود حاجة لتغيير الوضع والنظام المطبق حالياً أو تطويره.

٣- الرغبة في تحقيق التعارف والتآلف بين أعضاء الاجتماع وكذلك الحاجة إلى تدريب أعضاء الاجتماع وتنمية مهاراتهم وتنشيط أفكارهم وآرائهم.

هـ- أنواع الاجتماعات:

يمكن تحديد أكثر أنواع الاجتماعات طبقا لعدد من التصنيفات مثل مكان الاجتماع والرسمية والدورية وحاجة المؤسسة , يمكن عرض هذه التصنيفات على النحو التالي ّ:

من حيث مكان الاجتماع : إلى

١- الاجتماعات الداخلية وغلب ما تتم بين أحد الرؤساء وموظفيه، أو اجتماعات بين مديري الإدارات بعضهم مع البعض.

٢- الاجتماعات الخارجية وتتطلب حضوراً لأعضاء من عدد من الدوائر أو الجهات الحكومية أو الأهلية. وتكون التنسيق بين تلك الدوائر بعضها مع بعض لتطبيق اتجاه أو اقتراح.

ومن حيث الرسمية إلى اجتماعات رسمية وغير رسمية أو دوري أو طارئ فالاجتماع الرسمي غالباً ما يقعد بحسب مقتضيات النظام المؤسسي أما الاجتماع الغير رسمي فيكون للتشاور حول فقيه بعينها أو لتطبيق نظام جديد والتشاور حوله.

أما الاجتماع الدوري فغالباً ما يتم أسبوعياً أو شهرياً في وقت محـدد والاجتماع الطـارئ ويعقد لحاجة طارئة أو لما مع للمؤسسة.

ومن حيث حاجة المؤسسة للاجتماعات الى:

١- اجتماع توصيل معلومات للعاملين وغالباً ما تحتاج إلى شرح وتوضيح من جانب رئيس الاجتماع، وإذا كانت لا تحتاج إلى توضيح فمن الممكن استخدام أسلوب المذكرات أو التقارير أو النشرات.

٢- اجتماع الحصول على معلومات تتعلق لموضوع معين يحتاج إلى وجهات نظر وآراء أعضاء الاجتماع.

٣- اجتماع تكوين اتجاهات معينة لتعديل الأفكار لتقبل كل ما هو جديد حتى يتم تطوير المؤسسة.

٤- اجتماع متابعة الأعمال المؤسسية والخطط حتى يتم محاسبة المتهاون في تنفيذ الأعمال أو التعرف على ما تم إنجازه من الخطة الموضوعة في النهاية بهدف أشعار الأعضاء بعد التهادن والتكامل في أداء الأعمال.

٥- اجتماع الإرشاد والتوجيه وغالباً ما يستخدم لتوجيه العـاملين وإرشـادهم بالجديـد في العمل، ولتحقيق مهارتهم وتوسيع أفاقهم نحو آفاق التطوير.

و- طرق إدارة الاجتماعات:

توجد عدة طرق لإدارة الاجتماعات، وتعتمد هذه الطرق على الهدف من الاجتماع، ولا يغيب عن الأذهان أن كل طريقة لها إيجابياتها وسلبياتها، ويمكن إنجازها في الجدول التالي:

الطريقة	هدفها	وصفها	الإيجابيات	السلبيات
العصف الذهني	التطوير والابتكار والإبداع	عندما يطلب الرئيس من أعضاء الاجتماع تزويده بأراء ومقترحات شريطة عدم انتقاد أي فكرة أو تقييمها مع الإكثار من الأفكار والمقترحات	- إنتاج أفكار ومقترحات كثيرة.	- عدم الالتزام بالقواعد المحددة أثناء توليد الأفكار وتطوير البعض إلى نقد أو تقييم الأفكار أثناء طرحها. - قلة خبرة أعضاء الاجتماع بالعصف الذهني.
الإحصاء	- تحديد حاجات المؤسسات. - توزيع الميزانيات وتستخدم في القضايا الرقمية.	- كل فرد من أفراد الاجتماع يعطي رأيه. - تجمع الآراء ويتخذ القرار المناسب ثم يوزعه على الأعضاء مرة أخرى للتقويم والتعديل.	- عدم وجود ضغوط اجتماعية. - انعدام تسلط بعض الأعضاء على موضوعات بعينها.	- لا تسهم في تكوين العلاقات الشخصية والاجتماعية بين الأعضاء.

دلفاي	جمع المعلومات من الخبراء والمتخصصين	- يرسل إلى العضو المتخصص أو الخبير المعلومات المراد بحثها ويطلب رأيه، ثم تبلور بعد جمعها في رأي أو اقتراح وترسل مرة أخرى حتى يتم بلورة رأي نهائي يصلح للمشكلة المراد بحثها.	- تعطي أراء وبدائل أكثر للمشكلة المراد حلها.	- تحتاج إلى وقت طويل وتكلفتها عالية
الشكلية	إنتاج قرارات أفضل لمشاركة الجميع.	- يتلو رئيس الاجتماع على الأعضاء البند الأول من الاجتماع ليعطي الأعضاء آرائهم فإذا حدث اجتماع على الرأي من كل الأعضاء ينتقل إلى البند الثاني وهكذا، ومن الممكن أن يستخدم التصويت بين الأعضاء للأخذ بالاقتراح الأعلى.	- تتيح قرارات أفضل وتستغرق وقتاً أقل.	- قد يحدث تكتل البعض الأعضاء لاستخراج قرارات لمصلحتهم.
فيلبس	تقدم أفكار أكثر لحل المشكلة	تختلف عن الطريقة الشكلية في كونها تقسم أعضاء الاجتماع إلى مجموعات فرعية كل مجموعة لها رئيس لتقدم أفكاراً ويتم اختيار أفضلها لحل المشكلة.	تقدم أفكار أكثر.	قد يحدث تكاسل بين الأعضاء ويعتمد كل منهم على الآخر.

ح- مشكلات الاجتماع:

المشكلات التي تعوق نجاح الاجتماع و **تؤدي إلى فشله هي :**

١- عدم الإعداد الجيد للاجتماع:

- وتشمل بعض النقاط الفرعية التالية:
- عدم تحديد موضوع الاجتماع.
- عدم ملائمة الظروف البيئية للاجتماع أو وقت الاجتماع للحاضرين.
- عدم تحديد هدف محدد للاجتماع.
- دعوة عدد كبير من الأعضاء لحضور الاجتماع مما يؤدي إلى عدم قدرة كل الأعضاء على الحديث والإدلاء برأيهم.
- سوء اختيار الأعضاء المشاركين.

٢- عدم التقيد بموضوعات جدول الأعمال وختام الاجتماع دون تحديد التوجيهات.

٣- أن يكون رئيس الاجتماع كثير النقد لتصرفات الآخرين أو كثير المقاطعة لأعضاء الاجتماع.

٤- وجود نزاعات شخصية بين المشاركين في الاجتماع.

٥- عدم المتابعة حيث لا بد للمدير (رئيس الاجتماع) إصدار توجيهاته ثم متابعة تنفيذ القرارات.

ط- السلبيات التي تحدث في الاجتماعات:

– عدم توفير تكلفة مادية كافية لنجاح الاجتماع وتحقيق أهدافه.

– إضاعة الوقت بشكل سلبي مما يؤدي إلى إهدار الوقت بدون الوصول إلى هدف معين.

– التكلفة القسرية حيث أن الاجتماعات تتطلب جهوداً بشرية مما قد يعطل الاستفادة من الجهود في أمور أخرى.

ح ـ تصور مقترح لإجراء اجتماع ناجح:

يمكـــن وضـــع تصـــور مقتـــرح لإجـــراء اجـــتماع نـــاجح عـــلى النحو التالي:

تصور مقترح لإجراء اجتماع ناجح

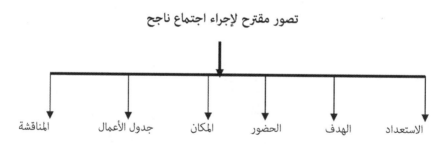

المناقشة	جدول الأعمال	المكان	الحضور	الهدف	الاستعداد

١- الاستعداد:

يستعد رئيس الاجتماع له من خلال النقاط التالية :

١- تحديد هدف الاجتماع.

٢- تحديد أعضاء الاجتماع.

٣- تحديد رئيس الاجتماع.

٤- تحديد من وأين يعقد الاجتماع.

٥- تحديد إعداد جدول الأعمال.

٢- الهدف :

تتمثل أهداف الاجتماع في الأهداف التالية الموضحة في الشكل التالي

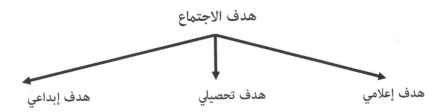

الرسالة المطلوبة المعلومات/المقترحات الأمر المطلوب توصيلها للحضور المراد

الحصول عليها من الحضور بناؤه من خلال الاجتماع

٣- الحضور:

- لا بد من تحديد من يحضر ومن يجب استبعاده.
- يجب تقليص عدد الحضور لعدد المناسب (٥-١٥).

٤- المكان والميعاد:

يراعى في اختيار الوقت المناسب الآتي:

- توافر وقت مناسب لتوجيه الدعوات.
- تحديد مدة مناسبة للاجتماع.
- توافر وقت مناسب لاستعداد المدعوين ومراعاة تفرغهم.

يراعى في اختيار المكان المناسب الآتي:

- أن يكفي لحضور عدد أعضاء الاجتماع.

- أن يتسع للحاضرين.

- أن يكون في مكان يمكن الوصول إليه بسهولة.

- أن يكون مجهز بصورة مناسبة وملائم لنوعية الحاضرين ونوع الاجتماع ويوفر لكل الحاضرين رؤية بعضهم البعض بسهولة.

٥- إعداد جدول الأعمال:

لا بد في إعداد جدول الأعمال مراعاة الآتي:

ـ تحديد الموضوعات التي سيتم طرحها في الاجتماع.

ـ مناسبة الموضوعات مع الوقت المحدد للاجتماع.

ـ توزيع وقت الاجتماع بصورة مناسبة على الموضوعات.

٦- المناقشة:

لا بد من إدارة الحوار والتعامل مع الأعضاء بصورة مناسبة وجيدة لضمان اجتماع ناجح ولذلك يجب مراعاة الآتي:

لا بد من ضبط الحضور والتعامل مع الأعضاء بأنواعهم المختلفة فيجب حسن التعامل مع الأعضاء الثرثارة وكذلك الأعضاء والصامتة. الرجوع إلى أكثر الأعضاء أهمية في آخر الاجتماع.

ك- بعض الأنماط السلوكية لأعضاء الاجتماعات.

يوجد بعض الأعضاء داخل الاجتماع تقوم ببعض الأنماط السلوكية مثل :

العضو المتعالي: وهو يميل إلى التعالي والتكبر على أعضاء الاجتماع.

العضو المعترض: ويميل إلى الإشارة إلى أمور لا علاقة لها بموضوع الاجتماع، ويعترض على كل فكرة تطرح، كما أنه يميل إلى أن يشعر الجميع بأنه على درجة من المعرفة أكثر منهم، ويندرج تحت هذا النمط العضو الثرثارة الذي يتكلم في موضوع خارج موضوع الاجتماع، وأيضاً العضو المتعصب والمشاغب الذي يرفض تماماً تقبل الأفكار المطروحة ويعمل على عكس سير الاجتماع.

العضو الهامس: حيث يهمس مع الآخرين في أحاديث جانبية لا علاقة لها بموضوع الاجتماع.

العضو السلبي: والذي لا يشارك في أثناء المناقشة للاجتماع لشعوره بعدم الفائدة من جراء نسق الاجتماعات.

العضو النشط: حيث يحث زملائه على الإنجاز واتخاذ القرار ويطرح أرائه وفق حافة من صورة أدلة وبراهين عقلية، ويعمل على تقريب وجهات النمط بين الأعضاء.

العضو المدون: ويميل إلى تدوين الآراء والمقترحات والقرارات ومحاور المناقشة وتلخيصها.

العضو المروغ: ويطرح أسئلة خادعة فيها تدر من الجملة والبراثم والذكاء بهدف تعطيل الاجتماع أو نشر بوادر الشقاق بين الأعضاء.

ولعل هذه الأنماط أو بعضها يلقى أعباء على رئيس الاجتماع في البحث عن المدخل الصحيح لكل فرد من أفراد الاجتماع وكيفية تفكيرهم، مما يسهم وما يثبط غرائهم، وما هي اهتماماتهم، وكيفية التعامل معهم في ملاحظة سلوك كل من يحضر الاجتماع، لأنه كلما اتفقت سلوك أعضاء الاجتماع كلما كان أكثر فائدة ونفعاً وإنتاجه.

م- المفاهيم الرئيسية لنجاح رئيس الاجتماع:

١- لا تتحدث كثير وأرح الأعضاء المتحدثون أي لا بد من تهيئة الجو النفسي المريح للمتحدث.

٢- أشعره بأنك تود الاستماع إليه الأمر الذي يجعله لاينشغل في أحاديث جانبه أو أوراق أمامك مع رفع نظرك تجاه المتحدث محالاً الاهتمام به لتفهم ما يقوله، لا لتعارضه ولا تقلل من قيمة ما يقول ولا تسخر منه.

٣- الصبر والمثابرة وسعة الصدر ويستلزم هنا من رئيس الاجتماع التعاطف مع المتحدث ووضع نفسه مكانه، والصبر عليه مع إعطائه

الوقت الكافي لاستكمال حديثه وعـدم مقاطعتـه، ولا يخفـي عـلى أحـد أن الاجـتماع يواجه أنماطاً من السلوك المختلف لأعضاء الاجتماع الأمر الذي يحتاج إلى صبر ومثابرة عليهم مع حذر ويقظة وتبنة.

٤- اطرح بعض الأسئلة الذي يشجع على مواصلة الكلام وتأكيد المتابعـة لـه، بالإضافة إلى أنه يدفع المتحدث إلى بلورة أفكاره وإعطائه بعداً إضافياً.

٥- التحفظ في المجاملة والنقد الأمر الذي يتطلب من رئيس الاجتماع عدم وضع المتحدث في موضع الدفاع عن النفس حتى لا يغضب أو يندفع، بالإضافة إلى عدم مجاملته حتى وأن كانت وجهة نظره خاطئه حتى لا تؤدي ذلك إلى فشل الاجتماع، وحاول أن توضح معاني وأغراض الكلام وتجنب استخدام كلمات محايدة حتى يفهم الأعضاء مـا يقصده رئيس الاجتماع.

٦- تحويل المناظرة إلى حوار أي عند ما نتحـدث مـع أحـد أفراد الاجتماع أسأل الأسـئلة التالية لتحويل المناظرة إلى حوار عمل تجاه حل المشكلة أو تجاه تحقيق الهـدف مـن جراء عقد الاجتماع وهي:

— هل بإمكانك إعطاء أمثلة لما تقول.

— هل تستطيع إعطاء الحاضرين المزيد من المعلومات حول هذا الموضوع.

- أليس هذا عكس ما أشرت إليه من قبل.

- هل بإمكانك التعبير عن الفكرة بموضوعية.

- هل نحن نناقش الموضوع المطروح أم أننا خرجنا عنه.

ثانياً: إدارة النـدوات:

أ- **النـدوة**: عبارة عن التقاء عدد من الأفراد في مكان ما، وفي وقت محدد لمناقشة موضوع

أو موضوعات معينة بغرض التوصل إلى هدف أو أهداف معينة.

ب- **أهداف الندوة**: تتمثل أهداف الندوة في الأهداف التي يوضحها الشكل التالي :

هدف الندوة

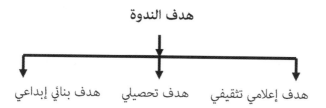

هدف إعلامي تثقيفي   هدف تحصيلي   هدف بنائي إبداعي

هـدف إعلامـي تثقفـي: المعلومـات أو الأخبـار أو رسـائل مطلـوب توصـيلها للحـاضرين في

الندوة.

هدف تحصيلي: اقتراحات أو آراء مطلوب الحصول عليها من الحاضرين.

هدف بنائي إبداعي: أمر مطلوب الوصول إليه أو أمر مطلوب بناؤه من خلال الندوة

ج- من يرأس الندوة :

- عضو من أعضاء هيئة التدريس بكليات التربية.

- عضو من أعضاء إدارات التدريب.

- عضو من مديري المدارس.

د- يراعى في اختيار الموعد:

- الوقت المطلوب لتوجيه الدعوات والإعداد الإداري.

- مدة الاجتماع للندوة.

- مشاغل المدعوين في الندوة.

هـ- يراعى في اختيار المكان:

- عدم شغله من قبل الآخرين في الموعد المحدد.

- يسع عدد الحاضرين.

- يسهل الوصول إليه.

- تجهيزات مناسبة.

- يوفر للحاضرين إمكانية رؤية بعضهم البعض.

مثلاً: يتم اختيار المسرح المدرسي. الموعد المناسب ما بين الحصة الثانية والرابعة أي قبـل الفسحة المدرسي.

و- طرق إدارة الندوة:

✿ تدار الندوة بعدد من الطرق يوضحها الشكل التالي :

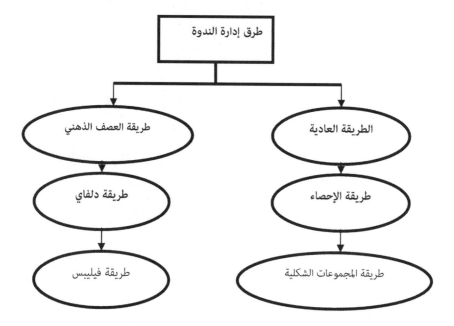

الطريقة العادية:

— اتفاق الرئيس والأعضاء على جدول الأعمال.

— ويتلو الرئيس البند الأول ثم يطرح للنقاش إلى أن يتم الاتفاق على قرار معين ثم البند الثاني وهكذا.

أنها لا تفيد في الموضوع الحالي للندوة وهو دور الإدارة المدرسية في إصلاح وتطوير التعليم لكونها تسمح بهيمنة أشخاص معينة على الندوة، بالإضافة لقلة بدائل اتخاذ القرار.

طريقة العصف الذهني:

يلجأ إليها عندما يكون الهدف من الاجتماع الإبداع والتطوير والابتكار حيث يطرح رئيس الندوة الموضوع ويطلب من الأعضاء تزويده بآرائهم ومقترحاتهم بشرط الالتزام بقواعد محددة.

لا تطرح بدائل كثيرة كما هو متوقع بسبب عدم كفاءة وخبرة وعلم وذكاء مجموعة العصف الذهني.

طريقة الإحصاء:

تستخدم في القضايا التي تتعلق بالأرقام مثل: (تحديد الميزانية – توزيعها – تحديد حاجة الأقسام من الأفراد والأجهزة.

- لا تستخدم إلا للقضايا الرقمية.   - وموضوع الندوة: ليس رقمي.

طريقة دلفاي:

—   ويطلب من الجميع المشاركة بالرأي والاقتراح أو التنبؤ في بعض قضايا الندوة.

- ويطلب الرأي فيها وتجمع الردود وتضيف ويتبلـور رأي ويعـاد مـرة ثانية وثالثة إلى الخـبراء أو المتخصصـين أو المشـاركين إلى أن يـتم الوصـول إلى رأي محـدد للمشـكلة موضوع الندوة.

تحتاج إلى وقت طويل – ذات تكلفة عالية – استخدامها محدود.

طريقة المجموعة الشكلية:

أن يعطي رئيس الندوة الأعضاء فترة من الوقت لبلورة آرائهم وتسليمها لـرئيس النـدوة مكتوبة وإذا كان هناك أكثر من رأي يفتح رئيس الندوة الباب للتصويت لكل اقتراح ويخذ بالاقتراح الأعلى معدلاً، تستغرق هـذه الطريقـة وقت أقـل وتنـتج قـرار أفضل وتفيد في موضوعات التطوير المطروحة للندوة للوصول على صيغة أو صيغ محـددة للتطوير تكتب لإرسالها للمتخصصين والبدء في عمليات التقويم.

طريقة فيليبس:

وفيها تقسم المجموعة إلى مجموعات فرعية وكل مجموعة لها رئيس، ثم تحدد المشكلة لجميع المجموعات الفرعية لتقويم أفكار الحل، ثم تقييم الأفكار واختيـار أفضل الحلـول وهي مفيد أيضاً مثل طريقة المجموعات الشكلية في موضوع النـدوة الحـالي وتساعد عـلى تقديم أفكار أكثر بالإضافة إلى قصر الوقت، واختيار البديل الأفضل.

ولعل طريقة المجموعات الشكلية، وطريقة فيليبس هي من الطرق الأكثر استخداماً في غدارة الندوات، بالإضافة لملاءمتها لوقت الندوة.

ز- كيف يمكن ضبط الثرثارين في الندوة؟

البعض يتكلم كثيراً ليقول قليلاً.

يمكن مساعدة الثرثار باستخدام أسلوب السؤال مثلاً:

- حسناً يا أستاذ أحمد هناك هبوط في مستوى التربية الخلقية ولكن هل كان بمكان الإدارة المدرسية تجنبه؟
- أن ما ذكرته مفيد جداً لمعرفة أسباب المشكلة ولكن ما نزيد معرفته هو مدى تأثيرها على الأداء التعليمي.

ح- كيف نجعل الصامتين يتكلمون؟

في الغالب الصامت أكثر من المتكلم.

- شجع الصامتين على الحديث ولاسيما أن فيهم من يشعر بعدم الثقة والشك تجاه الحضور أو ما يقول.
- هناك صامت معادي للندوة أو الرئيس أو الحاضرين.

أسلوب تشجيع الصامتين:

بتوجيه السؤال مباشرة للصامت مع ذكر اسمه وبيان أهمية رأيه لإثراء النقاش.

ط- نقاط مهمة في إدارة الندوة:

- وجه الأسئلة التي توجه الحديث نحو الموضوع وتبعده عن الأشخاص.

- شجع تصادم الأفكار، دون التصادم بين الأشخاص.

- إشراك أكبر قدر من الحضور وخاصة عند ما ينشب نزاع في الطرح بين شخصين.

ى- نهاية الندوة:

في ختام الندوة يكون من الأفضل ما يلي:

١- لخص ما حققته الندوة من نتائج.

٢- استعراض ما اتخذ من قرارات وتوصيات وما خطط من أعمال.

٣- اذكر الأفراد المكلفين بعمل معين ووقت البداية والنهاية فيه.

٤- الشكر للحاضرين على تفاعلهم ومشاركتهم وحسن الاستماع.

ك- تقويم الندوة

محددات تقويم قدرة الرئيس في إدارة الندوة:

- تعقد الندوة في الموعد المحدد لها.

- يعرف الأعضاء أهداف الندوة تماماً.

- التخاطب مع الأعضاء دون جرح.

- التعبير الصادق للأعضاء عن مشاعرهم الحقيقية وأرائهم بحرية وصراحة.

－ إصغاء أعضاء الندوة إلى بعضهم البعض عن التحدث.

－ استقبال أعضاء الندوة المعلومات والتوجيهات من زملائهم دون حساسية.

－ عدم وجود شعور عدائي مسبق تجاه رئيس الندوة.

－ المعارضة الرشيدة في الآراء تفيد الندوة كثيراً.

محددات فعالية الندوة:

－ **الاحترام:** المتبادل بين المشاركين.

－ **الالتزام:** التام للمشاركين ورغبتهم في تحقيقها.

－ **التعاون:** لا بد وأن بين المشاركين بالندوة.

－ **إصغاء:** إصغاء كل مشارك لأفكار وملاحظات الآخرين.

－ **النقد الفعال:** على كل مشترك الابتعاد عن النقد الهدام.

－ **الجماعية:** اتخاذ توصيات وقرارات الندوة بصورة جماعية.

الإعداد للندوة المقبلة:

يستعد رئيس الندوة واللجنة التحضيرية لها مادياً ومعنوياً لندوة لاحقة بناء على أحداث وتطورات الندوة الحالية، حيث يستفيد من إيجابياتها ويتجنب سلبياتها، ويطور أسلوب الورشة حتى تتحقق الأهداف المرسومة للندوة بكفاءة تامة.

استمارة تقييم الندوة

المحور	مدى التوافق		
	موافق	موافق لحد ما	غير موافق
أهداف الندوة واضحة ومحددة ومفهومة. لا يوجد حاجة أبداً لبحث الموضوع المطروح للندوة. جميع الحضور مهتمين جداً لبحث موضوع للندوة. عدد الحضور للندوة مناسب. الإعلان عن موضوع الندوة وزملائها وبرنامجها قبل وقت كاف.			
الطريقة التي اتبعت في الندوة ساهمت على مناقشة موضوعها بعمق. الجميع شارك في الحوار والنقاش. التوصيات والمقترحات كانت واضحة ومحددة. نظام المناقشات بالندوة كان واضحاً منذ بدايتها. موعد الندوة كان مناسب. زمن الندوة كان ملائماً جداً. تم انتهاء الندوة في الوقت المحدد.			

المراجع

المراجــع

أولاً: المراجع العربية:

١- ابتسام عبد الرحمن حلواني: التغيير ودوره في التطوير الإداري، مجلة الإدارة العامـة، معهد الإدارة العامة، الرياض – المملكة العربية السعودية، العـدد ٦٧، يوليـه ١٩٩٠م.

٢- **إبراهيم العيسوي: السيناريوهات - بحث في مفهوم السيناريوهات وطرق بنائها في مشروع مصر ٢٠٠٢م ، أوراق مصر ٢٠٢٠م**، منتدى العالم الثالث ، القاهرة ، مكتب الشرق الأوسط ، ١٩٩٨م.

٣- إبراهيم عباس الزهيري: المحاسبية في مدارس حق الاختبار – مـدخل لـدعم مفهـوم اللامركزية في إدارة التعليم في مصر، مجلـة كليـة التربيـة بالمنصـورة، جامعـة المنصورة، العدد ٥٥، ج١، مايو ٢٠٠٤م.

٤- إبراهيم وكيل الفار، سعاد شاهين: المدرسـة الإلكترونيـة رؤى جديـدة لجيل جديـد، **المؤتمر العلمي الثامن للجمعيـة المصريـة لتكنولوجيـا التعليـم المدرسـة الإلكترونية**، المنعقـد في الفـترة مـن ٢٩ – ٣١ أكتوبر ٢٠٠١م ، كلية البنات جامعة عين شمس ، القاهرة ، ٢٠٠١م.

٥- أبي الفضل جمال الدين محمد بن مكرم ابن منظور: **لسـان العرب**, الطبعة الثالثة, المجلد الأول, بيروت, دار الفكر للطباعة والنشر والتوزيع , ١٩٩٤.

٦- أحمد إبراهيم أحمد : الجودة الشاملة في الإدارة التعليميـة والمدرسية الإسكندرية دار الوفاء، ٢٠٠٣م.

٧- أحمد إبراهيم أحمد: إدارة الأزمات التعليمية في المدارس، الأسباب والعلاج، القاهرة، دار الفكر العربي، ٢٠٠٢م.

٨- أحمد إبراهيم أحمـد: إدارة الأزمة التعليميـة منظور عـالمي: الإسكندرية، المكتـب العلمي للكمبيوتر والنشر والتوزيع، ٢٠٠١م.

٩- أحمـد إسمـاعيل حجـي: الإدارة التعليميـة والإدارة المدرسية، القـاهرة، دار الفكـر العربي، ١٩٩٨م.

١٠- أحمد إسماعيل حجي، **اقتصاديات التربية والتخطـيط التربـوي**، القـاهرة: دار الفكـر العربي، ٢٠٠٢م.

١١- أحمد جاسم يعقوب الساعي، إسماعيل محمـد إسماعيل حسـن، اتجاهـات أعضـاء هيئة التدريس بجامعة قطر نحو توظيف برنامج العرض التقـديمي Power Point في التعليم وآرائهم حوله "دراسة ميدانية تجريبية" مجلة كلية التربية بالمنصورة، العدد ٦٢، ج٢، سبتمبر ٢٠٠٦م.

المراجع

١٢- أحمد حامد منصور: المدرسة الإلكترونية في بيئات التعلم، المؤتمر العلمي السنوي
الثامن للجمعية المصرية لتكنولوجيا التعليم، بالاشتراك مع كلية التربية،
جامعة عين شمس بعنوان "المدرسة الإلكترونية، المنعقدة في الفترة
من ٢٩-٣١ أكتوبر ٢٠٠١م.

١٣- أحمد حسين اللقاني، على أحمد الجمل: معجم المصطلحات التربوية المعرفة في
المناهج وطرق التدريس، ط٢، القاهرة، عالم الكتب، ١٩٩٩.

١٤- أحمد حسين عبد المعطي: تصور مقترح لدور الإدارة الإلكترونية في تجويد العمل
الإداري بكليات التربية بمصر- دراسة تقويمية، مجلة كلية التربية، جامعة
أسيوط، المجلد ٢٢، العدد٢، يوليو ٢٠٠٦م.

١٥- أحمد سيد مصطفى : إدارة الإنتاج والعمليات في الصناعات والخدمات، ط٤،
القاهرة، المنظمة العربية للتنمية الإدارية، ١٩٩٩م.

١٦- أحمد سيد مصطفى: إدارة البشر الأصول والمهارات، القاهرة، دار الكتب، ٢٠٠٢م.

١٧- أحمد سيد مصطفى: إدارة التغيير في مواجهة التحديات رؤية مستقبلية ودليل عمل
للمنظمات العربية، الإمارات العربية، اتحاد غرف التجارة والصناعة يناير/
إبريل ١٩٩٤م.

١٨- أحمد فتحي: الخروج من المأزق فن إدارة الأزمات، القاهرة، دار الأمين، ٢٠٠١م.

١٩- أحمد محمد غنيم: الإدارة الإلكترونية آمان الحاضر وتطلعـات المسـتقبل، المنصورة، المكتبة العصرية، ٢٠٠٤م.

٢٠- أشرف عبد التواب عبد المجيد : تطوير دور مجالس الآباء والمعلمين في إدارة المعاهد الثانوية الأزهرية في ضوء اتجاه الإدارة الذاتية، رسالة ماجستير غير منشورة، كلية التربية، جامعة الأزهر، ٢٠٠٤م.

٢١- برنامج الأمم المتحـدة الإنمـائي، الصندوق العـربي الإنمـائي والاقتصادي والاجتماعـي، تقريـر التنميـة الإنسانية للعـام٢٠٠٣م، المكتـب الإقليمـي للـدول العربيـة، الأردن.

٢٢- بطرس بطرس غـالي، محمـود خـيري عيسى-**المـدخل في علم السياسة**, الطبعـة العـاشرة، القاهرة، مكتبة الأنجلو، ١٩٩٨.

٢٣- جابر محمود طلبة : التجديد التربوي مـن أجـل جامعة المسـتقبل، الطبعـة الأولى، مكتبة إيمان للنشر والطبع والتوزيع، المنصورة، ١٩٩٩م.

٢٤- جفرى إن لوينثال: إعادة هندسة المنظمة، ترجمة خالد بن عيد الله الدخيل الـله وسرور علي إبراهيم سرور، الرياض، دار المريخ، ٢٠٠٢م.

٢٥- جمال مصطفى عبد الرحمن الشرقاوي: تنمية مفاهيم التعليم والتعلم الإلكتروني ومهاراته لدى طلاب كلية التربية بسلطنة عُمان، مجلة كلية التربية بالمنصورة، العدد ٥٨، ج٢، مايو ٢٠٠٥م.

٢٦- جمهورية مصر العربية: **معجم اللغة العربية (الوجيز)**، هيئة المطابع الأميرية، ٢٠٠٥.

٢٧- جميل حامد القثامي: نماذج من إدارة الأزمات في عهد الخلفاء الراشدين وتطبيقاتها في مجال الإدارة والتخطيط التربوي، رسالة ماجستير غير منشورة، جامعة أم القرى، ١٩٩٥م.

٢٨- جوفي دهارتي : تطوير نظم الجودة في التربية، ترجمة عدنان الأحمد وآخرون، دمشق، المنظمة العربية للتربية والثقافة والعلوم، المركز العربي، ١٩٩٩م.

٢٩- حافظ فرج أحمد, محمد صبري حافظ: **إدارة المؤسسات التربوية**، القاهرة، عالم الكتب،٢٠٠٣م.

٣٠- حبيب الصحاف: معجم إدارة الموارد البشرية وشئون العاملين، بيروت، مكتبة لبنان، ١٩٩٧م.

٣١- حسين كمال بهاء الدين: التعليم والمستقبل، القاهرة، دار المعارف، ١٩٩٧م.

٣٢- حلمي إبراهيم سلامه وآخرون: أساسيات نظم المعلومات المحاسبية، القاهرة، دار الثقافة العربية، ٢٠٠٠م.

٣٣- حلمي أحمد الوكيل: **تطوير المناهج أسبابه، أسسه، أساليبه، خطواته، معوقاته**
القاهرة، مكتبة الآنجلو المصرية، ١٩٩١م.

٣٤- حمدي حسن عبد الحميد، عبد الفتاح جودة السيد: الحكومة الإلكترونية في التعليم
بين النظرية والممارسة، دراسة في الأهداف والأهمية وإمكانية التطبيق، مجلة
كلية التربية بالزقازيق، العدد ٤٦، يناير ٢٠٠٤م.

٣٥- حميد فاروق محفوظ : إدارة الجودة الشاملة والاعتماد للجامعة ومؤسسات التعليم
العالي، مؤتمر التعليم الجامعي : آفاق الإصلاح والتطوير.

٣٦- خالد سعد عبد العزيز بن سعيد: إدارة الجودة الشاملة تطبيق على القطاع الصحي،
الرياض، السعودية، ١٩٩٧م.

٣٧- خالد قدري إبراهيم: الإدارة الذاتية والمحاسبية مدخل لرفع إنتاجية المدرسة الثانوية
– دراسة مستقبلية، المركز القومي للبحوث التربوية والتنمية، القاهرة،
١٩٩٨م.

٣٨- دال يسترفيلد : الرقابة على الجودة، ترجمة سرور علي إبراهيم، السعودية الرياض،
المكتبة الأكاديمية، ١٩٩٥م.

٣٩- راوية حسن: السلوك التنظيمي المعاصر، الإسكندرية، الدار الجامعية، ٢٠٠٢م.

٤٠- ريم مهيوب سليمون: الخطط المستقبلية لإدارة الأزمات المدرسية: دراسة وصفية نفسية لمستقبليات المواجهة، رسالة ماجستير غير منشورة، كلية التربية، جامعة طنطا، ٢٠٠١م.

٤١- زكي محمود هاشم: تنظيم وطرق العمل، الكويت، مطبوعات جامعة الكويت، ١٩٨٤م.

٤٢- سامي عبد المطلب إبراهيم عامر: دور الإدارة المدرسية في تنمية الوعي لدى طلاب التعليم الأساسي في مواجهة الكوارث والأزمات - دراسة ميدانية على محافظة المنوفية، رسالة ماجستير غير منشورة، كلية التربية، جامعة الزقازيق، فرع بنها، ١٩٩٧م.

٤٣- سعد غالب ياسين: الإدارة الإلكترونية وآفاق تطبيقاتها العربية، مركز البحوث، معهد الإدارة العامة، المملكة العربية السعودية، مكتبة الملك فهد الوطنية، الرياض، ٢٠٠٥م.

٤٤- سعيد بن معلا العمري: المتطلبات الإدارية والأمنية لتطبيق الإدارة الإلكترونية، دراسة مسحية على المؤسسات العامة للمواني، رسالة ماجستير غير منشورة، أكاديمية نايف العربية للعلوم الأمنية، ٢٠٠٣م.

٤٥- سعيد يس عامر: الإدارة وسرعة التغيير، القاهرة، مركز وايد سيرفيس للاستشارات والتطوير الإداري، ١٩٩٥م.

٤٦- سعيد يس عامر، علي محمد عبد الوهاب: الفكر الإداري في التنظيم والإدارة، القاهرة، مركز وايد سرفيس للاستشارات والتطوير اللاداري، ١٩٩٤م.

٤٧- سلامة عبد العظيم حسين: اتجاهات حديثة في الإدارة المدرسية الفعالة، القاهرة، دار الفكر، ط١، ٢٠٠٤م.

٤٨- سهام محمد صالح كعكي: تطوير التنظيم الاداري لرياض الأطفال في المملكة العربية السعودية في ضوء الفكر التنظيمي المعاصر، رسالة دكتوراه، غير منشورة، كلية التربية، جامعة عين شمس، ٢٠٠٠.

٤٩- سونيا محمد البكري : إدارة الإنتاج والعمليات مدخل النظم، القاهرة، الدار الجامعية للنشر والتوزيع، ٢٠٠١م.

٥٠- سيد الهوا ري: منظمة القرن ال٢١، القاهرة، مكتبة عين شمس، ١٩٩٩م.

٥١- السيد عليوة: إدارة الأزمات والكوارث حلول علمية وأساليب وقائية، القاهرة، مركز القرار للاستشارات، ١٩٩٧م.

٥٢- السيد عليوة: برنامج الهندسة الإدارية، المنصورة، مركز القرار للاستشارات، مكتبة جريدة الورد، ٢٠٠٢م.

٥٣- السيد محمد ناس: "التكيف الهيكلي والتعليم العالي"- دراسة للواقع المصري في ضوء الخبرة الدولية- مجلة كلية التربية جامعة الزقازيق - العدد ٣٥ - مايو ٢٠٠٠.

٥٤- شادية جابر محمد كيلاني: نموذج مقترح للخدمات التي تقدمها الحكومة الإلكترونية لطلاب كلية التربية، مجلة كلية التربية بالمنصورة، العدد ٦٠، ج(١)، يناير ٢٠٠٦م.

٥٥- شاكر محمد فتحي أحمد: إدارة المنظمات التعليمية، رؤية معاصرة للأصول العامة، القاهرة، دار المعارف، ١٩٩٦م,

٥٦- شاكر محمد فتحي أحمد: تطوير أداء المنظمة من منظورة إعادة الهندسة تصور مقترح، مجلة التربية وعلم النفس، كلية التربية، جامعة عين شمس، العدد٢٦، ج٢، ٢٠٠٢م.

٥٧- صفاء محمود عبد العزيز، سلامة عبد العظيم حسين : ضمان ومعايير اعتماد مؤسسات التعليم العالي في مصر، المؤتمر السنوي الثالث عشر، الاعتماد ضمان جودة المؤسسات التعليمية، الجمعية المصرية للتربية المقارنة والإدارة التعليمية بالاشتراك مع كلية التربية ببنى، جامعة القاهرة ٢٤-٢٥، ج٢، يناير ٢٠٠٥م.

٥٨- صلاح مصطفى قاسم: التحديات الأمنية للحكومة الإلكترونية "دراسة مسحية لتجربة دبي في دولة الإمارات العربية المتحدة، رسالة ماجستير غير منشورة، أكاديمية نايف العربية للعلوم الأمنية، ٢٠٠٣م.

٥٩- طلعت أسعد عبد الحميد . التسويق الفعال : الأساسيات والتطبيق. ط ٩. القاهرة : مكتبة عين شمس, ١٩٩٩.

٦٠- عـادل السـيد الجنـدي: الإدارة والتخطيط التعليمـي الاسـتراتيجي رؤيـة معـاصرة، السعودية، مكتبة الرشد، ٢٠٠٣م.

٦١- عادل عبد الفتاح سلامة: دراسة مقارنة للإدارة الذاتية والفعالية المدرسية في كل مـن انجلترا واستراليا وهـونج كـونج وإمكانيـة الإفـادة منهـا في جمهوريـة مصر ـ العربية، مجلـة التربيـة والتنميـة، السنة ٨، العـدد ٢٠، المكتب الاستشاري للخدمات التربوية، ٢٠٠٠م.

٦٢- عاصم الأعرصي، دقاسة مأمون: إدارة الأزمـات دراسة ميدانيـة لمـدى تـوافر عنـاصر نظام لإدارة الأزمات من وجهة نظر العاملين في الوظائف الإشرافيـة في أمانـة عمان الكبرى، الإدارة العامة، العدد ٤.

٦٣- عايـده سـيد خطـاب: أصـول الإدارة، القـاهرة، مكتبـة عـين شـمس، ١٩٩٢م.

٦٤- عبد الجواد السيد بكر: **السياسات التعليمية وضع القرار**، الإسكندرية، دار الوفـاء للطباعـة والنشر، ٢٠٠٢.

٦٥- عبد الغفور يونس: **نظريات التنظيم والإدارة**, الإسكندرية، المكتب العربي الحديث، ١٩٩٧.

٦٦- عبد الغني عبود : إدارة الجامعات العربية في ضوء معايير الجودة الشاملة، مؤتمر التعليم الجامعي العربي: آفاق

الإصـلاح والتطـوير، مركـز تطـوير التعلـيم الجـامعي بالتعـاون مـع مركـز الدراسات العربية في ١٨-١٩، ديسمبر ٢٠٠٤م.

٦٧- عز الدين حسين الرزان: التخطيط وإدارة الأزمات في المؤسسات، عمان، دار مجدولين للطباعة والنشر، ١٩٩٥م.

٦٨- عساف سعد العتيبي: دور الإدارة الإلكترونية في تفعيل إجراءات وعمليات الحماية المدنية، رسالة ماجستير غير منشورة، كلية الدراسات العليا جامعة نايف العربية للعلوم الأمنية، ٢٠٠٦م.

٦٩- عصام عبد المنعم أحمد: الدور المرتقب للمحاسبة في ظل العولمة ومتطلبات النظام العالمي الجديد. **المجلة المصرية للدراسات التجارية**, كلية التجارة جامعة المنصورة, المجلد ٢٥: العدد ١, ٢٠٠١.

٧٠- عطية حسن افندى: اتجاهـات جديـدة في الإدارة بـين النظريـة والتطبيـق، القـاهرة، مركز البحوث والدراسات السياسية، ١٩٩٤م.

٧١- عونية طالب أبو ستية: الإدارة الإلكترونية لمدارس التعليم قبل الجامعي في المملكـة العربية الأردنية الهاشمية مـن وجهـة نظـر مـديري المـدارس، مجلة كليـة التربية، جامعة الأزهر، العدد ١١٠ أغسطس ٢٠٠٢م.

٧٢-   غريب عبد الحميد حسين: أثر التفاعل بين المتغيرات التكنولوجية والتنظيمية علـى الكوارث والأزمات، رسالة ماجستير غـير منشـورة، كليـة التربيـة جامعـة عـين شمس، ١٩٩٧م.

٧٣-   فاروق السيد عـثمان: سيكولوجية التفاوض وإدارة الأزمات، الإسكندرية، منشأة المعارف، ١٩٩٨م.

٧٤-   فتحي درويش عشيبة. الإدارة الجامعية في مصر بين التفاعل مع التحديات المعاصرة ومشكلات الواقع . المؤتمر العلمي الرابع (التربية ومستقبل التنمية البشرية في الوطن العربي على ضوء تحديات القرن الحادي والعشرين) . كلية التربية جامعة القاهرة . فرع الفيوم: في الفترة من (٢١- ٢٢)، أكتوبر , ٢٠٠٢.

٧٥-   فرج عبد القادر طه : موسوعة علم النفس والتحليل النفسي، دار سعاد الصباح للنشر والتوزيع، ط١، القاهرة، ١٩٩٣.

٧٦-   فريد النجـار: إدارة الجامعات بـالجودة الشاملة رؤى التنميـة المتواصـلة، ط١، القاهرة، إيزاك للنشر والتوزيع، ٢٠٠٠م.

٧٧-   فريد علي محمد شوسة: الإدارة الإستراتيجية، القاهرة، دار النهضة العربية، ١٩٩٩م.

٧٨-   فهد صالح سلطان: إعادة هندسة العمليات الإدارية، الهندرة، الرياض، مكتبة الملك فهد الوطنية، ١٩٩٨م.

٧٩- قيس المؤمن وآخرون: التنمية الإدارية، عمان، الأردن، دار زهران للنشر، ١٩٩٧م.

٨٠- قيس المؤمن وآخرون: التنمية الإدارية، عمان، الأردن، دار ظهران للنشر، ١٩٩٧م,

٨١- مايكل ماهر وسنيفن ستانين: ثورة إعادة الهندسة، ترجمة حسين الفلاحي، الرياض، آفاق الإبداع للنشر والإعلام، ٢٠٠٠م.

٨٢- محسن أحمد الخضيري: إدارة الأزمـات: منهج اقتصـادي إداري لحـل الأزمـات علـى المستوى الاقتصادي المصري والوحدة الاقتصادية، القاهرة، ١٩٩٠م.

٨٣- محمد أحمد الغنام: ثورة إستراتيجية لتطوير النظم التربوية في البلدان العربية، رسالة الخليج، مكتب التربية لدول الخليج، الرياض، ١٩٨٣م.

٨٤- محمد بن عبد العزيز الصافي: مدى إمكانية تطبيق الإدارة الإلكترونية في المديرية العامـة للجـوازات بمدينـة الريـاض، رسـالة ماجستـير غـير منشـورة، كليـة الدراسات العليا، جامعة نايف العربية للعلوم الأمنية، ٢٠٠٦م.

٨٥- محمد حسنين عبده العجمي: المشاركة المجتمعية المطلوبة لتفعيل مـدخل الإدارة الذاتيـة لمـدارس التعليـم الابتدائـي بمحافظـة الدقهليـة، مجلـة كليـة التربيـة بالمنصورة، العدد ٥٨، ج١، مايو ٢٠٠٥م.

٨٦-   محمد رشاد الحملاوي، منى صلاح الدين شريف: إدارة الأزمات في الصناعة المصرية،
     دراسـة تطبيقيـة، المـؤتمر الثـاني لإدارة الأزمـات والكـوارث، وحـدة بحـوث
     العمليات، كلية التجارة، جامعة عين شمس، المنعقدة مـن ٢٥-٢٦ أكتـوبر،
     ١٩٩٧م.

٨٧-   محمـد سـعد الألفـي، محمـد حامـد إمبـابي: المتطلبـات التربويـة لتعليـم الطـلاب
     المكفوفين بالمعاهد الثانوية الأزهرية من وجهة نظرهم، مجلة كلية التربية،
     جامعة الأزهر، العدد٨٢، ١٩٩٩.

٨٨-   محمد سيف الدين فهمي: اتجاهات التغيير والتطوير في التعليم الجامعي وموقف
     جامعات دول الخليج منها، التربية المعاصرة، العدد (١١٢)، ١٩٩٠م.

٨٩-   محمد سيف الدين فهمي: **التخطيط التعليمـي- أسسـه وأساليبه ومشكلاته، ط٧،**
     القاهرة، مكتبة الأنجلو المصرية: ٢٠٠٠م.

٩٠-   محمد صدام جبر: المعلومات وأهميتها في إدارة الأزمات، المجلة العربية للمعلومات
     إدارة التوثيق والمعلومات بالمنظمة العربية للتربية والثقافة والعلـوم، م١٩،
     ع١، ١٩٩٨م.

٩١-   محمد عاطف غيـث: قاموس علم الاجتماع، الإسكندرية، دار المعرفة الجامعية،
     ١٩٩٥م.

٩٢- محمد عبد الحميد محمد، أسامة محمود قرني: متطلبات تطبيق الإدارة الإلكترونية بالجامعات المصرية في ضوء خبرات بعض الدول، مجلة كلية التربية جامعة الأزهر، العدد ١٣٠، ج(٢)، سبتمبر ٢٠٠٦م.

٩٣- محمد عبد الرازق إبراهيم : تطوير نظام تكوين معلم التعليم الثانوي العام بكليات التربية في ضوء معايير الجودة الشاملة، رسالة دكتوراه غير منشورة، كلية التربية ببنها، جامعة الزقازيق، ١٩٩٩م.

٩٤- محمد عبد الغني هلال: مهارات إدارة الأزمات، مركز تطوير الأداء والتنمية، القاهرة، ١٩٨٥م.

٩٥- محمد عبد القادر حاتم: التعليم في اليابان، المحور الأساسي للتقنية اليابانية، القاهرة، الهيئة العامة للكتاب، ١٩٩٧م.

٩٦- محمد علي عزب: وتحدي التقدم العلمي والتكنولوجي للتعليم العالي وإمكانية مواكبته في مصر ، مجلة كلية التربية، جامعة الزقازيق، ع(٣٢)، مايو ١٩٩٩م.

٩٧- محمد محمود حسنى: الدور القيادي للإدارة المدرسية في تبني وتطوير إستراتيجية للتغيير المخطط، الإسكندرية، دار المعرفة الجامعية، ١٩٨٧م.

٩٨- محمد منير مرسى: **الإصلاح والتجديد التربوي في العصر- الحديث**, القاهرة، عالم الكتب، ١٩٩٢م).

٩٩- محمد وجيه الصاوي: من زاوية تربوية، **التربية،** العدد ٦٥، سبتمبر ١٩٩٧م، جامعة الأزهر- كلية التربية، ١٩٩٧م.

١٠٠- مريم محمد إبراهيم الشرقاوي: تصور لإدارة التغيير بمراحل التعليم بمصر: دراسة حالة، مجلة التربية – كلية التربية، جامعة الأزهر، العدد (٧٣)، ١٩٩٨م.

١٠١- مناحي عبد الله السبيعي: إمكانية تطبيق الإدارة الإلكترونية في الإدارة العامة للمرور من وجهة نظر العاملين فيها، رسالة ماجستير غير منشورة، كلية الدراسات العليا، جامعة نايف العربية الأمنية، ٢٠٠٥م.

١٠٢- منال محمد طه العدوي : تطبيق إدارة الجودة الشاملة في دراسة تصميم وطباعة المنسوجات محور : المناهج والتخصصات العلمية في ضوء إدارة الجودة الشاملة ونظم الاعتماد. كمؤشر تطوير أداء الجامعات العربية في ضوء معايير الجودة ونظم الاعتماد، مركز تطوير التعليم الجامعي، جامعة عين شمس ١٨-١٩، ديسمبر ٢٠٠٥م.

١٠٣- منير البعلبكي: **المورد قاموس إنجليزي عربي،** دار العلم للملايين، بيروت ، ١٩٩٣.

١٠٤- نادر فهمي الزيود وآخرون: **التعلم والتعليم الصفي،** ط٤، عمان، دار الفكر للطباعة والنشر والتوزيع،(١٩٩٩م.

١٠٥- ناهد عبد الله الموسى: إدارة الأزمات في مدارس التعليم العام بمدينة الرياض: نموذج مقترح، رسالة دكتوراه غير منشورة، الرياض، كلية التربية، جامعة الملك سعود، ٢٠٠٥م.

١٠٦- نبيل سعد خليل: دراسة مقارنة للإدارة التعليمية في كل من فرنسا والولايات المتحدة الأمريكية وإمكانية الإفادة منها في مصر، مجلة التربية، الجمعية المصرية للتربية المقارنة والإدارة التعليمية، عدد ٩، ٢٠٠٣م.

١٠٧- نجدة إبراهيم سليمان: الاتجاهات الجديدة في الإدارة التعليمية في بعض الدول المتقدمة، مجلة العلوم التربوية، معهد الدراسات والبحوث التربوية، جامعة القاهرة، عدد١٠، ١٩٩٨م.

١٠٨- نجدة إبراهيم سليمان: تطوير الإدارة التعليمية – رؤية مستقبلية، القاهرة، دار الشمس للطباعة والكمبيوتر، ٢٠٠٠م.

١٠٩- نجلاء عبد الحميد رأفت: أزمة التعليم في مصر دراسة سوسيولوجية في إدارة الأزمات الاجتماعية، القاهرة، مركز المحروسة والتدريب والنشر، ١٩٩٨م.

١١٠- هالة عبد المنعم أحمد سليمان: إدارة التغيير التربوي في المدرسة الثانوية العامة ب ج.م.ع باستخدام مدخل إعادة الهندسة، رسالة دكتوراه غير منشورة، كلية التربية، جامعة عين شمس، ٢٠٠٥م.

١١١- هشام عبد المنعم عكاشة: الإدارة الإلكترونية للمرافق العامة، دراسة مقارنة، القاهرة، دار النهضة العربية، ٢٠٠٤م.

١١٢- همام بدراوي زيدان: "السياسة وسياسة التعليم **دراسات تربوية,** مجلة تصدرها رابطة التربية الحديثة، المجلد الثامن، الجزء ٥٤، ١٩٩٣.

١١٣- هنداوي محمد حافظ: إدارة الأزمة التعليمية، المفهوم والنظرية، مؤتمر السنوي الثاني، إدارة التعليم في الوطن العربي في عالم متغير، الجمعية المصرية للتربية المقارنة والإدارة التعليمية، جامعة عين شمس، يناير،١٩٩٤.

١١٤- هيا إبراهيم أحمد بن سيقان : تطوير إدارة المدرسة في التعليم الابتدائي في ضوء إدارة الجودة الشاملة، رسالة ماجستير غير منشورة، كلية البنات، جامعة عين شمس، ٢٠٠٣م.

١١٥- يحيى محمد علي أبو مغايض: الحكومة الإلكترونية ثورة على العمل الإداري التقليدي، الرياض، مكتبة الملك فهد الوطنية، ٢٠٠٤م.

١١٦- يعقوب أحمد الشراح: **التربية وأزمة التنمية البشرية**، الرياض، مكتب التربية العربي لدول الخليج ، ٢٠٠٢م.

ثانياً: المراجع الأجنبية:

117- Babiker , Abdel Bagi A. G . , The Case of Sudan in Assuring Quality in Education , Conference on Quality Management and Accreditation of Higher

Education in The Arab World , The Ministry of Higher Education, 24–26 Nov. 2004 Intercont-inental Semiramis Hotel , Egypt , 2004.

118- Babiker , Abdel Bagi A. G .Accreditation and Evaluation to Assure Quality Education, Con-ference on Quality Management and Accred-itation of Higher Education in The Arab World , 24 – 26 Nov . 2004 , Intercontinental Semiramis Hotel, the Ministry of Higher Education , Egypt , 2004 .

119- Bal.V. : The Look of Virtues : Discourse and Organizational Change inthree Universities, 1960- 255., Dss. Abs. Int., Vol. 64. 12A, 2003.

120- Bland, V., E- management: where it's headed and How To get There, New Zealand Manag-ement, Vol.48, No.10, 2001.

121- Blythe, Bruce. Creating your school's Crisis Management Team school- Business- Affairs, V.67,No.7, July 2001.

122- Blythe, Bruce: Creating your school's Management Team School- Business- A ffairs, Vol. 67, No.7, 2001.

123- Bogue , G. ; Quality Assurance in Higher Education, The Evolution of Systems and Design Ideals, New Directions of Institutional Research, No. 99, 1998.

124- Catchliam , M. J. ; People Improvement : The Key T.Q.M. Success, The T.Q.M. Magazine, Vol. 9, 1997.

125- Christensen, Linda K. Crisis management plan characteristics in Elementary school as perc-

eived bu Nebraska public schiil principals. (EdD) University of
Nebraska Omaha. (UMI), 2001.

126- Cotton, Kathleen ;Applying Total Quality Management Principles to
Secondary Education ,School Improvement Series , Snapshot #35,
Available at :http: // www. nwrel.org/ scpd,sirs/g/so35.html ,
4/1/2006.

127- Council For Higher Education Accreditation (CHEA) :Improving
Accreditation : When to Change ? When to Stay the Same ?
Enhancing Usefulness Conference , Chicago , June ,2001.

128- David J, Schonfeld & Marsha Kline: School-Based Crisis Intervention: An
Organizational Model. Crisis Intervention, Vol1, No.2, Uune1994.

129- David J. Schonfeld & Marsha kline. "School- Based crisis
Intervention: An Organizational Model". Crisis Intervention.
Vol.1. No.2, June 1994.

130- David J. Schonfeld. "School - Based crisis Intervention services for
Adolescents", Pediatrics, Vol.91, No.3,March 1993.

131- Elieen, cohen therry. Principals, Experiences with school crisi
(Leadership, Disastres), ph. D University of Virginia. D.A.I,
V.59, No.7, 1998.

132- -Elkawas ,E. (1998) ; Quality Assurance in High Education Recent
Progress ; Challenges Ahead, A Paper Presented at UNESCO
World Conference on Higher Education , Paris , France .

133- El-Khawas, E., Accreditation's Role in Quality Assurance in The United States, Higher Education Management ,Vol . 10 , No. 2.

134- ents, Crisis Management and Institutional Organis-ations

135- Figueroa, Carlos Polla; Challenges Of Higher Education in Mexico During The Nineties, Higher Education Policy,Vol.9,No.1,1996.

136- Furst – Stacie : an Expectancy – Based Model of managerial Influence Tactics and employee commitment to organizational Change, Dss. Abs. Int., Vol. 65. 4A,2004.

137- Guliett, David & Donglas, Long. "what are the Attributer and Dutise of the school interve-ntion Team" NASS Bulltin. Vol.80, 1996.

138- Harold F., Micki Krause; In Formation Security Management Hand book, Fifth Edition, Au Erich PuBpi cotions, London, New York, Washington, 2004.

139- Harris, Morag B, Crisis Management: A School District Response to Suicide General (ERIC), 1995.

140- Harris; John ;Key Attributes of Accreditable Institutions , Conference on Quality Management &Accreditation of Higher Education in The Arab World, ACADEMIA Egypt 2004 , Nov-24-26 2004-, Intercontinental Semiramis Hotel, the Ministry of Higher Education , Egypt , 2004.

141- Houghton , Jeanne, Academic Accreditation, Who, What ,When ,and Why ? Parks and Recreation , Vol . 31, No 2., Feb , 1996 .

142- James Reilly : Total Quality Management in Higher Education , Higher Education , Vol. 16 , No.2 , 1992 .

143- Jeanne. M., and Others: A Tale of Two Programs: A Comparative Study of Electronic Portfolio Assessment in Teacher Education, A Paper Presented at the Annud Meeting of The Americon Educational Research Association, April, 2006.

144- John R. Fothers : Basic Organizational Behavior, New york, chichester, 1998.

145- Kiracofe , Norman et al ;Accreditation Standards for University and College Counseling Centers ,Jou-rnal of Counseling and Development ,Vol.73, Sep./Oct.,1994.

146- Lenn, Marjorie Peace; Strengthening World Bank Support for Quality Assurance and Accreditation in Higher Education in East Asia and The Pacific, Education Sector Unit, East Asia and The Pacific Region,February,2004.

147- Martin, Stephen, Process and Pitfalls of Accreditation in The United Arab Emirates, Conference on Quality Management and Accreditation Of Higher Education In The Arab World , In Cooperation With The Higher Education Enhancement project (HEEP) and The Quality Assurance and Accreditation Project(QAAP). The Ministry Of

Higher Education, Egypt,24_26 November 2004, Cairo,2004.

148- Moriarty, Anthony & Others. A clear plan school crisis management NA SSP-Bulletin, V.77,No. 552,April 1993.

149- Motomura, Naoyasu & Others. School Crisis Intervention in the ikeda incident: Organiza-tion and activity of the Mental Support Team, Psychiatry and Clinical Neurosciences, Vol.57,2003.

150- Murray ,Frank Brush ; From Consensus Standards to Evidence of Claims, Assessment and Accre-ditation in The Case of Teacher ,Journal Articles Reports , Descriptive , 2001.

151- Oakes , T.J. ;A Guide to Organizations Involved with Licensing and Certification of Teachers and Accreditation of Teacher Education Programs , ERIC Digest ,1999.

152- Ousley, M: Coffeepots and clocks challengest Organizational changei Higher education, Dss. Abs. Int., Vol 64. 9A, 2003.

153- Reid, Janinel: Crisis Management Planning and meations For the desing and costrruction, Canada, Wley & Sons, 2000.

154- Schade, A., Recent Quality Assurance Activities in Germany " European Journal of Education , Vol. 38 , No- 3 , 2003

155- Smith, Judie. School Crisis management Manual Guide lines for Administrators. Secondl Edi-tion, 2001, (ERIC).

156- -Stanely, E. & Patrick , W . (1998) ; Quality Assurance in American, and British Education; A Compa-rison, Journal of New Directions For I institu-tional Research ,No .99 .

157- Sterling , Bell ; Accreditation: Certifying Public Works Excellence , American City & County , Vol. 115, Issue 11 , 2000 .

158- Teacher Education Accreditation Council; Accred- itation Goals and Principles of Teacher Education, Teacher Education Accreditation Council, Washington, DC, 2001 .

159- Van Damme, D.; Standards and Indication in Institutional and Programme Accreditation in Higher Education: A Conceptual Framework and A Proposal, In UNESCO Studies on Higher Education Indicators for Institutional and Programme Accreditation in Higher Tertiary Education , Bucharest , 2004.

160- Winslow–Elizabth: Proposing Significont Organi- zation change : A Case study examining The views of a cross – section of Participonts, Dis. Abs. Int., Vol. 65, 5A, 2004.

161- Ziolkowski, George A & willower, Donalend J. School Superintend theory

T0147862

Printed in the United States
By Bookmasters